トマス・ホッブズの母権論

国家の権力　家族の権力

Toshiko Nakamura
中村敏子

法政大学出版局

トマス・ホッブズの母権論／目次

はじめに

契約によるコモンウェルスの設立を論じたことで有名なホッブズが、コモンウェルスに関する議論の中で「母権」についても論じていたことはほとんど知られていない。ホッブズは、人間による支配の形態として、父の子どもに対する支配である「父権的支配」・主人の奴隷に対する支配である「専制的支配」・主権者の臣民に対する支配である「主権的支配」の三種を論じているが、その中で父権は、「自然状態」において女性が子どもに対して持っていた母権が移譲されることで成立すると論じていた。それゆえ彼の権力論において、母権に関する議論は重要な意味を持っている。そしてそれはまた、当時王権の根拠を説明する議論として大きな影響力を持っていたフィルマーの「父権論」に対抗する議論だとも考えられるのである。本書の題名の「母権論」は、そのような意味も含むものである。本書は、そのようなホッブズの母権に関する議論を分析し、国家権力と家族の権力との関連においてその意味を見た上で、近代の自由主義国家によって生じた女性をめぐる問題解決のために、彼の議論を生かす可能性を考えようとするものである。(1)

しかし本書では、女性に関わる問題を女性だけの観点から見ることはしない。現在女性が女性として生きる際に突き当たる問題は、生を共有する男性の問題でもあり、その関係から出生する子どもに関わる問題でもあるからだ。それは、主として出生と生の保障とに関わるものである。政治学が扱う秩序の問題は、根本的に人間の生の保障をめざすものであり、どのような秩序を創るかは、人間の生をどのように考えるのかと関わっている。それゆえ本書では、女性と男性、そして子どもをも含めた人間の生の保障という観点から、家族を含め国家と世界の秩序に関する思想について分析する。それは次のような意味を持っている。

一九七〇年代のフェミニズム運動以来、女性たちは、自由と平等を標榜し、社会契約に基づき成立したとされる近代の自由主義国家において、なぜ自分たちが男性と同じような自由と平等を享受できないのかを問うてきた。そしてその主要な問題構造として、国家と家族が分離され、女性が家族の中に閉じ込められたことがあると主張してきた。すなわち、社会契約という人間の「作為」によって設立されたと説明される国家に対し、家族は「自然」に成立する領域であるとされ、そこでは男性による女性に対する支配、すなわち近代以前から存在した「家父長制支配」が続くことになったということである。それが西洋近代において作られた、家族を含む国家の全体構造だったのである。(2)

このような問題意識から、女性たちは、国家と家族という分離をいかに打破し、乗り越えるかを模索してきた。これは、今日の政治学において国家の権力のみが扱われることへの批判となる。西洋のフェミニズムが提起した問題を政治学的に考えると、女性の問題を解決するためには、国家と家族を合わせた権力構造の考察が必要だということだったのである。

女性たちの生は「自然」の領域とされた家族に属し、そこで女性としての役割を果たすものとされてきた。それに対してフェミニズムの思想は、そうした問題状況を乗り越えるために「ジェンダー」という概念を提示した。日本では通常「ジェンダー」を「社会的性差」と訳し、「生物学的性差」としての「セックス」を、生まれつきの性別を意味するものとして理解する。そしてフェミニズムの問題提起を、生まれつきの「自然」の性別により社会的な役割が決定されるべきではないという主張として理解してきた。しかし、西洋のフェミニズムが唱えた「ジェンダー」概念と対をなす「セックス」という概念は、もともと日本において理解されるような「偶然そのように生まれた性別」という意味ではない。

西洋では、歴史的に男女の関係はキリスト教の教説により説明されてきた。キリスト教の秩序においては、すべてが神の「作為」によって創られる。自然に、なるがままに成立するものなどない。神が創ったのは普遍的な人間ではなく、男性と女性なのであり、神により決められた人間の性別が「セックス」なのである。そして、神は男女を創り、その上で男性による女性への支配を命じたと説明されてきたのであった。

西洋の近代国家は、神が定めた「自然としての身分」に基づく国家秩序を転覆することで成立したのだが、神が創った「性」という区別による男性の女性に対する支配は、家族において自然なものとして存続した。それに対して女性たちは、「ジェンダー」という概念によって、神が定めた男性と女性という「セックス」の区別を破壊し、家族という領域における家父長制支配も、神の秩序から解放することをめざしたのである(3)。

このように、西洋における女性の問題は、根源的には神の秩序と関わっている。すなわち西洋における女性をめぐる権力の問題を分析するためには、国家と家族だけでなく、神の秩序を含んだ全体構造の中で、結婚や家族そして女性そのものがどのように位置づけられ、権力関係がどのように作られてきたのかを考察する必要がある。本書の考察の大きな目的は、この点を明らかにすることである。

日本の政治学においては、これまでこうした問題が正面から扱われてこなかった。なぜなら、キリスト教の秩序観は、西洋社会にとってはあまりにも根源的であるため、西洋の論考では議論における当然の前提とされていてわざわざ論じられることがない。それゆえ日本人は、そのような西洋思想の前提となる枠組みに気づかないのであろう(4)。こうした状況をふまえて本書では、まずキリスト教において神の秩序がどのように説明されていたかを考察し、その上で、女性及び性の位置づけがどのようなものだったかを見ることにする。これによりキリスト教の教義の中で、男性の女性に対する支配がどのように神の命令として説かれていたかを明らかにする。

しかし、キリスト教による神の秩序は、女性だけでなく、政治の根本問題にも関わる。キリスト教の教説の根本には、神の創造した世界における生が人間にとり完全な状態であり、人間は「永遠の生命」を享受できるはずであったにもかかわらず、神の命令に背く「原罪」を犯すことで、その生命を限りあるものにしてしまったという問題がある。キリスト教の教義は、この「原罪」と「永遠の生命の回復」をテーマとして構築されている。「原罪」の結果、人間はこの世でつらい生を生き、子どもを産むことで生命をつないでいかなければならない。この世での生がこのように否定的に捉えられたために、この世での男女の性関係や、「原罪」のもとを作った女性に対する否定的な言説が唱えられることになった。それと同時に、人間がこの世で生きなければならなくなったがゆえに、人間同士が生きる国家や統治の問題をも考えなければならなくなったのである。それゆえ統治と女性の問題は、人間の生という点においてつながっている。

これらをふまえて本書では、まず第一章で西洋キリスト教世界において根本をなす神による秩序とはいかなるものなのかを考察する。始めにキリスト教の神の秩序の基本的な物語を聖書の「創世記」によって確認したあと、その解釈に大きな影響を与えたアウグスティヌスの教説の内容を見る。彼は神の秩序に関する教義をもとにして、国家についても論じた。それが「神の国」「地の国」の議論である。まず彼の政治論ともいえるこれらの議論の内容を考察する。

アウグスティヌスはそれだけでなく、神の秩序における女性の位置づけについても独自の見解を示して、キリスト教界の女性に関する解釈に大きな方向づけを行なった。それは、女性および性を「原罪」の問題と関係づけ、道徳的に否定する教説である。キリスト教圏では、このように女性と性を道徳的に悪と考えるアウグスティヌスの解釈が基調となり、その教えを縦糸として、そこに女性を否定的にとらえるさまざまな思想が横糸として紡がれてきたとも言えるのである。それゆえ、彼の女性そして特に性に関する議論の内容を、フーコーによる批判とともに、第二章で考察する。

神の秩序とこの世の統治がこうした関係であればこそ、この世の国家統治は、常に神の秩序との関係において考えられることになった。それは一七世紀の革命の時期まで変わらない構図であった。革命のきっかけの主要な部分はキリスト教の宗派対立と関連しており、しかもそこで争われた権力の問題は、神から与えられた家族における父の権力と王の権力に関する起源と性質をめぐるものだったのである。それゆえ家族とキリスト教の神の秩序は、近代国家成立の過程とも関連して中心的な主題なのであり、それらは一連のものとして考察される必要がある。ホッブズの母権をめぐる議論も、その文脈の中で行なわれたものである。

しかし、革命の結果成立する自由主義国家に関する理論的基礎を提出したロックは、家族と国家を分け、国家権力だけを神の秩序から解放した。そして家族は、神の秩序の中に残されたままとなったのである。こうして近代の政治学は国家のみを対象とし、神の秩序も家族も考察の対象とされることがなくなった。それに対してフェミニズムは、家族と国家を同時に考察する必要性を主張したのだが、以上述べたように、西洋における女性に関する意味づけの根底には神の命令が関わっており、女性の問題の分析には、神の秩序、国家の秩序、そして家族すべての分析が必要なのである。それと同時に、国家権力の問題も神の秩序の分析なしには理解できない。本書は、この三つの秩序の問題を関連させて考察する。

このような西洋の政治秩序をめぐる問題構造の中で、ホッブズの母権論はどのような意味を持っているのか。女性に対する家父長制支配の問題を一貫して追究してきたペイトマンによれば、他の思想家が神の命令による男性の女性に対する支配を当然視したのに対し、ホッブズだけは、男性の女性への自然的な支配は存在しないという前提から出発した唯一の契約論者だという(5)。また彼は、子どもに対する母の権力を、人間に対する最初の権力の一つとして認めた稀有な思想家であった。ホッブズがそうした前提に立ちえたのは、彼が人間の現実だけを議論の前提とし、神を一切登場させないで人間社会の秩序について考察したからであった。それゆえ本書では、キリスト教の教説との対比において、ホッブズの権力論の構造を第三章で考察する。

人間の生に関わるキリスト教の教説に対し、ホッブズが神をどのように定義し、「創世記」をどのように読んだのか。それについてまず考察する。「コモンウェルス」の議論において神を登場させないホッブズが無神論者と呼ばれたことは有名であるが[6]、それでは彼は、人間の秩序を具体的にどのように作ろうとしたのか。神を登場させないで人間が秩序を作ろうとする時、ホッブズは、まったく神の秩序構造を無視したわけではない。彼は神の秩序を基本として、神の秩序に対抗する形で人間の秩序を作るために、「リヴァイアサン」を構想した。そのことを、キリスト教においては神に対する最大の悪徳とされていた「高慢」という概念に注目することで示したい。すなわちホッブズは、「高慢な者の王」としての「リヴァイアサン」を設立することで、神に頼るのではなく、人間が作った権力による生の保障をめざしたのである。キリスト教の秩序観との対比により、このことを論じる。

その上で第四章では、ホッブズの権力論について詳しく分析する。まず、ホッブズが「コモンウェルス」の成立を論じる過程で、どのように母権が成立し、それが父権へと転換することで「ファミリー」が成立すると論じたのかを、特に『法の原理』を中心に考察する。ホッブズのコモンウェルス論において、「ファミリー」は「コモンウェルス」の原初的形態として論じられているのだが、通常は『リヴァイアサン』が中心に考察されるため、「ファミリー」について論じられることはあまりない。しかし、男女に関わる「ファミリー」の成立までは『法の原理』の中で詳しく考察されており、そのことが実は彼のコモンウェルス論を分析するのに重要なのである。

ホッブズの権力論で重要なのは、まず「自然状態」における人間が、まったく神と関わりなく自生するという点である。これについては女性も男性も同じである。つまり平等である。そこから人間同士の関係が作られていくのだが、その形成についてホッブズは二つの方法を提示している。一つは、男女が惹きあうことで性関係が生じ、そこから母と子という関係が作られる。もう一つは、人間同士が「万人の万人に対する闘争」をくりひろげることで、勝利した者と敗北した者とのあいだに、主人と奴隷という関係が作られる。ホッブズは、これら二つは、それぞれ女性が子どもを産むという肉体的な能力と、人間が他人を征服する肉体的な強さから生じる関係であることから、その起源は「自然的な力」にあると論じた。

しかし彼は、支配権力はそうした「自然的な力」を根拠とするのではなく、支配される者が自分の生命を守るために、自分の「意志」に基づき支配に合意することにより成立すると論じた。このように母権は成立する。つまりホッブズは、女性の肉体を抑圧の言説に結びつけるどころか、支配権力の始まりとして考えた。その上で肉体的力に基づく支配を言語に基づく支配へと転回させ、肉体的な能力を権力の根拠とはしない形で論じたのである。本書で見ていくように、女性の肉体的形態こそが、女性を抑圧する言説の根拠とされることが多い中で、ホッブズの議論は、それを行なわない点で特筆すべきものなのである。

さらにここからどのように母権が父権に転換されるかを、ホッブズは詳しく論じた。子どもの合意によって成立した母権は、母が父に対する移譲を合意することで父権へと転換する。こうして、主人としての権力を持つ父が、子どもに対する権力も持ち、「父権的支配」と「専制的支配」を合わせた形で「ファミリー」が成立する。しかし、ホッブズの論じる「ファミリー」の構成メンバーからは、いつの間にか母が消えてしまうのである。

このようなホッブズの議論における「ファミリー」概念の特殊性をどのように考えるべきなのか。その点に関して本書では、ホッブズが、ローマ法におけるファミリアを参考にして「ファミリー」を論じたと考えられることを、第五章において論証する。そのために、ホッブズの「ファミリー」概念を古代ローマ法上のファミリアと比較し、その類似性を論じる。また、ローマ法を参考にすることで、ホッブズは権力の重要な内容として、人間の現在の生の保障だけでなく、人類の将来にわたる生の継続の保障をめざすという点をも理解し、その両者を含む形で権力を論じたのではないかということをも示す。それこそが母権の意味につながる考え方なのである。

なぜホッブズが母権の問題を扱ったかといえば、神の秩序において人間が保障されていた「永遠の生命」を、人間の権力により保障しようとしたからであった。神の存在なしに人間の権力による秩序を考えるには、自己保存だけではなく、次世代へと生命を継続し人間の「生命の永遠性」を保障する必要があった。それなしには、神の秩序に代わる秩序は完結しない。彼が母権を論じたのは、神の秩序に対抗する完全な秩序を構想しようとしたからなのである。そして、神の秩序を逆手にとり、それを完全に裏返した形でこの世の秩序を構想した。それこそが、キリスト教では悪魔を意味する「高慢な者の王」という「リヴァイアサン」による支配であった。

ホッブズは、母に最初の権力を与えたにもかかわらず、最終的には母権が移譲されて父権となり、自己保存のために成立する「主人としての権力」とをあわせ持った形で、父が「ファミリー」を支配すると論じた。それが「獲得によるコモンウェルス」という概念である。本書は現代の女性の問題を考えるという視点からホッブズの議論を評価することをめざすと述べた。だが、それならばなぜ、このような家父長制的なホッブズの議論を考察の対象とするのか。それは、男性と女性の関係における権力関係を考える時、彼の議論だけが神の制定から自由であり、その関係をすべて合意に基づき論じていたからである。そのことは、彼の権力論全体に関わる重要な点であるが、それがどのような意味を持つのかを、第六章以下で論じる。

まず、第六章において、ホッブズの議論がイングランドのどのような政治状況の中で論じられたかを見た上で、権力に関してホッブズと対照的な議論を展開したフィルマーの父権論との対比を行なう。そこでわかることは、同じく父の支配を論じ、同じような論理構造をとっていても、両者の議論は、その起源においてまったく異なることである。フィルマーの議論は、神の「意志」により権力が父に与えられたとするのに対し、ホッブズは、家族における最初の権力は母が持つとした上で、その後、あくまでも支配される者の「意志」に基づく合意により持続的な権力が確立されると論じているからである。しかし両者とも、支配を論じる際に、人間の生命の出生・保存・継承という生のサイクルを基礎として考えていたことに関してもふれる。すなわち、権力は人間の生命に関わるという意識では共通していたということである。フィルマーの議論の構造は、ロックの議論との対比においても重要な意味を持っている。

このような国家権力についての議論の変遷に対して、イングランドの夫婦の間で一二世紀から一貫して夫の専制的支配が続いていた。それを保障したのが、コモン・ローにおける「カヴァチャー（coverture. 庇護された妻の身分）」の法理である。それゆえ続く第七章では、イングランドの夫婦関係を規定していたコモン・ローの「カヴァチャー」という法理について考察する。イングランドの女性たちは、「カヴァチャー」という法理により結婚後はまったくの無権利状態になり、政治革命後に自由主義国家が成立したにもかかわらず、その状態が二〇世紀まで続いてきた。

まず、それがどのような根拠によって説明されていたのかを、コモン・ローの法律家であったフォーテスキューの議論を対象に考察する。そこではアリストテレスとアキナスの論じた二つの「自然」がその根拠とされていたことがわかる。すなわち、生まれ持った肉体という「自然」と、神の制定した「自然」である。それゆえ次に、それぞれの「自然」の意味するところを、アリストテレスとアキナスの議論において考察する。実はこの二つの「自然」を結びつけて国家権力を論じたのが、フィルマーであった。彼は、神からアダムが与えられた権力を、子どもを「産み出す」という父の力により代々引き継ぐことが、王権の根拠だと論じていたからである。すなわち神と、父が生物として持つ属性を権力の根拠にしていたのである。

実はこのように、権力の主体をその属性により定義するという考え方は、フィルマーに対抗して社会契約論を論じたロックにも引き継がれている。その内容を見るために、第八章ではロックの議論を中心に分析する。まず始めに、宗教改革におけるルターの女性に関する議論を見た上で、それに対抗するために論じたトマス主義者といわれる論者たちの議論を考察する。彼らは、人間をまったく無力だと考えるルターに対し、人間は理性を使う能力を持っていると主張し、それを論証するために、「原罪」後の人間が生きる「自然の状態」を設定した。その上で、そこから人間同士の合意によって国家が作られると論じた。こうした点において、彼らの議論は、ロックへとつながる内容を含んでいるのである。

ロックは、フィルマーに対抗する中で、理性を持つ人間が契約を結ぶことで国家を設立すると論じたが、ロックの特徴は、「自然状態」が、神によって人間が創造された「楽園」とほとんど変わらないものとして論じられていることである。そこで成立する家族は、完全に神の管理のもとにあり、神の指令を受けながら理性を持つ子どもを育てることが、その任務とされている。それには母も父同様関わり、二人は子どもに対して同じような権力を持つが、夫婦の間の決定権は自然的に「より能力のある」男性が持つとされた。ロックは、家族内で男性の支配が行なわれるのは「自然」に基づき当然のことだと考えていたのである。

またロックはその議論の中で、人間の所有を非常に重要視した。彼は、本来神が「人の息子たち」に地上の物を与え、それらは共有されていたと論じて、神から与えられたとされるすべての物に対する王の専有的権力に対抗した。彼は個々人が労働を加えることで共有物を自分の物にすることができるという議論を展開したが、そもそも神により「息子たち」に与えられていた物を、女性が労働しても所有できることにはならないだろう。また理性は、アリストテレス以来男性が持つものと考えられてきた。それゆえ理性を持つ人間とは、男性を意味する。ここからも、自分の生命と自由と財産を守るために契約を結ぶ個人とは、理性を持つ男性だけということになる。彼は、神の指令に基づいて理性的に育てられた息子たち、すなわち男性という属性を持った存在が国家を作ると論じたのである。

またロックは、このような構成により国家の設立を論じることで、国家権力の目的を、人間の生命の保存と継承ではなく、男性としての個人の自由と財産を守るという内容に変えてしまった。彼の議論によって、生命の継承は国家が関わらないものとなったのである。

このようにフィルマーを軸にホッブズとロックを対比することで、ホッブズの議論の特徴が浮かび上がる。ホッブズは、権力の根拠をすべて人間の「意志」に基づく合意においていたのに対し、フィルマーもロックも、権力の根拠を神と、生まれつき持った属性に求めたのである。こうしてロックの議論においては、その属性により、女性は国家を設立する契約の主体から排除されたのであった。

ロックは、個人としての男性は平等な立場で国家を設立するが、そこから取り残された「自然状態」において、生命の継承のため子育てをすることを目的として時々夫婦という関係を結ぶと論じた。こうして「公的領域」である国家と、「私的領域」である家族が分離され、女性がそこに取り残されるという構造が出来上がるのである。しかしロック自身は、フィルマーの議論に対抗し、家族と国家における権力はまったく異なることを示すために論じたのであり、家族内の夫婦間の権力について詳しく言及していたわけではない。彼の議論において、家族は神の管轄する領域であった。

このようなロックの社会契約論に基づき成立した自由主義国家において、家族と国家の権力の問題はどのように展開していくのか。それを第九章で考察する。第七章で論じるコモン・ローにおける女性の無権利状態は二〇世紀に至るまで続くのだが、ロックの議論を補うように、夫婦の権力関係に関して契約という新しい概念を用い、妻の無権利状態すなわち夫の妻に対する支配を論じたのは、コモン・ロー学者のブラックストンであった。彼は、先に述べたような二つの「自然」を根拠として論じられていたコモン・ローにおける妻の無権利状態を、契約という新しい概念によって定式化した。それにより彼は、「自然」から夫婦関係を解放したが、契約という概念による「カヴァチャー」の法理の再編を可能にし、その延命に手を貸したのである。

夫婦間におけるいわば専制的な夫の権力を認める一方で、ブラックストンは、国家権力のあり方に関しては混合政体論を唱えて、イギリス人の自由を守ろうとした。このように、イギリスで一七世紀の革命後に成立した自由主義国家は、国家の政治における自由の主張と、夫婦間の抑圧を同時に合わせ持つ構造だったのである。

一九世紀には、これに対する女性たちの自由を求める運動が始まった。そして、徐々に女性の権利が認められるようになった。しかし、そのような平等が実現しても、依然として女性に対する抑圧は存在した。それはなぜかといえば、同じ権利を持つことになっても、女性たちの生活は相変わらず女性という属性に支配され続けたからである。そこで一九七〇年代に始まったのがフェミニズムの運動である。

その中では女性の立場から、これまでの思想を検討しなおすことが行なわれたが、その中心を担った一人が、キャロル・ペイトマンであった。ホッブズの母権論に最初に注目したのも、ペイトマンである。彼女は、社会契約論により説明される自由主義国家の問題点を女性の目から検討し、自由主義国家成立の社会契約という物語の陰に、女性に対する抑圧構造を成立させる男女間の「性契約」という物語があると論じた。そして、この両方をあわせて考察することが、自由主義国家における女性の問題を解明するためには必要であると主張した。本書は彼女の議論に多くを負っている。それゆえ、ペイトマンが社会契約を批判するために提出した「性契約」の概念を本書の議論との関連において説明し、彼女のホッブズ解釈を批判的に検討する。

その上で、ホッブズの議論は、女性に対する抑圧的な言説から完全に解放されていたことを示す。女性との関わりにおいて考察したホッブズの権力論の構造は、最終的には以下のようなものである。

まずホッブズは、「自然状態」において人間が神と関わりなく自分で生まれることから議論を開始する。それは、神の制定による男女の支配関係から、女性を自由にしたという意味である。女性も男性も本当に自由な個人として出発する。そこから彼は、人間同士の間にどのような支配関係が成立するかを考察したのである。

その始まりは、女性と男性が持っている肉体的な能力である。女性の出産能力から子どもが生まれ、男性の肉体の強さにより征服が行なわれ相手を従える。しかしそうした肉体に関わる「自然的な力」そのものは、権力の根拠にはならない。そこからそれぞれ母権による支配、主人としての専制的支配が生じるのは、あくまでも支配される者が自分の「意志」に基づき合意したからであって、その目的は生命を保存することにあると論じられた。これによってホッブズは、女性をその肉体からも解放した。すなわち女性という属性から解放したのである。

「自然状態」において成立したこれらの支配は、「ファミリー」により統合される。その際も、母権を持つ女性が母権の移譲に合意することで、主人としての権力を持つ男性が父権を持つことになる。それゆえ、「ファミリー」において父が父権を持つようになるまでには、子どもの母に対する合意と、女性が男性に対して合意するという手続きが必要なのである。こうして父は、男性の肉体的な強さによって獲得した主人としての支配と、女性の出産という肉体的能力によって獲得した子どもに対する支配を、人間の「意志」に基づく合意によって統合し、「ファミリー」を支配するのである。それが「獲得によるコモンウェルス」である。

その際ホッブズは、「ファミリー」における父の支配を論じながら、それが女性によって統治される可能性についても言及していた。つまり性という属性に関わりなく、女性でも男性でも就くことのできる地位による支配として、ホッブズは「ファミリー」における支配を論じたのである。それは彼の議論が、神からの統制を考慮しないがゆえに可能だったといえるだろう。そして「ファミリー」の「父」の持つ権力は、主人として他の個人の生命を保存する権力と、母が持っていた子どもの生命を保存する権力すなわち生命の継続を保障する権力をあわせたものとされた。そこから「ファミリー」が拡大して大きな国になっていくと、それは「父系相続による王国」と呼ばれるが、父たちが合意し、契約を結ぶことで国家を設立した場合、それは「設立によるコモンウェルス」となると論じられたのである。

ホッブズは、「ファミリー」からコモンウェルス成立に至る過程をこのような合意の手続きにより説明することで、人間の自己保存と生命の継続性を、権力によって保障するための「リヴァイアサン」を考えたのであった。そこでは女性の肉体的能力から発生した生命の継続性の保障という権力の内容が、国家権力の中に確保されている。

そしてホッブズは、基本的には男性を中心に権力を考察しながら、常に女性が権力を握る可能性を示し、また、「ファミリー」における権力を、男女が共同して握る形をも示していた。それが「パートナーシップ」の議論である。それゆえ最終章では、彼が論じた「パートナーシップ」という女性と男性が共同する権力の形態が、現代の家族と国家をめぐる問題にどのような意味を持っているのか考えることにしたい。

以上のように、神と家族をも含めて権力を分析する軸となるのは、人間の生と生命の継承はどのように確保されるのかという問題である。それは国家においても基本的な問題であり、また、まさに男女の存在理由に関わる問題だからである。

第一章　神の概念および神の秩序

第一節　聖書の物語

西洋キリスト教圏の世界についての見方は、聖書における「創世記」の神話に基づいている。世界の秩序は神が創ったと考えられており、特に女性や家族に関しては、近代になってもそうした理解が続いてきた。「創世記」における世界創造の物語は、キリスト教圏では「基本的には、一九五〇年頃まではまだ一般に、……広く歴史的なものとみなされていた」(1)という。そして、歴史ではなくなったあとも、現在に至るまで、その原イメージは西洋社会に深く浸透したままである。すなわち、その神話を「単なる民間説話として――少なくとも知的理解の面で――捨ててしまった多くの人々でも、……生殖、動物、労働、結婚、そして人間が大地を「征服」しようとする努力や、大地のすべての被造物に対する「支配を得ようと」することに関してこの物語が持つ倫理的含蓄と、自分が関わり合っていることに気づく」というのである。(2)すなわち西洋において「創世記」は、人間に関する支配の原イメージを提供しており、男性と女性の関係も神の定めたものとされているのである。ここでは始めに、その「創世記」の物語の内容を確認してみよう。

キリスト教文化圏に生きる人々にとって世界と人間の始まりは、聖書の「創世記」に書かれている創造の物語による。それは以下のような話である（以下、本書における文中の強調はすべて筆者による）。

まず、「創世記」の第一章で、次のように述べられる。神は天地とさまざまな動植物を創り、そのあと、自分に似せて男と女を創った。そして言った。「生めよ、ふえよ、地に満ちて、地を支配せよ[3]」。

つづいて「創世記」第二章、第三章には次のように書かれる。

神は天地創造の後に人間（アダム）を創り、「エデンの園」においた。そこに神はさまざまな木を生えさせたが、園の奥に「生命の木」と「善悪を知る木」も生えさせた。そして人間に言った。「この園のどんな木の実も食べてよい。だが、善悪を知る木の実を食べてはならぬ。その木の実を食べたら、必ず死なねばならぬからである」。それから神は、人間の肋骨から、彼の助け手として女を創った。この時二人は裸だったが、それを恥ずかしいとは思わなかった。

そのあと女は蛇にそそのかされて、神が食べるのを禁じた「善悪を知る木」の実を食べた。「その実がうまそうで、見ても美しく、成功をかち取るには望ましいもののように思えた」からである。そして、「いっしょにいた男にも与え、男もそれを食べた」。そうすると二人は、自分たちが裸だったのに気付き、それを恥ずかしいと思うようになった。

二人が禁じられた木の実を食べたのを知った神は、女に向かって述べる。「私は、おまえの苦しみと身ごもりの数を大いにふやす。おまえは苦しみつつ子を生むことになる。おまえは夫に情を燃やすが、夫はおまえを支配する」。さらに男に向かってはこう述べる。「おまえは妻の言うがままになり、私が〈食べるな〉と命じた木の実を食べたから、おまえゆえに、地はのろわれる。生きつづけるかぎり、おまえは、苦労して、地から糧を得るであろう。……さらに、おまえは額に汗を流して、糧を得るだろう。土から出たおまえなのだから、その土にかえるまで。ちりであって、ちりにかえるべき者よ」。その後アダムは妻を「イヴ」(4)と名付ける。それはすべての人間の母だからだと記述される。

その後神は「見よ、人間は善悪を知ったので、われわれのようなものになった。これから、彼が生命の木にも手をのばすことのないように願う、それを食べれば永遠に生きることになるのだ」と言って、「エデンの園」から人間を追い出すのである。

この「創世記」の記述は、ジャン・ボッテロによれば、系統の異なる二種類の物語を結合したものであるという。第一章から第二章の四節までは神の絶対性を表すための宇宙論的な記述であり、そのあとの部分から第三章の「原罪」に関わる物語は、当時の社会の男女のあり方を反映し、人間が悪へとむかう傾向を持つのはなぜかを説明しようとして考えだされた神話であると解説される。ボッテロは、前者を「聖職的記録」、後者を「ヤハウェ型」と呼んでいる。(5)

しかし、キリスト教の歴史においては第三章が重視され、そこから、教えの根幹である「原罪」と人間の生と死に関わる教説が作り上げられてきた。この物語は、二一世紀に生きる非キリスト教徒の女性である筆者から見ると、神によって創られた人間が、蛇に唆されて神の教えに違反したため、その罰として「楽園」を追われ、それゆえ人間世界にはつらい生と死が生じたという神話として理解される。しかし、今でも西洋における世界の秩序と人間の生に関する見方は、この物語がもとになっている。ここではまず、その秩序観の基礎を作ったアウグスティヌスが、この聖書の教えをどのように解釈し、世界の秩序を説明したのかを見ていくことにする。

第二節　アウグスティヌスによる神の秩序論

1　神の概念と悪の存在

アウグスティヌス（三五四～四三〇年）は、カトリック教会において四人の偉大な教父のひとりと考えられており、数多くの神学的論争に終止符をうった人物である。彼は、哲学的考察により組織だった神学的解釈を行ない、多くの著作を残すことでその後の信仰における論理的な基礎を作った。(6) このように決定的な影響を残したため、彼は「西方教会の栄光」と呼ばれるほどであるという。(7) 彼は、生涯を通じて「創世記」のはじめの数章についての解釈を五回著しているというが、(8) ここでは彼が、西ゴート族によるローマ陥落をキリスト教の責めに帰する非難に対して反論するために書いた『神の国』を中心に、彼の神の秩序に関する教説を、特に「原罪」の問題を主として見ていく。

アウグスティヌスは若い頃、善と悪の二元論により世界を解釈するマニ教を信仰していたが、キリスト教に改宗することで悪はなぜ存在するのかについて考え、宇宙全体を神に基づき一元的に解釈するようになった。(9) そして、神こそが「真の存在」であり、「不変で、永遠であり、至高である」と考えた。このような神が「意志する（will）」ことで、世界は創造された。(10) それゆえ神は、世界の「作者（author）」であり、(11) 神の摂理がすべてを統治する。(12) そして、神によって創られた被造物の自然本性は、それぞれのうちに調和のとれた一種の平和を持ち、善であるとされたのである。(13) 世界に存在するすべてのものは、神から与えられた自然本性を持ちながら、彼らの「作者」である「至高の神の法により統治され、統一を保っている」のである。(14)「神は万物を支配して、万物にそれ自身の運動を行わせ、かつそれを続けさせる。じっさい、なにものもこの神なしには存在することはできない(15)」。

すべてのものがこのような神の秩序に従っていれば、世界は平和で調和のとれた状態が続いたはずであった。しかし、このようにすべてが善である世界になぜ悪が存在するのか。アウグスティヌスは特にこの点に関して思索したが、彼がその問題を解決するために重要だったのは、次の二つの考え方だったという[16]。一つめは、神はまったくの無からすべてを創造したということ。二つめは、神の創ったものはすべて善であるということである。ここからアウグスティヌスは、悪とは「善が存在しない状態」であると定義する。神の創った世界ではすべてが善なる状態にあり、神の摂理により平和が保たれていたのに、そうした状態から離れようとすることが悪という状態を生じさせる。アウグスティヌスは、神から離れるその行為を「罪（sin）」と定義した。

この悪と「罪」に関して述べられるのが、悪魔は本来は天使であったのに堕落することで悪魔という存在になったという話と、アダムとイヴの「原罪」の話である。その両者に共通するのが、「悪しき意志」によって神から離れようとしたという点である。すなわち神によって善き本性を持つものとして創られた天使そして人間は、「自由な意志」を神から離れることに使ったために、悪という状態が生じたというのである。そのような「悪しき意志」を持つようになるのは、自分自身を素晴らしい存在だと考える「高慢（pride）」な心による。「すべての罪のもとは高慢にある[17]」。

もともと天使だったものは、自分自身も神と同等の高みに昇り得ると考える「高慢」の心を持つことで、神から離れようとする罪を犯し、悪魔となった。「悪魔は、……固有の権力を愛したのである。こうして転倒した自己愛は、高慢で膨れあがった霊を聖なる共同体から引き離[18]」す。それに対して神は、「彼らを下界の暗やみの牢獄におとし入れ[19]」た。こうして「悪魔は、創られるとすぐに真理の光から離反し、高慢によって膨れ上がり、固有の力への欲望によって腐敗した」。それゆえ悪魔は、神に服従することを欲したなら受け取ったであろうものから転落したのであった[20]。

人間の「原罪」も、こうした天使の行為と並行する形で説明される。悪魔が高慢により地に落ちたという言葉は「高慢から悪魔の下に参集し、神の戒めを捨てた者たちにもあてはまる」[21]。アウグスティヌスは、神は人間を理性的被造物として、[22]「正しい者として」「善き意志をもつ者として」[23]創ったと考える。神の秩序において、人間は本来的に自分の意志による決定を通じて行動できる存在であった。しかし、神が「エデンの楽園」で人間に求めたのは、完全な従順であった。アウグスティヌスは、「従順はある意味で、理性的被造物においては、すべての徳の母であり、保護者の役割をもつものである」[24]と述べる。こうした神の秩序にいて完全な従順を通していれば、人間は、神の創った完全な秩序における平和という幸福と「永遠の生命」を享受できるはずであった。神は、人間が「楽園」で生きていくために、「善悪を知る木の実を食べてはならない」という一つの条件を付けたのだが、アウグスティヌスは、人間がこの条件を守るのは簡単だったはずだと考える。

　このような禁止条件付きで、「楽園」での完全な幸福と「永遠の生命」を保障されていたにもかかわらず、人間（男性）が蛇に唆された女を通じて禁止されていた木の実を食べたことは、神への完全な服従を拒否したことになるとアウグスティヌスは考える。これにより、アダムは自分の意志にしたがって自由に生きようとしたと解釈される。アウグスティヌスは、アダムは木の実を食べれば神の命令に反することを認識していたが、女と離れるのを欲しなかったので罪を共有してしまったのだと解釈する。そして悪いことに、その事情を説明すれば神に弁明できると判断したのであった。それは、完全な服従を要求する神に対して、自分の意志による判断を行なったということである。問題は判断の内容なのではなく、神の判断を無視して自分の意志による判断を優先させたという行為そのものにある。それをアウグスティヌスは、「高慢」の罪であるとする。アダムが神に頼らず自分でやっていこうとすることも、悪魔と同様、神を蔑ろにする「高慢」な態度なのである。すなわち人間の自立への志向こそが、神に対する敵対的な態度と認められるのである。[25]

こうして人間は、「自分自身で十分であるとする」ことにより、キリストの敵対者である「サタン」において「もっとも強力な勢力をふるっている」「高慢」という悪徳により堕落する。[26] そして、「永遠でありうるような善を自分自身のうちで破壊することによって、かれは、永遠の悪にふさわしい者となったのであった」[27]。しかも人間のそのような行為は、自分の自由な意志により引き起こされた。「魂がみずからを悪へ導くのはたしかにそれ自身の意志が優先するのであるが、しかし、魂を善へと導くのは魂そのものを創造されるかたの意志が優先するからである」[28]。つまり、人間が自分の意志を使うことは、神の秩序からの離脱を意味すると彼は考えたのである。完全である神の意志から逃れ、自分の意志による判断で生きようとする高慢な態度をとったこと、これが人間の犯した「原罪」の解釈である。「高慢」は、アウグスティヌスにより、もっとも非難されるべき悪徳として、常に悪魔と関連させて論じられている。[29] このように「原罪」とは、神から独立して自分でやっていけると人間が思ったこと、そのような罪なのである。それに対する罰として、人間にはつらい労働と出産の苦しみと、そして「不従順であるなら、まったく正当な罰として死が課せられる」[30] のであった。

このように堕落することで、人間は神の秩序による平和と完全な自然環境を失い、「永遠の生命」を喪失し、そして肉体的な苦痛、弱さ、病気、老いなどを生きる条件として課せられるようになった。[31] そしてアダムの犯したこの罪は、すべての人間に伝えられるとアウグスティヌスは考えたのであった。

2　「神の国」と「地の国」

人間は、こうして「原罪」の結果現世で生きることになった。現世では、本来「楽園」で人間に保障されていたもの、すなわちアウグスティヌスが「最高善」[32] と呼ぶ神の秩序による平和と「永遠の生命」を喪失した状態が、人間の生きる条件となる。[33] すなわち神が創造した秩序はすべてが善であったにもかかわらず、高慢な心を持ったため人間は「楽園」を追放され、神の与えた善を欠いた状態になったのであった。[34]それゆえ人間の生きる目的は、こうして失われた「最高善」を回復することとなる。そして人間には、この喪失した「最高善」＝「永遠の生命」を回復する道が示されている。それが「救い主キリストの恩恵」[35]により「神の国」に入ることである。逆にいえば初めに「最高善」を与えた神によってしか、それは回復されない。[36]人が「神の国」に入れるかどうかは、「最後の審判」の時に決定されるのであるが、それまで人間が生きる現世では、それぞれの人間がどのように生きるかが、終局において「神の国」の住人になれるかどうかに関わるのだとアウグスティヌスは主張した。「神への愛」に生きる人々は「神の国」に入るが、高慢な心にしたがって「自己への愛」に生きる人々は「地の国」に落とされる。

現世において「神への愛」に生きる者たち、すなわち常に謙虚に神の助けを求め、自己を無にして神にすがり、自分より他人のことを考えるように生きる人々は、信仰により常に神と共に存在する。アウグスティヌスが「キリストの王国」と呼ぶ「神の国」の状態が現世にも存在する。それが教会である。[37]こうして現世において教会の一員となり、すべての行為のベクトルを神に向け、神の恩恵だけを信じる者は、最終的には「罪」から解放されて復活し、「神の国」の住人となって神の支配のもと平和を享受し、[38]「永遠の生命」を回復するのであった。それに対して「自己への愛」に生きる者たち、すなわち高慢な心を持ち、自分を尊重して自分でやっていこうとする人たちは、他人を従わせ、他人の物をも自分の物にしようとする。[39]すなわち彼らは、すべての行為のベクトルを自分に向け、自分を人より高みに置こうとし、自分だけを愛する。これは「神への愛」に基づく行為とまったく逆さまである。アウグスティヌスはこれを「転倒した自己愛」と呼ぶが、[40]こうした人々は、終局において「地の国」に属するものとされたのであった。

こうして、「神への愛」に生き、「謙虚な心で創造者のもとに服従する」者たちにより構成される、神の秩序の成立している「神の国」と、自分でひかり輝こうとして「自己への愛」に生き、神から離れようとする高慢な者たちの「地の国」ができる。この国の頭《かしら》は悪魔である。このような二つの国はしかし、二元的なものとして存在するのではなく、すべては神の秩序のもとにあり、神はすべてを知っている。神は全能であるのに対し、悪魔は神が許容することしかできないのである。[41] しかし、このような高慢な者による「地の国」は、神の地位に昇ろうとした悪魔が逆さまに投げ落とされることで成立したものなので、転倒した形で神の秩序を模倣しているのである。

アウグスティヌスは、この二つの国はこの世の歴史においては混ざりあっているという。最後の審判の時にこれらははっきりと分かれ、「一方は自らの王を戴いた善き天使たちと結び合されて永遠の生命を獲得し、他方は悪しき天使と結び合されて、その王（すなわち悪魔）と共に永遠の業火に投げ入れられるのである」。[42] それゆえ今この世に生きる人は、この二つの国の間を巡礼している状態だとされる。その間に、どちらの国に属することを志向するかが問題なのである。神を求めて謙虚に他人への配慮の中で生きるのか、それとも自分自身への愛に基づき、欲望にしたがって悪魔の支配のもとに生きるのか、常に人々は問われることになる。アウグスティヌスはこれについて、神から離れ自分自身にしたがって悪魔へ向かうことは、自分の意志に基づき容易にできるのだが、「神の国」へ向かうことは、「神の恩寵」なしには行なえないと考える。[43] それゆえ人間は、ひたすら謙虚に神にすがり神の愛へ向かう必要がある。それにより、この「唯一真実の神」から「永遠の生命」を得ることを期待するのである。[44]

このようなアウグスティヌスの議論について分析したアナベル・ブレットは、アウグスティヌスは、国家（city）や国家が人間にもたらすものについて、ローマ的な古典的解釈を引き継いでいたと述べている。『神の国（*De civitate Dei*）』という表題自体がそれを表しているという。人間の人生における成果は、「真の国家（city）」においてのみ達成されると考える点で、古典的な政治哲学を共有していたというのである。それゆえブレットは、アウグスティヌスの議論を、人間にとって最も善い国はどのような国家なのか、そして、そこへの市民権はどのように得られるのかという視点で分析すべきだと述べ、アウグスティヌスにとっては、それが「神の国」なのであり、神の恩寵によってのみ、そこへの市民権が得られると考えたのだと論じている。[45] このように考えると、アウグスティヌスにとっての望ましい国家形態は、神による秩序のもとすべての関係が愛に基づき、愛の究極のゴールとして神を求めるような共同体であったといえよう。[46] ボニー・ケントによれば、アウグスティヌスは、真の愛は自分個人の有利さを求めず、共通善を重視する。そして分裂や競争を癒しながら、幸せを共有し、すべての神の僕を平和的に結びつけると考えていたという。[47]

3　現世における平和

アウグスティヌスは、人間は神により社会的な存在として創られたと考えていた。神が人間を創造するにあたってただひとりの男から始めたのは、彼から広がる人間が、すべて親族的な愛情をもって社会的に結合し、調和の絆を持つためであったと述べる。[48] すなわち人間は本来社会的な本性を持ち、アダムという人間を始祖としたつながりによって、相互に結合するものとして創られたと考えたのであった。こうしてアウグスティヌスの論じる「神の国」においては、すべての人間が親族的な親密さをもって生きるのだから、そこでは家族という区切りは存在せず、神による秩序が成立しているのだから、もちろん政治的国家も存在しない。人間は、「原罪」を犯さなければ、そのような種として永遠に共同の生を生きたはずであった。[49]

人間が現に生きる現世は、「罪」を犯した人間の生きる世界であるが、それでも人間は神の与えた本性を完全には失わない。それゆえ人間は、社会的なつながりの中で生きようとする。そして、そこで平和を求める。彼らは「高慢」により生きているから、人を支配するというやり方によって平和を成立させる。アウグスティヌスは、神の定めた秩序においては人間同士の支配服従関係は存在しなかったのに、「罪」を犯すことでそうした関係が成立するようになったのだと考える。それゆえ現世における人間同士の平和は、支配服従関係により成立する。そのはじめは、家族である。アウグスティヌスは、盗賊でさえ家の頭《かしら》として家が平和であるよう指示するものだと述べる。そして、こうした秩序は家族から国家へと拡大していく。すべての人は平和を望み、人々を配下に置き、自らの意志に従わせることでそれを実現しようとする。戦争の相手に対してさえ、平和を望む。人間とはいえず、反社会的に生きているような怪物の「カークス」さえ、彼の意図としては平和を望んでいるだけかもしれない。動物でも、どんな悪人でも、すべて平和を望むことに変わりはない。アウグスティヌスは次のように述べている。「しかし、こうした平和は、愛または恐怖によって、彼と和平を結ぶという合意をする以外、どのようにして達成され得るのだろうか(50)」。現世における支配服従関係による平和の達成は、恐怖を用いるやり方といえるだろう。すなわち、愛ではなく国家権力による恐怖に基づき平和を達成するということなのである。

しかしアウグスティヌスは、このような国家支配も、現世で当面の平和を達成するという点において、一応の意味を認める。前述したように、彼は神の秩序における平和と「永遠の生命」を「最高善」としていたが、「永遠の生命」の失われた現世でも、一時的だとしても当面の平和の存在が重要だと考えたのである。彼は、世界の秩序を司る神が、人間のこの世の生にふさわしいものも与えており、一時的な平和もその一つなのだと述べる(51)。しかしもちろん彼がめざすのは、愛による平和に基づき、神の支配する「神の国」において「永遠の生命」を獲得することである。

現世において信仰により「神への愛」に生きる人々は、「神への愛」と「隣人への愛」という教えに従う。彼らは神を愛することにより自分自身をも愛するが、「隣人への愛」とは、他者に対して、自分が神を愛するのと同様の行為を行なうように配慮することだとされる。そしてそのような配慮は、まず自分に近い家族から始めるべきだと主張される。具体的には、夫が妻に、両親が子どもに、主人が僕に対して命令し、命令された者が従うという構図である。これによって家の平和が始まる。すなわち、家では「家父（pater familias）」が、命令する者である。通常こうした服従関係は、「家父長制」という語で呼ばれる。しかしアウグスティヌスによれば、この家父の命令行為は、支配しようとする「高慢」に基づき行なわれるのではなく、配慮しようという「憐れみ」による行為である。[52]そして彼は、このような関係は自然の秩序により定められているのだとも述べるのである。

こうして愛により命令する「真の家父」は、現世において家のメンバーが「神の国」に至ることができるように「配慮する責務」を負っている。それゆえ誰かが家の平和を乱したら、さまざまな手段によってその者を矯正し、家の平和を保つ必要がある。これも違反を犯した者の利益のためになされる行為である。[53]いわば「愛」による矯正なのだと主張されるのである。このような家父の行為は、自分の権力を示すという「高慢」の心から行なうのではなく、皆を神へと向かわせようとする信仰に基づく「愛」の行為であるがゆえに、彼らに対する奉仕の行為なのだとされるのであった。[54]アウグスティヌスの論じるこうした家族の関係は、いわば〈愛による家父長制〉とでも呼ぶことができよう。

このように信仰を守り愛による平和を実現する人々は、現世においては教会のメンバーとなって、相互に対する愛すなわち「隣人愛」による平和を達成し、「最後の審判」ののちには、「神の国」において神による平和を獲得するであろう。それこそが「真の平和」といえるものである。そこでは、神に対する関係においても、神を通じた人間同士の相互性においても、完全に秩序だった調和のある平和が実現されるのであった。[55]

このように、「高慢」な人々の権力に基づく平和と、「愛」による平和を対比するアウグスティヌスであるが、「高慢」による支配も、平和を愛する点では変わりがないと考える。「高慢」による支配は、神の愛のもとでの平等な同朋関係を憎み、神に代わって自分の支配を押しつけようとすることにおいて、神による平和の逆転した状態であり、転倒したやり方で神を模倣しているとアウグスティヌスは述べるのであった。[56]

4 「隣人愛」と家族における愛

このように見てくると、アウグスティヌスは、愛に基づく秩序においても恐怖に基づく秩序においても、家族の中で家父の支配すなわち家父長制が成立すると主張したことになる。愛に基づく秩序においてさえ、夫が妻に、親が子どもに、主人が奴隷に対して命令することが、神の定めた自然の秩序だとして容認されるのであるから、高慢な心により男性が家族を支配することも、秩序のあり方として問題にはならない。彼にとっての重要な違いは、人間への対応が「愛」に基づくか、「高慢な心」に基づくかという点にあった。すなわち、客観的に支配服従という強制関係が成立していても、そこにおける人間の行為のもとになる心情が「愛」なのであれば、それは望ましいものとなる。彼のこうした考え方は、人間の行為を心情に基づき判断することであり、通常「心情倫理」と呼ばれる。このような家族内の支配に対して、現世の国家における政治的支配は、本来神の定めた秩序には存在しないものであり、人間が「罪」を犯した結果として批判されるべきものだったのである(57)。

アウグスティヌスは、「神への愛」に生きる者が愛すべき三つの対象をあげている。神、自分自身、そして「隣人」である(58)。こうした教えの中で、家族への愛はどのような位置を占めるのであろうか。彼はそもそもはじめに人間が創られた時、神はアダムを始祖とした親族的なつながりにおいて人間が結合し、共同して生きていくことを意図したのだと考えていた。それゆえそこには、夫婦や親子という関係による「家族」という人間集団を他と区別することは想定されていないと考えるべきであろう。また、復活したあとの「神の国」においては、すべての人が、老人であろうが幼児であろうが青年期の身体をもって復活すると述べており(59)、女性の性は、妊娠と出産の必要から解放されるとも書いている(60)ことから、ここでも「家族」という集団は存在しえないだろう。それゆえアウグスティヌスの理想の国における人間関係は、すべての人が一視同仁的に神のもとに結びついた状態だと解することができる。それを彼は「隣人愛」による結合と呼んだのである。

アウグスティヌスの議論においては、「愛」の行為のはじめは家父が家族に対して行なうものなのだから、彼の主張する「愛」の行為の主体は、男性でしかありえない。現世で「神への愛」に生きる男性は、家父として、まず家族が神へ向かうように「愛」に基づき命令する。そして、その行為を周りの「隣人」にも拡げていく。そのようにして、人間同士の「愛」に基づく結合が拡大し、最終的には先に述べたような理想的な人間関係が成立するのである。すなわち、現世における「隣人愛」の関係は、家父同士の関係となろう。

それゆえ、アウグスティヌスが家族の中で「愛」に基づく関係を主張する時、それは、家族外の人間関係における「愛」と異なるものではない。すなわち「隣人愛」と同質であり、「隣人愛」に含まれると考えることができる。アウグスティヌスの「愛」に基づく人間関係について詳しく分析したボニー・ケントによれば、通常私たちが家族内で感じる愛、すなわち〈自分の〉妻だからとか、〈自分の〉子どもだからというような愛情は、〈自分〉に向かう愛すなわち「自己愛」であるがゆえに、アウグスティヌスによって批判される。さらに、そのような愛は、出生に付随する単なる生物学的関係から生じ、動物が示すと同様精神的内容のない好みを示すという点から、彼によって非難されたという[61]。彼はあくまでも、人間は神により創造され神に属すがゆえに他の人間を愛すべきだと主張したのであり、その点からみれば、自分から生まれた子どもであろうが、「隣人」であろうが、同じ存在なのであった。

以上のようにアウグスティヌスは、「創世記」に書かれたような神の創造した最初の世界、すなわち神の秩序により平和が保たれ、「永遠の生命」を保障されていた状態を人間のための望ましい秩序と考え、「原罪」により失ってしまったその状態を回復することを希求した。彼の議論においてはこの点が強調されるが、現世で家族が成立し、国家の権力的支配が成立するのもその結果であった。本書の関心からいえば、それと関連して家族内の家父長制的な関係が、神による自然の秩序と考えられていたことは重要である。「神の国」に向かう家族においても、「地の国」の家族においても、父すなわち男性が家族のメンバーに対して「愛」または権力を及ぼすものとされていたのである。

「原罪」の結果としての現世の生活において家族が成立し、動物と同様の関係が生じることは、アウグスティヌスにとり本来あるべき状況ではなかった。ここから彼が論じ、その後の歴史における男女関係のあり方を規定することになった重要な論点が引き出される。それが性の問題である。キリスト教の教説における男女の関係そして性の扱いが、西洋における女性のあり方を大きく規定し、抑圧の状態を作るのに大きな力を持ったことは間違いない。以下この問題を詳しくみることにしたい。

第二章　キリスト教における男女の関係と性の問題

第一節　聖書のなかの男女

1　「創世記」における男女関係の原イメージ

ここまでは「創世記」に基づき、キリスト教においてどのような世界秩序が構想されてきたかという問題を、アウグスティヌスの議論に注目して論じてきた。そこでは、「楽園」において人間が犯した「原罪」が、人間の生に対して大きな影響を持ったと論じられていた。中でも重要だったのは、「原罪」により「永遠の生命」が失われたことである。「楽園」を追放されて現世で生きる人間は、「永遠の生命」を失い死ぬことになった。それゆえ神が創った人間という種を永続させるために、男女が結婚し子どもを産むことが必要になったのである。しかし、キリスト教の教説においては、神の創った秩序が最高であり、「永遠の生命」を持つ生が人間にとっての本来の生であるとされることで、この世における生そのもの、それに関わる男女の結婚関係や性が否定されるべきものとなったのである。

はじめに、もう一度「創世記」に戻って男性と女性に関わる記述を確認してみよう。まず、イヴの誕生に関してである。イヴは神により、アダムの肋骨から彼の「助け手」として創られた。その後彼女は、蛇に唆され、「原罪」にアダムを引き込む。そして神は、「原罪」の結果男性にはつらい労働、女性には苦しい出産という罰を与えるのである。そしてそれ以後、イヴは夫に支配されることを言い渡される。キリスト教において、女性が男性に支配される家父長制は、このように神の定めたものであるという教説は、これが根拠となる。

しかしさらに重要なのは、この記述から「原罪」の要因をつくったのは女性であるとして、女性を非難する教説が作られていくことであろう。神に反抗するよう唆した蛇は悪魔だと考えられ、それゆえその甘言にのったイヴも、悪魔と関連させて考えられるようになる。キリスト教圏において女性がなぜ貶められ抑圧されるようになったのかは、この「原罪」の話と深く関わっている。実は西洋における女性に対する差別の多くは、キリスト教の教説が作られる過程で、この「創世記」に書かれた短い叙述の中に、女性を非難し貶める、または抑圧するすべての要素が読み込まれていくことによるのである。

すでにイヴすなわち女という存在は、初期のキリスト教において十分攻撃の対象であった。たとえば三世紀の教父ティルトゥリアヌスは、すべての女性に向かって、「汝は、汝もまたイヴであることを知らないのか？　神の判決は、いまなおこの性に対して効力をもっており、したがって女の罪もまたなお存在している。汝は悪魔への入口であり、悪魔の木の誘いに和して、神の法を棄てた最初のものである」と叫んでいる。また、初期の教父でミラノの司教だったアンブロシウスも「男にとって過ちのもととなったもの、それは女である。男が、女にとって過ちのもとだったわけではない(1)」と述べている。

これだけでもキリスト教が女性に対してどのような教えを説いてきたのかを見るのに十分なのだが、ここで問題とするのは、男女の関係がどのようにとらえられてきたのかという点である。そもそも「原罪」そのものが、キリスト教の教えにおいて最も核となる人間の「生命の永続性」と関連しており、生命を産みだす行為は男女関係の存在理由そのものと関わるため、男女の関係すなわち結婚関係や肉体の問題は、「原罪」との関連なしには考えられなかったのである。それでは、どのようにキリスト教において、男女関係およびそれをつなぐ性の問題が考えられていくのであろうか。ここではこの教説の内容と、その背景を歴史的に分析する。

2　イエスとパウロの教え

まず、新約聖書のイエスやパウロの教えの中に、その始まりをみることができる。そもそも新約聖書の「福音書」において、イエスが男女の関係について発言している部分は多くない。彼は、自分に従うために家族を捨てよと命じ（『マタイの福音書』一〇－三七）、自分の家族との面会を拒絶する（同、一二－四八～五〇）。また、天国では「永遠の生命」が保障されるから、結婚という状態は存在しないと述べる（『ルカの福音書』二〇－三四～三七）。そして、去勢された人を肯定する（『マタイの福音書』一九－九～一二）。また、すでに結婚している人については、神が一体としたものであるとして離婚を禁止する（『マルコの福音書』一〇－六～九）。すなわちイエスは、男女の関係について、「永遠の生命」が保障されるがゆえに性のない天国と、生命を産み出す必要があるために結婚という性関係のあるこの世を対照させて提示する。そして、性のない天国をよいものとした上で、当時の人間にとり当たり前であった家族（それは性関係から生じる）を基本とした生活を捨てて、アダムの「罪」によって失われてしまった「永遠の生命」を得るために、自分に従えと説いているのである。このようにイエスは、天国では保障されていたにもかかわらず、アダムの「罪」によって失われた「永遠の生命」の回復と、結婚すなわち男女間の性関係の否定を結びつけて説いている。

「原罪」と男女関係に関してキリスト教の歴史を詳しく考察したペイゲルスによれば、このイエスの教えは、当時のユダヤ社会のあり方に対する根本的な挑戦であったという。ユダヤ社会では、結婚すなわち性行動の目的は生殖にあると考えられてきた。「民族の安定と存続を保障するために、ユダヤの教師たちは、性的行為は生殖という第一の目的のためになされるべきであるということを、はっきり前提していた」[2]。その文脈において、一夫多妻も離婚も、再生産の機会を増やすものとして認められてきたのである。しかしそれゆえに、ユダヤ社会では生殖に結びつかない性的行為を「忌まわしい行為」として禁止していた。イエスと同時代のユダヤ人の「創世記」理解では、性を否定するよりも神がアダムとイヴに「生めよ、ふえよ、地に満ちよ」と命じたこと（すなわちボッテロのいう「聖職的記録」）のほうが重視されていたのである。

このようなユダヤ社会の常識に、イエスは真っ向から挑戦した。彼は「ユダヤ人の社会生活のなかで最も神聖とみなされていた家族の義務を……退けたのだった。生殖の義務を二次的なものとし、離婚を拒否し、暗に一夫一婦制の関係を支持することにより、イエスは伝統的な優先権を逆転させたので[3]」ある。そして、自発的な「独身主義」を勧め、家族という絆を捨て、自分とともに歩むよう人々に説いたのであった。

使徒のパウロは、こうしたイエスの考え方を推し進めた。彼の書簡といわれるものの中で、男女の関係に直接言及する箇所は多くはないが、その主張ははっきり読み取ることができる。まず第一に肉と霊を対比し、肉に関わることを徹底して攻撃した（たとえば「ガラテア人への手紙」五－一六～一七「霊によって歩め。そうすれば肉の欲を遂げさせることはない。実に肉の望むことは霊に反し、霊の望むことは肉に反する」）。肉に関わることに対する批判は、男女関係だけでなく、広く人間の生に関わる事項に及ぶが（同五－一九、「コロサイ人への手紙」三－五）、この世の男女関係について言えば、肉欲に関わらない生き方すなわち独身生活が最も望ましいとして勧められている。しかし彼は、すべての人がそのように生きることはできないと考え、結婚を必要悪として位置づける。肉欲を自制できないなら、結婚という制度の中に閉じこめるのがいいという考えである。その場合には、離婚も再婚も否定される

（たとえば「コリント人への手紙　第一」七－八～一一「それでも独身の人とやもめに私はこう言おう。私と同様にとどまるのは彼らのためによいことである。だがもし自制することができなければ結婚するがよい。結婚するほうが情欲に燃えるよりよいからである」）。

パウロはこのようにもともとイエスの教えにあった考え方を述べただけでなく、結婚関係における女性の服従をも主張した。このような家父長制は、前述したように「創世記」第二章に根拠を持ち（すなわちボッテロのいう「ヤハウェ型」）、キリスト教会が結婚を管轄下においた際に基本となる考え方である（「エペゾ人への手紙」五－二二～二四「妻よ、主に従うように自分の夫に従え。キリストがその体であり、それを救われた教会のかしらであるように、夫は妻のかしらである。教会がキリストに従うように、妻はすべてにおいて夫に従え」）。

ジャック・ル＝ゴフによれば、このようなパウロの禁欲の勧めは、「聖霊の宿るもの」としての人間の身体を尊重したためだというが、重要なのは、このパウロの教えの構図が、教会によって「セクシュアリテとの関係で決定されるヒエラルヒーにそって社会の全体を描くために、主要なものとして用いられて」いくことである。[4] そして、教会の教説の形成過程で意味がずらされ、「肉」の意味が性的な意味に移行していくのである。[5]

ペイゲルスによれば、パウロのこのような教説は「福音宣教という実践的課題」を背景に行なわれたものであった。パウロの独身主義は、「世界の終わりに備え、「来たる世」のために自らを解放する」[6] ことが必要だという主張だったという。すなわち、現世のさまざまな問題（特に家族に関する）に注意を向けている時ではないということである。次の世代のキリスト教徒の中には、この主張を、当時の人々の関心の中心だった家族や子どもに対する心配からの解放と受け取る人々もいた。パウロの死後およそ一世紀以内に、この禁欲主義的解釈が急速に広まっていった。当時重要だと考えられていた家族の絆から離れ、ひとり修道院で自分と神のことだけを考える生活を送ることは、自由を意味した。「独身主義の誓約は、多くの改宗者にとって、伝統や家族といった圧倒的な重圧からの独立宣言として機能した。当時の家族は、成熟期に達した者たちに結婚を準備し、それによって自分の子どもたちの人生の針路を決定してしまうのが当たり前となっていたからである」[7]。すなわち天国をめざすための独身主義という主張は、教会の側からすれば、人々を家族から引き離して教会に吸収するための教えとして、また信徒の側からすれば、家族のしがらみから逃れて自由を獲得する道として、この世において機能したのであった。

しかし多くのキリスト教徒にとっては、当時の家族生活とあまりにかけ離れたこのような主張は、受け入れがたいものであった。そこで、二世紀の終わりまで、家族生活を認める穏健派との間で論争が繰り広げられ、最終的に新約聖書は穏健派の意向に添って編成されることになった。その代表がアレクサンドリアのクレメンス（一五〇年頃〜二一五年）である。彼はイエスとパウロの独身主義を推奨したが、当時のユダヤにおける家族と結婚の考え方を無視することはできなかった。彼は、性行動を否定はできないとしても、結婚生活に封じ込めようとし、厳格に生殖を意図した行為に限定した。さらに、近親姦、姦淫、「自然に反する」性交、同性愛、中絶、幼児殺しといった異教（ローマ）の性的習慣や、多婚や離婚といったヘブライの習慣を根絶することがイエスの意図であったと主張した[8]。このように、パウロの教えを厳格に引き継ぎ独身主義を主張するキリスト教徒に対して、クレメンスたちは、大きな制限を付けながらも結婚生活を認めることによって、独身主義を望む人だけでなく、結婚している人や離婚した人々をもキリスト教の教えに惹きつけることができるようにしたのであった。

このようにキリスト教会は、性の問題に関しては、「永遠の生命」を獲得するため天国に向けて独身主義を説きつつ、同時にこの世においては、次善の策として結婚生活における締め付けと女性の隷従を説くという、教説の二重基準をとるようになっていく。すなわち、男女を結ぶ性の問題には基本的に否定的でありながら、それを囲いこむために必要悪として結婚という制度を位置づけ、結婚における男女の間には家父長制を確立していくという路線をとるようになったのである[9]。

第二節　アウグスティヌス――「原罪」と「欲情」という罰

1 「原罪」に対する罰としての「欲情」

ル＝ゴフによれば、このように肉と霊を対立させて考えるキリスト教とともに、西洋の歴史においてはじめて肉体と「罪」が結びついた。それは、中世を通じて「最高の権威である聖書を、性的実践の大部分の抑圧を正当化するために」用いることで行なわれた(10)。すなわち、はじめは人間が「知識への欲求をもち、神に従わなかったという点での、精神に関わる罪」であった「原罪」が、長い時の中で「肉の罪」と同一視されていくのである。

ペイゲルスによれば、前述したクレメンスの時代に、すでに「原罪」を性交と結びつける議論が存在したが、それに対して結婚を擁護するクレメンスは、性交を罪深いものではなく、神の創造の一部であると主張した。「自然が（アダムとイヴを）、理性を持たない動物のように、生殖に導いたのだ。……しかも私が自然と言うとき、それは神のことを意味している」(11)。このようにクレメンスたちは、性欲を「堕罪」の主要な原因とするのに反対したが、「人の最初の不服従」と「堕罪」が「性的形態を取っていた」と考えてはいたのである。そして、「情欲を媒介にして原罪とセクシュアリテとを決定的に結びつけたのは、アウグスティヌスであった」という(12)。すなわち、教会の歴史において、「神の意に背いて善悪の判断力を獲得した」という人間の「原罪」が、徐々に性や肉体と関連して解釈されるようになっていくが、そこで決定的な役割を果たしたのが、アウグスティヌスだったのである。彼は、世界の秩序だけでなく、男女の関係に関しても、その教えの性質を規定するのに大きな影響力を持った。中でも彼が「原罪」の罰として考えた「欲情」という概念が、男女間の性について否定的教説を成立させる中心をなした。アウグスティヌスの「欲情」の議論は次のようなものである。

人間が「原罪」を犯すことで神により与えられた罰は、「楽園」からの追放により「永遠の生命」を失い、この世においてつらい生を生きることである。それに加えて男性には労働が、女性には出産が罰として与えられたと「創世記」は述べる。しかしアウグスティヌスは、これに加えて「原罪」に対する独自の罰の概念を提示する。それが、〈欲情による性器の暴走〉とでも名付けられるような罰である。すなわちアウグスティヌスによれば、人間の「原罪」の問題は、使うべきではない「自由意志」を使って人間が自分で判断するという高慢な行ないをし、神の秩序から外れて生きようとした点にあった。そのような「自由意志」に基づく不従順に対する報復として神は罰を与えたと彼は考える。[13] 人間が神から離れて「自由な意志」を使おうという「高慢」の罪に陥るなら、人間の肉体の中に、絶対に人間の意志でコントロールできない器官を設定する、これが神の与えた罰であると彼は論じる。すなわち神は、人間が「私の意志」に従わないつもりなら、人間の身体のうちに、「人間の意志」に従わない部分を創ってやろうと考えて罰を与えた、とアウグスティヌスは述べたのである。その器官がどこかといえば、男性器である。

男性器は、自分の「意志」と離れた肉体に関する「欲情」によって、どうしようもなく暴走してしまう。「(「原罪」を犯す前には）欲情が彼らの自由な決定力とは無関係に身体のこの部分を喚起するようなことはなかった」[14] のに、今や「(それは）かれらが欲したときには刺激されず、ときとして、それを求めもしないときにその衝動が悩ませるのである」[15]。アウグスティヌスが、若い時に性に対する欲望に苦しんだことは有名であるが、彼は男としての個人的な経験を投影して、次のように述べている。「身体の恥部が刺激されるようなあの欲情……は、人間の全体を刺激するのであって、そのため、……ほとんどすべての明敏さも思考の目ざめも埋められてしまう」[16] ほどの快感を感じるのである。

〈欲情による性器の暴走〉は、神により与えられた罰であるから、人間には止められない。しかし、問題はもっと深刻である。「欲情におそわれるやいなや魂はその欲情からまったく自由でなくなってしまって、そのため、魂は自分自身に対して命令する力を失い、また、身体にたいして命令することもまったくなくなり、その結果、あの恥ずべき器官は欲情によって刺戟喚起されるというよりは、むしろ、意志によって刺戟喚起されるということになる」(17)。つまり人間は「欲情」を止められないだけでなく、「欲情」によって、自分の「意志」が乗っ取られる状態にまでいってしまうというのだ。彼は人間の過ちを後悔して述べる。「(楽園では)肉においては最高の健康が、魂においてはまったき静穏があったのである」(18)。「もしも罪が存在しなかったら、あの結婚は楽園のしあわせにふさわしいものとなって、愛されるべき子孫を生み、しかも恥じられるべき欲情をもつこともなかったはずである」(19)。

アウグスティヌスは、「欲情」による性行為を恥じたのだが、「子どもを生むということ自体は、結婚の栄光に属するものなのであって罪にたいする罰に属するものではないということが知られるのである」(20)と述べている。「罪」を犯したあと、罰として「欲情」にまみれて行なわれるこの世の出産について、彼は、「できることなら、むしろこの種の欲情をもたないで、子どもを生みたいと思わないだろうか」と問いかける(21)。それは可能だったはずだと彼は考える。「子どもを設けるという仕事に関しても、欲情……がなかったとしても、身体のあの器官は、他の身体的諸部分が従順に人間に仕えるごとく、意志の指示にしたがって、従順に人間に仕えることができたのだと信じてよいのではないであろうか」(22)。「そういうわけで、(罪がなかったら)性的器官は欲情によって刺激されないで、意志によって促されて、必要なときに必要なだけ、男は子孫の種を蒔き、女はそれを胎に宿したであろう」(23)。「神にとって、人間をおつくりになる際、人間の肉において現在は欲情を伴わずしてはけっして動かされないあの部分もまた、ただ意志のみによって動かされるというようにおつくりになることは困難なことではなかったのであった」(24)。

「楽園における結婚は、この反抗、この対立、意志と欲情とのあいだに見られるこの争闘、あるいはすくなくとも意志の自己充足に対する欲情の不充足をもつことはなかったであろう。それはただ、罪の不従順が罰としての不従順をもって叩き返されたときにのみ生じたものであって、そうでなければ、この恥部は他の身体的諸部分と同じように、すべて意志に仕えるものであったであろう[25]」。

「(楽園では)夫婦のあいだには、愛と相互の敬意とにもとづく忠実な共同があり、精神と身体との調和と配慮があった。……あの性的器官は、他の身体的諸部分がそうであるように、意志の合図にしたがって動かされたであろう。そして夫は、激しい情動がもっているあの誘惑的な刺戟をもたず、精神と身体の静けさのうちに、純潔が汚されることのないまま妻の内奥へ種子を注ぎ入れたことであろう。……受胎と出産に際して、欲情の欲求が二つの本性を結びつけようとするのではなく、あくまで自由意志のはたらきがそれらを結びつけたであろう[26]」。

すなわち、楽園では「欲情」なしに「意志」により子どもが生まれるとアウグスティヌスは考えていた。彼は「楽園」において、アダムという始祖から人類がどのように広がっていくかを次のように描写している。

「楽園においても彼らに栄誉ある結婚があり、汚れなき寝床があり、彼らが誠実に正しく生き、服従して、浄く神に仕えるなら神が与えて、情欲の不安な熱情なしに、産みの苦しみも労苦もなしに、彼らの血をわけた子どもが産まれ得たと考えることに何の妨げがあろうか。死んでいく両親のあとを子どもたちが引き継ぐというのでなく、産んだ親たちはある身体の形姿段階以上に老いずに留まり、楽園に植えられた命の木から身体的な活力を獲得し、産まれた子どもたちも同じ段階に至るまで成長し、人々のある数がみたされるまでこうしたことが続けられる。すべての人々が正しく服従して生きるなら、その数が満たされた時に、何ら死もなしに肉体的身体が別の性質に変化する、かの変貌が起るのである。そこでは身体は自分を支配する霊にすべて同意して仕え、いかなる物体的な養分の支えもなしに霊だけが活力を与えて生きるので、この身体は霊的身体と呼ばれるのである。死の罰に値する、戒めへの違反がなかったなら、こうしたことが起りえたのである[27]」。

しかし人間は、神の命令に対して高慢な心を持つことで「原罪」を犯し、「欲情」に苦しめられるという罰を与えられたのであった。「欲情」に関するアウグスティヌスの記述は神秘性のかけらもなく、あまりにあからさまで男性中心的であり、ほとんど性科学の本（もしくはポルノ雑誌？）の記述かと見紛うほどである。

2　人類に伝えられる「罪」と罰

「欲情」なしに「意志」に基づき行なわれるという「楽園」での生殖が理想であればこそ、この世での「欲情」に基づく生殖行為は、「罪」に結びつけられた否定されるべきものとなる。アウグスティヌスは、自身が肉欲のとりことなってそれを抑えられなかった経験を持ったために、それを出発点として、「原罪」に対する罰の問題を考えた。重要なのは、彼が自分の個人的経験を、人間全体のものとみなした点である。彼は、人間は性衝動を意志によっては抑えられないと考えた。それはなぜかといえば、「その原因は私ではなく「私のうちに宿る罪」である。私はアダムの子であるゆえに、それはより意志的な罪への罰に由来するものだった」と主張したのである。[28] しかもこのアダムの犯した「罪」の結果人間に与えられた罰は、子どもを産むことにより、すべての人類に伝えられるとアウグスティヌスは考えた。彼は次のように述べる。

「かの結び合わされた一組の男女が彼らに刑罰を付与した神の宣告を受けたとき、最初の人間の中に、女を通じて子孫に継承されてゆくべき人類全体が内包されたのであり、創造されたときではなく、罪を犯したために罰せられたときにあったものこそが、人間性と成るべきものとして人間性が生み出したところのものである」。[29]

すなわち、「創世記」において描かれた最初の人間の「罪」は、それに対する「永遠の生命」の喪失としての死と〈欲情による性器の暴走〉という罰の形で、人間の本質として伝えられるものとされたのである。

こうして、ペイゲルスによれば、「アダムが単独でなした任意の意志的行為が、これに続くすべての人間の意志的行為を無効にした。かつては調和があり、完全かつ自由であった人類は、今やアダムの選択を通じて、可死性と欲望のために荒廃する一方、……すべての苦難が、エバとアダムの導入した倫理的かつ霊的悪化の証拠となる。アウグスティヌス以降原罪の遺伝はカトリック教会の公的教義となっている」という。[30]

すなわち、最初の人間の犯した「罪」により、人間世界全体が死と「欲情」という罰を受けることになってしまった。それは子どもを産むことにより伝えられるので、いつまでも人間は最初の「罪」の刻印である罰から逃れられない。こうしてアダムによって、人間の生きるこの世は、あらゆる苦しみに満ちあふれた世界となってしまったのである。彼は述べる。「人類の最初の起源にかんして、死すべき者のすべての子孫が罰のもとにおかれたことは、わたしたちのこの生……が、かくも大きな悪にみちていることで証明される」。そして彼は、人間社会におけるあらゆる種類の悪をあげ、それらは、「人間のこの世の生からけっしてなくならないものである」と断ずる。[31] そうであればこそ、「神の国」をめざして、神に徹底的にすがることが勧められるのである。アウグスティヌスはこのように、「永遠の生命」の喪失と並んで「欲情」を罰として規定することで、すべての人間の生と性を「原罪」に関わる罪深いものと規定してしまったのであった。

3　アウグスティヌスの教説の問題点

アウグスティヌスの「欲情」の教説は、単に彼がその欲望に悩んだがゆえに主張されたというだけでなく、「原罪」の結果人間は死なななければならなくなったという罰とも関わっている。死なななければならないとしたら、「死に誕生が続くように」生殖欲求を持つ必要がある。そこで人間は、「罪」を犯したあと、「これまで知らなかった動きによって肢体に欲情を覚えた」。そして、「自らの肉の肢体の動物的な動きに恥ずかしさを覚え」た。それは、はじめての性の目覚めに対する恥ずかしさと同時に、神の命令に違反したという恥ずかしさでもあったというのである。[32]

人間がこのような状態になることは、いわば死ななければならなくなった人間を存続させるための神の知恵として考えることもできたであろう。事実、アウグスティヌスと論争して敗北するユリアヌスは、「神は身体を創造し、性を区別し、生殖器を造り、身体が結びつけられるように情動を付与し、精子に力を与え、精子の神秘的本性に働きかけた……そして神はわるいものを何も造らなかった」と主張した(33)。ユリアヌスは、アウグスティヌスが性的不節制と欲望それ自体を混同していると考えたが、アウグスティヌスは、「生殖器官のこの悪魔的な興奮」はすべての人々に生じ、「恐ろしいばかりに制御不可能」であると考えた。また、結婚にも「肉欲や呪うべき切望の底無しの泥沼」をみて、もしも教会が結婚に関する拘束をしなければ、「人々は、まるで犬のように見境なく性交に走っただろう」とまで述べたという(34)。

このアウグスティヌスの〈欲情による性器の暴走〉に関する教説については、ミシェル・フーコーが「性現象と孤独」という論考で批判している。彼は、性現象が紀元後の最初の数世紀以来、キリスト教文化において重要であり続けてきたと述べる。異教的な倫理の一部を導入しながら、キリスト教は、自らを性的存在として把握するという、自己を把握するための一つの新しい様式を提示したという(35)。その上でフーコーは、アウグスティヌスの教説を、異教徒の哲学者アルテミドロスの議論と比較して分析する。そして、アルテミドロスは、「性現象とはすなわち関係であり、性的関係と社会的関係とを分離することはできない」と論じているとする。それに対してアウグスティヌスの〈欲情による性器の暴走〉の教説においては、「問題はもはや他者との関係ではなく、自己の自己に対する関係であり、より正確に言うなら、意志と意志によらない表現とのあいだの関係である(36)」。こうしてこの教説は、キリスト教によって性現象と主体性との間に新たな関係をうちたてたのであった。さらにいえば、性と他者との関係を断ち切ったともいえよう。

このようにフーコーは、アウグスティヌスによって性がリビドー化され、人間は魂のさまざまな動きの中で、リビドーから来るものを絶えず検査しなければならなくなったと述べる。そして、キリスト教の性に関する権力の問題は、「告解（または告白）」という形をとった「性の言説化」により、絶えず人間の内面をキリスト教の「真理」に従うよう統制の対象としていったことにあると論じる。しかも、「自分の欲望を、自分のすべての欲望を、言説にする」という行為により、その行為者は、否定すべき欲望を自らが持つことに気づかされた上で、それをたえず教会権力によって否定されることになる。すなわち人間は、自己を否定されるために、自ら自分の内面を言説化してさらけだすことを強いられるのである。これをフーコーは、人間の「服従＝主体－化」と呼ぶが、人間存在に対する究極の抑圧の形といえるであろう(37)。

男女の関係に注目した場合、この教説の問題点は、「原罪」を犯すことに起因する〈欲情による性器の暴走〉が、「罪」ではなく「罰」として説かれたという点にある。「罪」とは、ある行為を「するな」と禁止されたのに、それをしてしまうことであるが、「罰」とは、禁止された行為を行なったことに対する報いとして、ある行為を強制されることである。すなわち、〈欲情による性器の暴走〉は、それ自体が禁止された行為なのではなく、神の命令に背いた（＝罪）ことにより、罰として強制された行為であると、アウグスティヌスは説いたことになる。男性器の暴走は、人間が生きる間に常に行なうように強制された罰としての行為なのである！　これは神から与えられた罰であるから、誰も止められない。男性自身に責任があるわけでもない。男性は、恒常的にそれによって苦しむべきとされたのである。

アウグスティヌスは、〈欲情による性器の暴走〉という罰の苦しさについて多くを語るが、その暴走の対象である女性については何の言及もない。暴走する男性器の影響を受ける女性はどうなるのだろうか。もともと女が「原罪」の主犯なのだから仕方がない。暴走の結果としての出産も、神が与えた罰なのだから。また、この世において性器の暴走を誘発するのも女なのだから、とでもいうのであろうか(38)。こうして、「創世記」においては単に「蛇・

罪・出産」だけであった女性に関わる否定的要素に、「性」と「欲情」が加えられた。しかも、男性器の恒常的な暴走が神の命令となることで、暴走の対象たる女性はそれを甘受しなければならなくなったのである。

アウグスティヌスは、そもそも聖書に書かれている、女性が劣り悪に近いといった考え方を前提としていた[39]。この教説は、男と女は個々の存在として対峙する時対等ではなく、女は男に服従すべきだとする家父長制の考え方である。さらに重大なのは、アウグスティヌスが、「創世記」にある神が与えた労働や出産という罰により苦しいものとなった生に加え、男女を結ぶ性そのものも、「欲情」と男性器の暴走を「罰」として規定することで、暗く否定すべきものにしてしまったことであろう。彼自身は女性を他の教父ほど攻撃しなかったが、性に関わる「欲情」を罰とすることで、結局男女の性関係を否定すべきものにしたのである。

このようなアウグスティヌスの見解が教会の教説において引き継がれることで、「原罪」の原因を作った女性は永遠に貶められ、また、その結果生まれた子どもも、永遠に「罪」を背負うものとして否定されていくのであった。すなわち、彼の教説によって、もともと「罪」の結果であるこの世の生活において、人間の生命に関わる性と生の営み全体がすべて否定されることになった。しかもその「罪」はのちの人類に永遠に引き継がれる。こうして、この世における人間の生は、母の胎内に宿る前から死ぬ時まで、最初の人間の犯した「罪」とその結果の罰に覆われた暗いものとなってしまった。それを導いた女の罪は重い。そしてここから、女という性に対するあらゆる攻撃が始まるのである。

このように、直接的な根拠を聖書に持たないアウグスティヌスの驚くほど男性中心的で男性に都合のよいこの教説は、限りなく性を志向するものであった。おそらく彼は、男性として性を限りなく好み、性が彼の人生にとって非常に重要なものだったのであろう。彼は、性的「欲情」を否定するという自分の問題を教説の問題に転換し、「欲情」を罰として規定した。この考え方は、男女の間をつなぐ性（セックス）をすべての問題の基本だと考える性至上主義であり、また、男女の区別（セックス）において、男性の立場のみから性を考えた男性至上主義でもあった。そうした二重の意味から、アウグスティヌスは究極の意味においてのセクシスト（sexist）だったといえるだろう。しかもそれは、性を悪の根源とみなすという、マイナスの意味での性至上主義だった。そしてその否定すべき頂点に女が位置づけられていくということなのである。

4　歴史的背景

このような当時としてもまったく独自の教義をアウグスティヌスが説き、しかもそれが正統なものとして受け入れられていく過程について、ペイゲルスはアウグスティヌスと他の聖職者との論争を紹介しながら詳しく論じているが、ここではその政治的背景を紹介しておきたい。

前述したように、初期のユダヤ人やキリスト教徒が「創世記」に自由の契機を見いだしていたのに対し、アウグスティヌスは、そこに「人間的束縛の物語を見いだした」[40]。その変化は、キリスト教が迫害される異教から皇帝の宗教へと立場を変えたことと関連があるという。すなわち、迫害されながら信者を獲得し勢力をのばすには、人々を既成の社会体制から引き離す必要があった。初期のキリスト教の教えは、家族を捨てるよう人々に呼び掛けることで、当時の社会生活の強固な基盤であった家族集団から自由になる道を人々に提示したのであった。しかし体制の宗教になれば、このような解釈は適合的ではなくなる。アウグスティヌスの教説は、新しい状況に対応したものだったという。そのとき新しく人間社会の秩序を示すのに使われたのが、「創世記」におけるアダムとイヴの物語だったのである。それは、アダムとイヴの物語が、人間社会の秩序に関する基本的なパラダイムを提供することを皆が認めていたからであった[41]。

キリスト教会が体制の側にあるならば、なるべく社会の秩序を固定し、自己の権力を保障するほうがよい。そのために、この世では人間は罰を与えられて苦難に満ちた生を生きなければならず、それに対して徹底的に無力であると説いたのである。ペイゲルスが示すように、教会が正統と認めたアウグスティヌスの議論は、現代の我々から見ると非常に非合理で、多くのこじつけを含んでおり、当時もそれに強く反論する聖職者がいた。しかしアウグスティヌスは、言語的な解釈の誤りや曲解[42]をもいとわず、また、権力者や教会に対する政治工作を行なう[43]などして、最終的に教会の正統な解釈として自らの解釈を認めさせることに成功した。こうしてキリスト教会は、病気の状態の人間に対し、「これを癒すために唯一可能な霊的治療と規律を提供する[44]」存在となっていくのである。

「アダムの堕罪というアウグスティヌスの理論は、かつてはキリスト教徒の周縁的グループのみによって、もっと単純な形態で信奉されていたにすぎなかったにもかかわらず、皇帝の支援を得たカトリック教会がこれを宣言したにともない、今や西欧の歴史の中心へと移行したのである[45]」。そして、五世紀以降、「アウグスティヌスのセクシュアリティ、政治、人間の本性に関する悲観的見解は、カトリックとプロテスタントの双方の西欧キリスト教に決定的影響を与え、……すべての西欧文化を特徴づけてきた[46]」のであった。

5　その後の展開

アウグスティヌス以降、彼の性に対する否定的な教説がパウロの肉に対する嫌悪とあわさり、「創世記」の「悪魔・女・罪・出産」というつながりに加えて、「性・肉体・欲情」という女性に関わる悪の連鎖が限りなく拡大していくことになる。教会の言説を作るのが男性であり、彼らに禁欲が求められたため、なおさら性に対するさまざまな幻想や妄想に基づく言説が加えられていったのであった。

すなわち、神に対する反抗を唆す悪魔にだまされた女は悪に近い存在である。悪魔にだまされた女は、木の実を見て「おいしそうだ」と思う。つまり肉体の欲望（食欲）に負けたのである。そしてアダムを「罪」に引き込む。

それゆえ女は肉の欲望に男を誘ったものとみなされる[47]。その証拠に、木の実を食べるまでふたりは裸を恥ずかしいと思わなかったが、食べてからは恥じるようになったではないか。つまり「楽園」では、性は問題にならなかったのだが、木の実を食べることで、ふたりは性に目覚めてしまったのだ。これも女が原因である。「楽園」追放の主たる要因を作ったのはイヴだったから、女はあさはかで肉の欲望に支配されやすいと考えられる。そして、性的に男性を誘惑する。そもそも女は「人間の肋骨から」「人間の助け手として」創られたのだから、男に従属するのは当然であろう。すなわち、この世の男女間の家父長制支配は、神の定めたものなのである。

このようなパラダイムにおいては、この世での結婚も「罪」から逃れられなかった。結婚は、性行為に関する罪すなわち欲情に刻印されたものだからである。「楽園」で肉の欲望を知らずに過ごしていた時と違い、この世で生きる人間は肉の欲望を知り、その結果として女は子どもを出産する。夫婦間の性行為も姦淫に変容することがあり、また、「両親の結合は肉欲［性的欲動］なしにはなされないゆえに、子どもの懐胎も罪なしにはなされない」とされた[48]。子どもは罪深い肉体から生まれる肉の塊であって、肉体の罪を体現したような存在である。子どもによって、人間は肉欲の罪を再生産し続ける[49]。

このように「原罪」の原因がイヴにあること、彼女は悪魔の化身である蛇に唆されたこと、またその形態が肉の欲望という形をとること、そして神が女性に対し罰として出産を命じたこと等が合わさって、肉体や性に関する罪と女性を貶め抑圧する言説が歴史的に作られていった。中世においては、「肉と身体とが魔的なものとされ、放蕩の場と同一視されて罪を生みだす中心とみなされるにおよび、身体からはあらゆる尊厳が奪いさられることになるのである[50]」。そして、「女性は長いあいだ、女嫌いの神学者と欲求不満の聖職者によって、イヴの娘だと非難され、男を誘惑するものの姿で表象されてきた。女性たちの生涯の主な目的は、警戒心のない男たちを誘惑して、かれらを悪魔に引き渡すことにある[51]」とされてきたのである。

以上が、キリスト教の長い歴史の中で、「創世記」の記述に読み込まれた男女に関する教説のまとめである。ボッテロによれば、キリスト教圏ではこうした記述の内容は歴史的に起こった出来事だと考えられ、「この最初のカップルの存在と、そして過ちが現実に犯され、その子孫全体が根源的に堕落した状態と行動とを運命づけられ、そして困難と罰とに満ちた生存を運命づけられた(52)」と考えられてきた。すなわち、キリスト教圏において、男女関係の原イメージはこの「創世記」の叙述に従って作られてきたのであり、それは現在まで変わらないと考えられる。

ル＝ゴフによれば、このような肉の罪に関わる教説の集大成が、一〇五〇年頃から一二一五年まで教会において行なわれたグレゴリウス改革と呼ばれるものである。この改革では、俗人に対する教会の独立性が制度化され、その違いを示すものとして、セクシュアリティが使われた。俗人には結婚が、聖職者には処女性と独身・禁欲が割り振られ、俗人は結婚の中に閉じこめられた。解消不能な一夫一婦制という教会による結婚のモデルが勝利して、一二世紀末には結婚は教会法に属するものとなり(53)、一三世紀には教会で結婚式をあげるのが普通になった。そして、「結婚は、神がじきじきに地上の楽園に制度化したものであり、……子孫を産むこと、姦淫を避けること、秘蹟（サクラメント）による恩寵を授けることという三つの機能」を持つものとなった(54)。すなわち、教会が認めた結婚だけが、「罪」を免れられることになったのである。

それは、家を基本とし父が重要な役割をもっていた結婚から、教会の司祭が重要な役割を演ずる結婚への移行をも意味した。結婚において、「夫は、統制し、扶養し、教化し、矯正するという役割を担う。……こうして、聖職者たちの言説は、夫婦という概念を称揚し、そのイデオロギーを確立すると同時に、（夫婦の間に）不平等というくさびをしっかりと打ち込んだのである(55)」。

また、このころまでは実際面では寛容に扱われていた同性愛が、「ソドミー」という肉に関するさまざまな罪の概念にまとめられ、異端の罪として打倒の対象となっていく。最後に、肉の罪は「淫蕩」という名称を与えられ、統一化された[56]。こうして、教会は人間の性と生に関する支配権を確立したのである。

アウグスティヌスの教説の後世への影響を論じたストーンによれば、アウグスティヌスの著作は、中世を通じてさまざまな読み方をされながら多くの議論に影響を与えてきたが、特に一二世紀以降は、それらが、ロンバルド(Peter Lombard, c. 1095–1160)の編纂した非常に影響力を持った神学の法典の中で高く位置づけられたために、そのようにいえるという。なぜなら同書は、その後四五〇年間にわたって、新しく設立された大学の神学部におけるテキストとして神学のカリキュラムを支配することになるからである。そしてそのことは、中世哲学および神学のすべての領域において、アウグスティヌスの理論と教説の影響力を確実に持続させたのであった[57]。

こうしてアウグスティヌスの教えを中心として作られた教会の教説は、現代に至るまで、女性という存在を規定し(たとえば女性は理性的でない、感情を統制できない、肉体の罪を犯す)、女性の行動規範となり(たとえば女性は人に教えてはいけない、外出してはいけない、慎ましくあれ)、男女関係の規範を作り(女性は男性に従うべきだ)、そして女性の社会的地位を規定する(女性は家庭にいるべきである)など、すべての領域にわたって、形を変えながら、女性を抑圧する言説や制度の根幹となってきた[58]。特に教会が勢力を確立した中世以降、そのような教説は、教会と国家の法によって裏書きされ、制度として女性への抑圧が確立していくことになったのである[59]。

以上見たように、キリスト教圏では、現代に至るまで「創世記」に発する教会の教説が、社会や文化における男女関係の原イメージと、性と生に関する言説を提供してきた。それは、基本的には家族も国家もない「楽園」の状態と、家族や国家の権力関係が存在する現世を対比した上で、男性の女性に対する根源的支配を正当化する「神による家父長制」という考えや、男女の性や生を「罪」と関連させて女性という存在や男女の性関係を道徳的に否定するという考え方である。そこから作られた女性の抑圧状態に対する決定的な批判として提出されたのが、「ジェンダー」という概念である。(60)「ジェンダー」は神の創った家父長制を解体し、アウグスティヌスが最も批判した人間の「自由意志」によって、人間が性と生に関する秩序を作ることをめざす。近代社会は基本的にこの「自由な意志」による秩序形成をめざしてきたはずであったが、性と生に関わる男女の関係については、それがなされてこなかった。おそらくそれは、性と生に関する事項が基本的に教会の管轄とされ続けてきたことと関連があるだろう。本書で示すように、西洋キリスト教社会における男女関係の原イメージは、一貫して「創世記」の記述に縛られていくのである。

それでは次に、このような教会の教説に対し、キリスト教の神から完全に自由に、男女の関係と生に関わる統治の問題を、家族を含めて構想したホッブズの議論がどのようなものだったのかについて見ていこう。はじめに、彼の神についての議論を見た上で、彼の秩序構想が神の秩序とどのような関係にあるのかを押さえることにしたい。

第三章　神の秩序と「リヴァイアサン」

第一節　キリスト教の言説の解体

1　言語の使用と宗教的教説

ホッブズは、「コモンウェルス」を考察する主要な著作として、『法の原理』『市民論』『リヴァイアサン』を著しているが、リチャード・タックによれば、ホッブズは『リヴァイアサン』において、『法の原理』や『市民論』と比べ、宗教に関して非常に異なる見解を打ち出したという。『市民論』でも自然宗教について論じ、また主権者が宗教的畏怖の念の表現方法を決定する人物として考えられていたが、依然としてキリスト教に特別な役割が与えられ、主権者は教会の正統性を保証する義務があるとされていた。しかし『リヴァイアサン』においては、キリスト教は古代の他の宗教と同列の扱いを受けることになった。しかも、主権者が聖書を解釈し、聖職者に配慮せず教義を決定できるとされた。すなわち主権者が、他の世俗的事項と同様に、国家の宗教の内容をも決定することになったのである。(1)　宗教論を扱う第三部および第四部こそ、ホッブズが『リヴァイアサン』を書いた主要な目的といえるほどなのだという。[2]

タックによれば、「ホッブズは、その全著作を通じて、恵み深い神という従来の概念はどんな哲学的探索にも適切でないとして、断固として否定していた」。[3] ホッブズは、理性に基づく科学的手続きによって、人間や「コモンウェルス」について分析しようとした。ホッブズの議論をレトリック（弁論術）という観点から分析したスキナーは、『リヴァイアサン』の内容について次のように考察している。すなわちホッブズは、『法の原理』や『市民論』においては、彼の示す人間と「コモンウェルス」に関する科学的論理（ロジック）は人々を説得する固有の力を持つという信念を持っていたため、レトリックを排し論理的な叙述だけで議論を展開していた。しかし『リヴァイアサン』においてはその見解を変更し、科学はレトリックを使った弁論をともなわなければ、あまり力を持たないと考えるようになった。そして、さまざまなレトリックの技法を駆使して、スコラ学者や熱狂的なプロテスタントたちの教説に論駁を加えたというのである。[4]

キリスト教の教義は神を中心に人間を考察したが、ホッブズは哲学的考察の基礎に人間と、人間にとって唯一実体のある欲望をおいた。それが彼の「コモンウェルス」に関する議論である。本章では、そのようなホッブズの議論を詳しく見る前に、彼が『リヴァイアサン』において、神の概念およびキリスト教の教義、特に「創世記」の創造の物語をどのように分析したか見た上で、神の秩序と対比する形で考えられた「リヴァイアサン」の意味について考察する。

アウグスティヌスの議論について見たように、人間の生についてのキリスト教の教説は、人間が神の秩序のもと「エデンの楽園」で永遠に生きることを出発点としていた。そして、それを喪失したこの世での生は、罪にまみれた真っ暗なものとして描かれたのであった。それに対してホッブズは、人間がこの世において自分自身で生きることを議論の出発点とした。それが「自然状態」の議論である。そこでの生は、自己の生命の保存をめざすものである。人間が裸一貫で神に頼らずに生きていこうとする時、人間には自己の能力以外に頼るものがない。それゆえ彼の議論は、人間の能力の吟味から始まる。ホッブズによる人間の能力についての分析は、以下のとおりである。

まずホッブズは、人間能力の基本は五感であるとする。その他の能力は、あとから学びや勤勉さにより獲得したものである。その発達はすべて言葉や話術の発明によって促される。言語の使用こそが、人間を他の生物より優れた存在たらしめたのだ。[5]それゆえ彼は、言語の発明が、人間の思考に関わる発明のなかで最も貴重で有益であったと述べる。言語を使うことで、人間は心理的思考を言語化し、思考の連なりを言葉の連なりに換える。そうすることで、記憶できるようになるのである。

こうした言語の使用によりもたらされる利点として、ホッブズは四つのことをあげている。第一は、現在や将来の事象の原因や効果などについての思考を記録すること。第二は、自分の得た知識を交換し、教えあうこと。第三は、意志や目的を開示することで、相互扶助ができるようにすること。第四は、言葉によって楽しむことである。

しかし彼は、これらそれぞれについて、言葉が乱用された時の問題点をもあげている。第一は、自分の考えを記録する時の言葉の意味の不統一や、考えもしなかった内容を記録して、自分たち自身を欺いてしまうこと。第二は、言葉を隠喩的に使うことで、本来の意味とは異なる内容を指し示し、他人を欺いてしまうこと。第三は、自分の本当の意志とは異なることを言葉によって宣言してしまうこと。第四は、言葉により他人を傷つけることである。人間が言葉を乱用する能力を持っているのは、他の動物が敵を傷つけるためにさまざまな能力を持つのと同じだとホッブズは述べている。それゆえ言葉は人間にとって最も重要なものであるが、その使い方によっては、さまざまな問題が起こり得るというのである。

それでは、人間が言葉を使用する時にはどのような注意が必要なのだろうか。ホッブズはまず、自分が使う言葉の意味を正確に知る、すなわち明確に定義することが必要だと述べる。そして、それを順序よく並べる必要がある。

それをホッブズは、幾何学における手続きになぞらえて説明している。このように思考が言語化される時、まず言葉の定義を行ない、それらを連結して結論に至ることで知識が得られる。ホッブズは、そのような手続きを「科学」と呼んでいる。彼は、基本的に人間は肉体も精神も同じ程度のものとして創られたが、言葉に関する「科学」と呼ばれる技術に関しては例外であると考えた。その技術は少数の人しか持たない。すなわち多くの人は、物事を理解する時、論理的な推論による科学的手続きにそって思考することができない。

科学的手続きとしての論理的推論をすすめることができないと、どうなるのであろうか。そこには「誤り（Error）」が生じる。これは実際、「誤り」というより「意味が通らない（Absurdity）」もしくは非論理的言語という方が適切だとホッブズは論じる。[6]たとえば「Immaterial Substance（霊的実体）」[7]などがその例である。すなわち、言葉の定義を明確にしなかったり、それらのつながりを確実にしないような非科学的推論をすると、結局は意味のある明確な結論に到達することができない。そうすると結局は、自分が対象とした事象を明確に理解できないのである。そのような無知から、見えないもの、理解できないことに対する恐怖が生じる。そして、そこから人々の心の中に幻想（Fancy）が生じ、その中にさまざまな「神」が作られていくのだ。ホッブズは、これこそが宗教と呼ばれるものの自然的な「種」なのだと述べている。[8]

それに対し、ホッブズ自身の「神」は科学的手続きの文脈で定義される。人間が自然的実体の原因について自らの思考を言語化し、言葉の定義を明確にしながら思考を進めていく時、最後に人間がどうしても理解できない事象につきあたる。すなわち、最初で永遠の、すべての原因たる、「第一動因（the First Mover）」[9]と呼ばれるものである。ホッブズは、それを「神（God）」と呼ぶのだという。すなわち、ホッブズにとって「神」とは、人間がそれ以上探求できない存在を意味するのである。[10]

ホッブズのこのような神についての解釈に典型的にあらわれる言語の使用法の違いに関して彼の議論に即して考

えると、前者を「レトリック（弁論術）」、後者を「ロジック（論理学）」の問題とすることができるだろう。彼は、「ロジック」の原則は間違いのない真実を証明することであるが、「レトリック」の目的は勝利することであり、その原則は一般的な意見であることにある。なぜなら、人を信じさせることがその目的だからだと論じ、それを批判したのであった。(11)

こうして科学的推論のできない人は、自分が理解できないことについて恐怖を抱き、それを理解するために他人の助言や権威に頼るようになる。つまり人々の心の中に芽生えた「この宗教の種に、幾人かの人が栄養を与え、衣を着せ、法という形に作り上げようとしてきた。そしてさらに、自分たちの発明、将来起こるであろう出来事の原因についての意見を付け加えようとしてきた。それによって、彼らは、他の人を支配することが最もよくできるように、そして自分たちの権力を最大限発揮できるようにと考えたのである」。(12)すなわち宗教者は、人々の心の中にある「神」を希求する「種」を利用して、さまざまな意味の通らない概念（たとえば「三位一体」や「化体説」）や儀式（たとえば「悪魔祓い」や「聖なる水」）を発明してきたというのである。このように宗教においては、ホッブズが述べた言葉の使い方における問題点を利用して、レトリックによる言語操作が行なわれてきたということである。

これまで述べた女性をめぐるキリスト教の教説は、まさに「レトリック」によって作られる非合理な言説の代表的な例といってよいだろう。女性に関しては、「エデンの楽園」で犯された神の命令に対する違反行為を批判する教説が限りなく拡大されていき、それが現代にまで女性の現実の生に影響を及ぼすことになったのである。しかし、なぜこのように女性が悪の頂点に位置づけられるようになったのかといえば、「永遠の生命」を喪失する原因を作ったとされたからであった。人間の「原罪」による「永遠の生命」の喪失は、キリスト教の教義の基礎をなしており、この世における人間の性と生はすべてその罪の影に覆われ、人間はこの世で永遠の罪を引き継いで、苦しい生を生きなければならないと説かれたのである。すなわち女性に関わる言説は、キリスト教の根本的な教義である生をどう考えるかと関連している。

前述したように、アウグスティヌスに代表されるキリスト教の教説においては、人間のこの世における生は否定され、自然的な死のあとにくる「神の国」における生だけが希求される。ホッブズは『リヴァイアサン』でこのようなキリスト教の教説を問題とし、解体しようとした。それでは次に女性についての叙述も含め、ホッブズの「原罪」解釈がどのようなものだったかを見ることにしよう。

2　キリスト教の言説の解体と「原罪」解釈

タックによれば、主権者が宗教の解釈権をも持つべきだとホッブズが考えたのは、世俗における人間相互の関係においても魂の領域においても、人間を恐怖から解放するためであった[13]。そしてホッブズは、教義の新しい解釈を提案した。特に重要なのが、「死後の生」についてであるという。アウグスティヌスの「原罪」解釈に関して述べたように、キリスト教では、死と「死後の生」、そして「永遠の生命」と死の解釈が、最も重要な教義の内容であった。ホッブズは、言葉の明確な定義に基づく論理的な推論ができないと「誤り（Error）」つまり非論理的言語が生じると述べたのだが、キリスト教の死と復活に関する教義はまさにそれにあたる。ところがその非論理的言語に基づく教義こそ、人々を捉え、死への恐怖を与え、教会を介する死後の世界の幸福を求めさせてきたものだったのである。ホッブズは『リヴァイアサン』において、自らもレトリックのさまざまな技法を使って、それを解体しようとした。

ホッブズは『リヴァイアサン』第三部および第四部で、人々を「誤らせて」きたさまざまな概念について論駁している。特にキリスト教の教義において重要であった魂と肉体の問題、死と煉獄の問題、悪魔の問題などについてである。ここでは、魂の物質性、死後の世界の世俗性、罪を犯した人に永遠の劫火はないことなどの解釈に多くの努力が払われている。すなわち、キリスト教の言説を解体することで、この世の生から死後の世界への恐怖を取り除くというのが、ホッブズのめざしたところだったのである。

キリスト教の言説を解体するというホッブズの立場からすれば、『リヴァイアサン』のほぼ半分をしめる第三部、第四部に、キリスト教の教義の根本をなす「原罪」についての叙述が驚くほど少ないのも当然であろう。彼は、中世を通じて付け加えられてきた膨大な言説を無視する形で「原罪」を解釈している。『リヴァイアサン』を通じて「原罪」の全体像についての説明は、数箇所にしか見つからない。

ホッブズは「原罪」を次のように解釈する。「神がアダムを永遠に生きる存在として創造したが、それは、神の命令に背かないという条件付であった。永遠の生は人間の本性の本質なのではなく、生命の木のおかげなのであった。その実を彼は罪を犯さないかぎり自由に食べることができた」(14)。「(神は)アダムを支配し、アダムに対し、善悪を知る木から離れているように命令したのだ。その命令にアダムが従わないで、その実を味わい、神のようになろうとして、善と悪について、彼の創造者の命令によってではなく、自分自身の感覚によって判断したので、彼に対する罰として、神が最初にアダムを創造した時の、永遠の生命という状態が失われた」(15)。すなわち「罪を犯したあと彼は楽園を追放され、それ以後生命の木の実を食べて永遠に生きることがないようにされた」(16)。

ホッブズは、「創世記」の「原罪」の記述を、人間が神の命令に従い「永遠の生命」を享受する「楽園」の状態と、そこから追放され、いずれは死ぬ者として自分の知恵で生きていかなければいけなくなった状態の対比として描いている。すなわち、神の命令に違反するという罪に対して、神は人間に「楽園」からの追放という処分を下した。これがホッブズの「原罪」解釈である。その処分の結果として、人間は「生命の木の実」を食べることができなくなったので、「永遠に」生命を持続させることができなくなったというのである。

ここでは、人間が罪を犯す原因となったとされてきた蛇（悪魔）や女の話も、神が罰として人間に与えたとされてきた労働や出産の苦しさも、言及されていない。単純にいってしまえば、「原罪」の話は、人間が単に神に従属し「永遠の生命」を享受していた状態から、知恵を得ることによって「永遠の生命」をあきらめ、自分たちで生きなければならなくなった状態への変化として述べられているのである。それが人間がおかれたこの世の状態なのである。そして、アウグスティヌスにおいて人間の罪の結果とされた死は、追放の結果人間にもたらされたものと説明されるのである。

ホッブズの説明では、キリスト教の「原罪」解釈の教説において主要な批判の対象となったイヴは、アダムとともに罪を犯した存在として、一度単に名前が言及されるだけである。彼の議論は、キリスト教の歴史の中で作り上げられてきた「原罪」に起因する女性にまつわるさまざまな否定的言説からまったく自由である。すなわちホッブズにおいては、女性が「原罪」の主犯であるとして非難されることもないし、女性の肉体が罪と関連させて忌避されることもない。それゆえ女性に関わる性や、聖書には神が罰として与えたように書かれている出産さえ、まったく述べられることがない。性や生に関して、何ら否定的言説の衣が着せられていないのである。すでに述べたように、この「原罪」の物語が一九五〇年代まで歴史的なものだとされ、そのことにより女性や人間の生が規定されてきたことを考えると、ホッブズの先進性、もしくは論証できることのみに依拠するという徹底した論理性には驚かざるをえない。そうした手法こそが、ホッブズの追求した科学なのである。

第二節　人類の生命の永続性

1　人間の生命の存続

キリスト教の教義が死を重要な問題としているため、その教義を解体しようとするホッブズが、キリスト教解釈において死を主要な論点としたのは当然である。しかし、人間がこの世で生きぬくことを主要命題としたホッブズの「コモンウェルス」の考察においても、「生命の永遠性」という問題は『リヴァイアサン』を通じて議論の基調をなしており、ホッブズもまた、人間個人の自己保存だけでなく、キリスト教とは別の形で「生命の永遠性」の問題を考えようとしたと思われる。それはすなわち、死の対称としての生の問題である。ここでは『リヴァイアサン』の宗教論の隠れた論点として、人間の「生命の永遠性」という問題を考えてみたい。

しばしばホッブズは、死後の生や煉獄を論じる中で、天国や「原罪」を犯す前の状態を回復した後の人間について、イエスの言を引いて、人間は結婚もせず飲食もしないといっている。そして、「もしアダムとイヴが罪を犯さなかったら、地上で永遠に、それぞれの人間として生きたであろう[17]」と述べる。つまり人間が罪を免れている状態では、男女の性関係は成立せず、個々の人間として永遠に生きるというのである。そこで性関係がなく子どもが生まれないのは当然である。なぜなら、もし永遠に生きる彼らが子どもを産み続けると、地上はすぐに満員になってしまうだろうというのが、ホッブズの見解である。ホッブズのこの見解が、特殊な死の概念と結びついていたアウグスティヌスの「楽園」に関する記述と対立することは明瞭であろう。

なぜ「楽園」を追放された人間が結婚をする、つまり性関係を成立させるかについて、ホッブズは次のように言っている。「アダムが残した状態のこの世にいる子どもたちは、結婚をする。……すなわち、堕落して絶えまなく子どもを産み続ける。それは、人類という種の不死性であって、人間の個々の人格における不死性ではない[18]」。つまりホッブズは、個々の人間は「永遠の生命」を失い死ぬべき運命になってしまったが、そのかわりにこの世で結婚し、子どもを産む。それによって、人類という形で生命をつないでいくのだと論じたのである。

ホッブズは、「原罪」の教説を、単にそれを犯すことによって知恵を得た代わりに「永遠の生命」を失ったという点のみに極小化した。だからこそ人間は、この世で一生懸命生きて、個としては失った生命を人類という種《しゅ》としてつないでいかなければならない。ホッブズの追求した自己保存は、結局は「種としての生命の永遠性」と関連してもいるのだ。アウグスティヌスの「原罪」解釈では、「楽園」における罪によってこの世の生がすべて罰として考えられ、人間は人類として永遠の罪を背負って生きなければならなかった。人間が子どもに引き継ぐのは「永遠の罪」なのであった。このようなこの世の生を否定するからこそ、自己の生命を維持するための食欲も、種《しゅ》を維持するための性欲も否定され、自己の「永遠の生命」を獲得するために「神の国」だけが希求されることになる。ホッブズも神に対する命令違反という「原罪」に対する罰として人間にもたらされた「死と悲惨さ」[19]をあげているが、そうした現世で生きようとする人間が神に頼ることなく、自身の力によって、いかにしてそれを可能にするかを考察したのが、『リヴァイアサン』だったといえるだろう。個々の人間はこの世のつらい生を引き受けて、欲望に忠実に懸命に生き、結婚して子どもを産み、生命を引き継ぐことで、人間という「種の永遠性」を引き継ぐのである。そして、それを保障するのが、国家主権としての「リヴァイアサン」なのであった。

　こうして人間の生の状態すなわち「自然状態」の分析から、「リヴァイアサン」へ至る道筋が考察される。

2　人間の生と「コモンウェルス」

　ホッブズの「リヴァイアサン」による「コモンウェルス」に関する議論は、もちろんこの世における秩序を契約に基づいて作るという新しい形態の国家を提示したことに大きな意味がある。しかし、『リヴァイアサン』という著作の半分がキリスト教の教説を解体するという内容で、前述したように、それこそがホッブズの執筆の意図だったことを考えれば、同書の「コモンウェルス」に関する議論も、そうした意図と無関係ではありえないだろう。それゆえここでは、ホッブズの「コモンウェルス」に関する議論が、キリスト教における神の秩序、そしてそこに生きる人間に関する解釈といかなる関係にあるのかを、アウグスティヌスの教説を参考に考察することにしたい。

人間が罪を犯したあとの現世は、アウグスティヌスによって、「原罪」の結果さまざまな悲惨に満ちあふれる状態として描かれる。[20] 人間がめざすべきは、神が人間を創った時の状態が回復された「神の国」である。神が創った原初の状態では、すべてが「善」であり、人間の本性も「善」として創られていた。それゆえ人間は、その状態を求めて「善く」生きようとする。さらにアウグスティヌスは、人間はもともと社会的なつながりをもって生きる存在だと考えていた。それが回復された状態が神の「国」なのである。前述したようにアウグスティヌスは、このように人間が善を求めて生き、それを国家が実現していくという古典的な国家観を共有していたのである。

しかし人間は、神の助けなしにはその状態に到達することはできない。神が人間に何をなすべきかを示す。すなわち何をすれば善いのか、何をしてはいけないのかという人間の行為に関する善悪の指針は、神により示される。人間はすべての行為について、常に神の判断を仰ぎつつ行為する。それをせずに自分の意志で判断することは、高慢であると糾弾されたのであるから。アウグスティヌスの定義によれば「悪」は「善」の欠如した状態であるから、神の示す「善」以外の行為は、すべて悪い行為となるはずであろう。こうして毎日の自分の行為を神の指針にしたがって検閲し、なおかつ周りの人間の行為にも同様に配慮する人が、正しい人ということになる。すなわち人間は、常に神により提示された善悪に関する基準すなわち道徳規範（これがフーコーのいうキリスト教の「真理」である）にしたがって行動することが求められる。「神は禁止と教えとを示して」[21] 人間が「原罪」により陥ったこの世の悲惨さから救済してくれようとする。このような神の助けすなわち恩寵に従うのが、人間の「自由意志」の正しい使い方なのであった。

このように神の恩寵により自分の行為を善へと向け、「神への愛」に生きる正しい人の集合体として成立するのが、「神の国」である。ダイソンは、アウグスティヌスの国家について、「何が正しいかについての共通の合意と、利益の共通性による同胞的絆（fellowship）において結合した人々からなる道徳的共同体である」と解説している。[22]
神に従う人間は、常に正しく道徳的であり、国家も道徳性を持っている、とアウグスティヌスは主張する。
哲学とは、人間がどのように生きるべきかを考える行為なのだが、アウグスティヌスは、「真の哲学」は理性ではなく信仰によると考えていた。[23] このような神の教えに完全に従う人間の生き方を実践しようとした一つの例が、フランシスコ会の活動であろう。彼らは神に完全に従属するために、神が創り神の所有であるべきこの世の物を一切所有すべきでないと考えただけでなく、自分自身の意志（will）をも捨てることが必要だと主張したという。それこそ、彼らが完全であり選ばれていることの印なのであった。[24]
それに対しホッブズは、前述したように従来の神という概念を哲学から排除した。そして、理性的な思考に基づき人間の生き方を考えようとした。それは、神による道徳規範とは無関係に人間の生を考えることである。ホッブズの人間は、善や正しさを求めない。ただ自分で「生きる」のである。そして、アウグスティヌスが人間の社会性を常に前提としていたのに対し、ホッブズの描く「自然状態」の人間は、まったく社会性を欠いた状態として描かれる。人間は、強制されないかぎり仲間を作るのを喜ばない。[25]
しかしホッブズは、このような人間同士の敵対関係は、人間本性が悪だから生じるのではないと述べる。また、欲望や他の熱情も、それ自体は「道徳的罪（sin）」ではないとする。そうした感情に基づく行為は、法がそれを禁止するまでは罪ではないのである。[26] ホッブズは、キリスト教が罪としたさまざまな感情や行為に関する概念を、神の命令から解放した。たとえば、アウグスティヌスが最も重大な罪とした「高慢」は、すべての人間を平等だと考えることに反する行為、もしくは他人より抜きん出たいと考えることとされている。すなわち比較の対象を神ではなく人間としたのである。[27] このようなキリスト教概念の解体は、ルネサンス以来人文学者がすでに行なっており、ホッブズはそれを引き継いでいるといわれる。[28]

こうした議論で最も重要なのは、彼が、「自然状態」においては、善いことや悪いこと、正義や不正義がありえないと述べている点である。これらは人間個人の生き方の問題ではなく、社会的な状態にある人間に関わる性質だというのである。所有や支配という状態も同様である。[29]

このように神による道徳規範から人間を解放すると、人間の行為の善悪や正不正は、それぞれの人間の判断に委ねられることになる。こうして「すべての人は、自分が喜ぶことを善といい、喜ばないことを悪という。……我々が全能の神に帰しているような善でさえ、我々にとっては、彼（神）の善なのである」。[30] これをタックは、「道徳的相対主義（moral relativism）」と呼ぶ。[31] ここから人間同士の闘争状態が生まれる。

結局、こうした状態を終息させるために、ホッブズは「自然法」という概念を提示する。「自然法」は、平和による生存を確保するために理性が示す条項である。そして、「道徳哲学とは、人間の交際そして社会において、何が善で何が悪かを決める科学」であり、「自然法」に関する科学こそが、「真のそして唯一の道徳哲学なのだ」と述べる。[32]「自然法」についてホッブズは、「不変で、永遠である」と書く。[33] これが、アウグスティヌスによって論じられた神の属性と共通することは、明らかであろう。ホッブズは人間の行為の道徳規範として、神ではなく「自然法」をおいたのである。

しかしタックによれば、ホッブズはこれで人間の行為が平和へ向かうとは考えなかった。なぜなら、彼は人間の「自然権」を提示しているからである。「自然法」は人間がなすべきことを示し、「自然権」は人間が何をなすかについての自由を保障する。それゆえ、再びここでもそれぞれの人間の行為に関して、何が善いものかについての各自の判断が尊重されることになる。すなわち、「自然状態」において、我々は自己保存のために自分が欲することを行なう。タックによれば、「自然権」に関して重要なのは、どのように自己保存をするかについて、常に個々人の選択肢が開かれていることであり、あくまでも個人個人の「意志」に依存しているという点なのである。[34]

このようにホッブズは、我々の意志に基づく決定を行なう能力を策定した。すなわち人間は、フーコーのいう「服従＝主体」であることをやめ、主体となる。しかし同時に、それによって人々の闘争について道徳的な解決は不可能となり、政治的な解決すなわち「コモンウェルス」が必要とされる。それは、人間が理性に基づき推論することにより導かれる結論である。

人々は自己の生存が不安定だった「自然状態」から、自己の生命を守るために「コモンウェルス」へと移行する。それは、ひとりでいるよりも多数でいるほうが安全が確保しやすいからである。しかし集団を作ったとしても、人々が単一の意志のもとに行動しなければ、安全は確保されない。それは、すべての人が自分の意志をひとりの人または一つの集団に従わせることにより達成される。この集団を「ユニオン（UNION）」という。こうしてできた「ユニオン」を、「コモンウェルス」と呼ぶのである。そして、すべての「コモンウェルス」において、みなの意志を従わせる意志を持つ人は、「主権権力（SOVEREIGN POWER）」または「支配権力（DOMINION）」を持つといわれる。「コモンウェルス」では、人々は「自分たちの力と強さを、ひとりの人間または人間の集まりに与え、彼らの意志（Wills）のすべてを……一つの意志（Will）へと限定する」[35]。

すなわちホッブズの構想した「コモンウェルス」の形成とは、「人々が自己の生命の維持を目的として、合意により、自分の意志に基づく判断を放棄して一つの意志のもとに結合し、共通の平和と防衛のために彼らの強さと資源とを使おうと、永続的な関係を作ること」[36]だったのである。その際、人間は自分の意志を使い物事を決定できる主体であると考えられたがゆえに、「神の意志（will）」により、神を「作者（author）」として創られた神の秩序に対して、人間の「意志（will）」により、人間を「作者（author）」として[37]、コモンウェルスが作られる。神が「自然的人格（Naturall Person）」を創造したのに対し、それは、「人工的人格（Artificiall Person）」を作りだす行為だとされるのである[38]。この神に対抗する人間の行為を、ホッブズは『リヴァイアサン』のイントロダクションにおいて明確に述べている。そこでは、神が「人間を創ろう」としたのと同様に、人間は信約により「人工的人格」を作ると述べられている。(39)

3　「高慢な者の王」としての「リヴァイアサン」

神の秩序に対抗する形で「コモンウェルス」を作ろうとするホッブズの意図は、『リヴァイアサン』という題名によっても示されている。その題名は、彼が自ら『リヴァイアサン』第二八章で述べているように、聖書の「ヨブ記」第四一章の怪物からとったものである。彼は、第二八章の終わりの部分で、次のように述べる（強調は筆者による）。

これまで私は、人間の性質（その高慢と他の情念が、彼を政府に従うように強いるのであるが）を、統治者の偉大な力とともに示してきた。そして統治者の力を、「ヨブ記」の第四一章の最後の二節にある「リヴァイアサン」に比した。そこでは、神は「リヴァイアサン」の偉大な力を提示して、彼を「高慢な者の王」と呼んでいる。神は次のように述べる。〈地上には彼と比べられるものは何もない。彼は恐れを知らぬものとしてつくられた。彼は高みにあるすべてのものを見下す。そして彼は、すべての高慢の子たちの王である。〉（There is nothing on earth, to be compared with him. He is made so as not to be afraid. Hee seeth every high thing below him; and is *King of all the children of pride.*）

そのうえでホッブズは、「リヴァイアサン」は、地上の他のすべての被造物と同様、死すべきもので、腐敗するし、天上には彼が恐れるべき存在があり、従うべき法があると述べる。(40)

「レビヤタン（リヴァイアサン）」は、聖書の数ヶ所に登場し[41]、現代ではワニをはじめとして、さまざまな海の動物を意味するものと解釈されている[42]。しかしなぜホッブズは、主権権力を「リヴァイアサン」という語で呼んだのであろうか。

そもそもアウグスティヌスは、「創世記注解」の悪魔に関する議論の中で、「レビヤタン」を悪魔として名指ししていた[43]。そして、ホッブズが引用した「ヨブ記」は、神が信心深いヨブの信仰心を試すために、さまざまな苦難をヨブに与えることをサタン（悪魔）に許し、しかしそれでもヨブが信仰を捨てなかったという話である。ホッブズにより引用された部分は、最後に神が、レビヤタンをも従えることができるという自分の全能ぶりを示すためにヨブに語る言葉の一節である。

キリスト教の教説では、アウグスティヌスをはじめとして、神に対抗する存在としての悪魔について多くの説が展開されてきた。その際、聖書に書かれるさまざまな怪物が悪魔と解釈されてきたが、中世まで「レビヤタン」も一貫してその仲間でありつづけた。現代でも、たとえばバルバロ訳『聖書』の「ヨブ記」第三章八に以下のような注がある。「フェニキアの伝説では世の始めにあった怪物の名である。黙示録（12・3）の竜は神に対する悪の力の抵抗の象徴であるが、この竜とレビアタンの間には似通ったところがある[44]」。「イザヤ書」第二七章一にも、「主は、固く大きく強い剣で罰し、蛇行するへびレビアタン、くねるへびレビアタンと、海の竜を殺される」と書かれている。そして新約聖書「ヨハネの黙示録」第一二章には「大きな竜、すなわち、悪魔またはサタンと呼ばれ、全世界を迷わすあの昔のへび」とある。「竜・悪魔・蛇」はひとまとめにされ、「レビヤタン」とも関係づけられているのである[45]。

このような聖書の記述に関連させて最初に「レビヤタン」を悪魔としたのは、オリゲネス（一八五年頃～二五四年頃）であった。彼は、旧約聖書から多数の記述を引用して、さまざまなものを悪魔と断じた。悪魔の堕落の動機として「高慢」を主張したのも、彼であったという。[46] それにより、「悪魔は最大の天使のひとりであり、美しく完全だったが、慢心して世界のはじめの時に神に反抗し、天から放逐されて火の中で罰を待っている、という伝統がしっかり固まった」。[47] そして、「高慢」を第一の罪として確立したのはアウグスティヌスであることは論じたとおりである。[48]

のちに教皇グレゴリウス一世（教皇位五九〇〜六〇四年）が「高慢・嫉み・怒り・怠惰・貪欲・大食・欲情」という七つの主要な罪を制定し、[49] それ以後これが「七大罪」として引き継がれていくのだが、中でも「高慢」は、悪魔による神への反逆を引き起こし、人間が神のいいつけに背くもとになった悪徳として、すべての罪の上にたつ大罪とされたのであった。[50] 同時にグレゴリウスは、「ベヘモトとレヴィアタンのイメージを使って悪魔像を具象化」したという。「ベヘモト」はワニや蛇と関連づけられ、そこから悪魔と結びつけられた。「レヴィアタン」はクジラや悪魔の口、そして悪魔と関連させられて、こうしたイメージが中世に向かって標準的なものとなっていったという。[51] このように「レビヤタン」は、中世を通じて教会により悪魔と解釈され、悪魔の最も大きな罪は「高慢」であるとされてきたのであった。[52]

しかし宗教改革以来、聖書の中の動物を悪魔や怪物に比して寓意的に読むことをやめ、文字通り「大きな動物」として解釈することが、プロテスタントの神学者から唱えられ始めた。カルヴァンも、「リヴァイアサン」と「ビヒモス」を、測りがたい神の力を示す大きな「動物」として読んだという。これはもちろんカトリシズムの名残やカトリック教会の聖書解釈の力を否定するためであった。ルターも同様に「レビヤタン」や「ビヒモス」について言及している。[53]

しかし、プロテスタントが悪魔から解放されたわけではまったくない。それどころか、彼らは熱心に魔女狩りを行なった。[54] また、印刷術の発明もあって、一六世紀には「魔女」に関わる著作が数多く著された。中でも注目すべきは、国家について「主権論」を唱えたジャン・ボダンが、『魔女の悪魔狂い』という著作を一五八〇年に書いているという事実であろう。彼は、「魔女現象を明白な事実とみなして」いたという。そして、魔女が悪魔に唆されて犯す一五の罪のリストを作成した。ミノワによれば、「一五八〇年の時点では、ボダンほどの見識あるインテリですらこのような有様だったという事実は、逆に、悪魔の介入に対する信仰がどれほど深く根を張っていたかを、見事に証していると言える(55)」。

それゆえ、キリスト教世界において、ホッブズの「高慢な者の王リヴァイアサン」という引用が喚起したイメージは、容易に想像できるであろう。実際ヨーロッパ最後の大規模な悪魔憑きの事件であるルーダンの事件(一六三二～一六三六年)においても、悪魔に憑依されたと主張していた修道女が、自分を「高慢の罪」に陥れたのは「レヴィヤタン」だと主張したという(56)。

一六世紀の人文主義者たちのレトリックについて考察したスキナーによれば、ルネサンス期の人文主義者の中では、マキャヴェリだけが「高慢」を悪徳とみなさなかったが、他の著作者はすべて、「高慢」の罪を「七大罪」の中で最悪であるとみなしていた(57)。人文主義者として名高いトマス・モアも、『ユートピア』の最後で「高慢」を非難している。そして、「高慢心」を「地獄から来た蛇」と形容しているのである(58)。

こうした教会による寓意的な解釈こそがホッブズのいう「レトリック」の問題であり、それは社会に深く浸透していた。完全にこれを転換し「コモンウェルス」を意味するものに変えたのが、ホッブズであった(59)。ホッブズがこのような寓意的意味を持っていた「リヴァイアサン」という語を彼の著作の題名に使ったことは、挑発的な意図を持っていたとスプリングボルグは論じている(60)。

怪物に悪魔のイメージを重ねるのはやめたとしても、悪魔は神の敵であり続けた。カトリック教会では、一九七二年まで悪霊祓いは必ず洗礼式の構成要素であったという(61)。アウグスティヌスの悪魔に関する叙述の中に、「人間い。

悪魔に従う人が悪魔の体を構成するという言説は、キリストに従う人々が教会という形でキリストの神秘体を構成するという教説と対をなしているのだが、『リヴァイアサン』のあの有名な口絵もこのような教説と無関係ではない。

者たちは実際にひとつの体である。ふつう頭の名で体が判断され、体の名で頭がよばれるように」と述べている。(64)

魔に従う人々は、「この頭の身体である悪しき人々」ともいわれている。(63)グレゴリウスも「悪魔とすべての不正な

が神にしたがって生きず、人間にしたがって生きるやいなや、かれはサタンに似た者となるのである」(62)とあり、悪

この口絵の意味は、日本人にはわかりにくい。一六五一年版の口絵に関しては、研究者により次のように説明されている。上部中央には四つの弓状の飾りのついた王冠を被った王のような形態の者が、剣と笏を握っている。その剣の先には、「ヨブ記」第四一章三四からの引用がラテン語で書かれている。彼は今まさに、背景の海から立ち上がったかのようであり、裸で、彼の体は無数の自国民により構成されている。彼の前に広がる理想の街、教会の尖塔そして文明の指標である秩序だった街並みを恵み深く統括する「リヴァイアサン」は、文明の保護者であり、まったく怪物などではない。剣と笏という俗権と教会権の印(65)の下には、権力が押え込むべきものとして、左右にそれぞれ俗権と教会権に関わる対称的な図が描かれている。それらは、城と教会。貴族諸侯がかぶる小冠と司教冠。カノン砲と稲妻の矢。(66)抗争する世俗の権力における旗や軍旗に対して、三叉の鍬(67)と二つの角で示される教会の論争における対立（すなわち、武器による抗争と論理による抗争）。その結果としての内戦と異端審問である。

その二列の図の間は、「出エジプト記」に書かれる旧約聖書の箱を囲った幕屋（出エジプト記第二六章三一～三三）のようなカーテンによって覆われている。この部分と両側の図列とは、あわせて「トリプティック（祭壇背後の三枚折り画像）」を意味するようであり、そのうえに祭壇画の如く配される王のような者は、信ずべき存在という雰囲気を持っているという。(68)この絵の制作には、ホッブズ自身が関わっていたといわれる。自分の意志を使った人間

が産み出した「リヴァイアサン」は、神に代わって規範を制定する「死すべき神」であり、人間の「高慢」の象徴なのである。まさにアウグスティヌスがこの世の支配について論じた、「転倒した仕方で神を模倣する」「高慢」の支配そのものなのであった。[69]

『リヴァイアサン』における議論とアウグスティヌスの「地の国」の議論の関連性は、何人かのアウグスティヌス研究者によって言及されている。[70] たしかに『リヴァイアサン』の中には、アウグスティヌスの「地の国」との関連を思わせる点は多い。しかし、『リヴァイアサン』について詳細な書誌学的研究を行なったマルコムによれば、ホッブズが仕えていたキャベンディッシュ家の館の図書館には、初期教父や教会の歴史に関する優れたコレクションがあったが、ホッブズがそれらを熱心に読んだという証拠は見出せないという。マルコムは、そうした言及があったとしても、誰かの孫引きであろうと推測している。[71]

これに関しては、スキナーの分析が示唆を与える。後述するように、彼は、イエズス会の論者たち（トマス主義者）の議論を分析し、そこにはすでに「自然状態」という概念があり、その状態を表現するのに、アウグスティヌスが「原罪」後の人間について論じたような考え方が導入されていることを明らかにしている。ホッブズが彼らの議論を知っていたことは明白なので、それを媒介して、アウグスティヌスとの類似性が見出されるのであろう。[72]

マルコムは『リヴァイアサン』の解説で、キリスト教における悪魔としての「リヴァイアサン」の解釈の変遷に触れたあと、一五世紀以降の語源的解釈について説明している。それによれば、ヘブライ語の研究を機に、「リヴァイアサン」という語は悪魔という意味の他に、「付け加える」もしくは「一緒になる」という解釈もなされるようになっていった。悪魔という意味あいは衰えなかったが、「リヴァイアサン」が人々を一体化することについて、否定的な意味ばかりではなく、大きな鯨が小さな魚を飲み込むように「偉大な尊厳をもって、王のように行動する」という意味の解釈もあらわれたという。これがホッブズに影響を与えたのではないかとマルコムは示唆して

いる。(73)

キリスト教の教説は、「原罪」の記述をもとにこの世の性と生を完全に否定する言説を作り上げ、「神の国」の幸福へと人々を導こうとした。しかしホッブズによれば、そのような言説すなわち「レトリック」こそが、この世における紛争のもとなのであった。ホッブズはそれに対し、理性に基づく科学的な推論により人間と「コモンウェルス」について分析しようとした。しかし、自分の科学的な分析が人々に容易に受け入れられないと考えた時、彼は、神に対抗する悪魔の王に類似した「死すべき神」として、完全な合一的秩序を持つ「リヴァイアサン」を提示することで、彼の議論を人々に理解させようとしたのである。

スキナーは、ホッブズがレトリックの技法を使ってキリスト教の教説を攻撃した『リヴァイアサン』の中では、口絵も、人々に「リヴァイアサン」のイメージを伝えるために使われたとする。スキナーは、ここでホッブズが人々を一体化する「政治体（body politic）」という古いイメージを使いながら、同時に「人工的人格」という機械論的イメージを示したことは重要であると論ずる。なぜならこのような提示の仕方は、「コモンウェルス」が神により与えられたものでも、自然に発生するものでもないことを主張するからである。「コモンウェルス」は、我々が、我々の目的を追求するために創作するものである。神がその技により世界を創りそれを統治するように、我々は、自分たちの技によって「コモンウェルス」を作ることで、自然の合理的かつ最も優れた成果である人間というものを模倣するのである。(74)

マイケル・オークショットは、『リヴァイアサン』を、「われわれの言語と文明が生んだ文学の一傑作」と評価し、ホッブズは人間的生に関する中世キリスト教文明の古い神話を相続しつつ、古い神話とは異なる極を強調したのだと述べている。(75)すなわち『リヴァイアサン』は、神の秩序に頼ることなく、神に対抗する形で人間がこの世に秩序を作り出すことを示す試みだったのである（これに関しては、次章におけるホッブズの議論も含め、アウグスティヌスとホッブズの議論を比較した図1を参照）。神の名のもとにこの世の悲惨と死の危険がもたらされるよりも、悪魔の王に類似した国家権力のもとに結集してでも、この世の生を生きぬく必要があるというのが、『リヴァイアサン』においてホッブズが伝えようとしたメッセージだったのであろう。

キリスト教の神の秩序では、女性は蛇とともに悪魔の仲間とされ、人間世界におけるすべての悪の原点として、限りなく貶められた。ここでの大きな問題は、女性が神の命令すなわち道徳規範に反したがゆえに、世界が創造された最初から、道徳的に悪の存在だとされたことである。これはすなわち、女性が人間存在として否定されたことを意味している。そして、教会の教説が現実の世界をも支配することで、現実の国家においても女性は常に命令される存在とされ、家族における家父長制支配という体制が作られていったのである。それに対してホッブズは、人間の生を神の教説を排除した形で考えた。そしてそれにより女性を道徳的な軛から解放したのである。彼は、あくまでも人間がこの世において「生きる」ことを議論の出発点とした。その中で、女性も「自然状態」における生の主体として生まれることになる。そこからホッブズはどのような秩序を構想したのか。それが次の問題となる。以上のような大きな流れを押さえた上で、その点を考察したい。

図1　神による秩序と人間による秩序

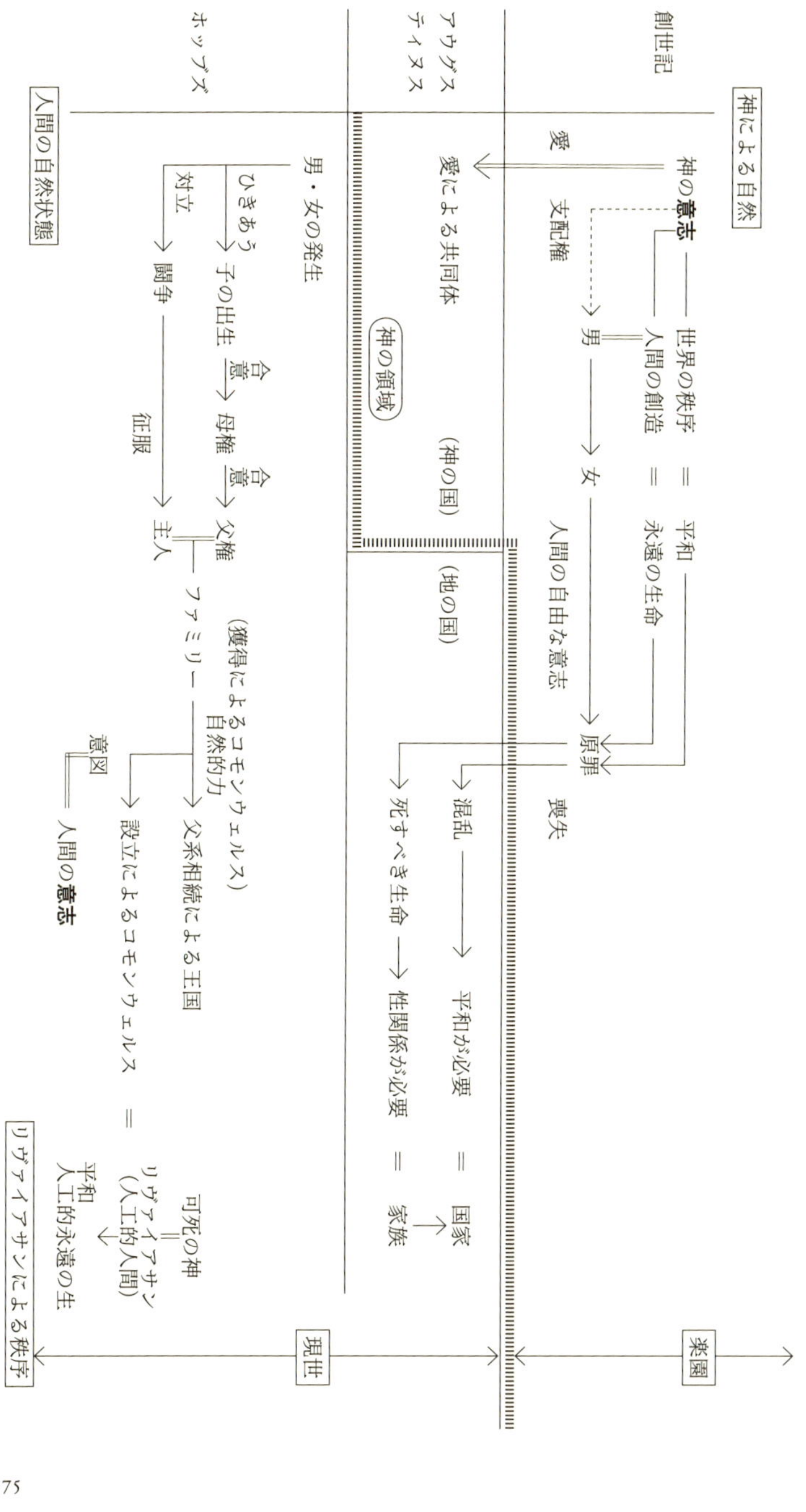

第四章　ホッブズの母権論と「ファミリー」

第一節　「自然状態」から「コモンウェルス」へ

ここまでは、キリスト教の教説が神の言葉に基づいて構築した世界秩序と女性に対する家父長制支配の構造を、ホッブズがどのように解体しようとしたかを分析した。本章では、現実の国家秩序を扱う彼のコモンウェルス論において、女性および家族がどのように位置づけられているのかについて考察する。ホッブズは「自然状態」からどのように「コモンウェルス」が形成されるかを論じたが、そこで「コモンウェルス」と表現されているものは、現在の我々が考える国家だけではなく、また、主権者と国民という支配関係だけを論じているのでもない。彼は「コモンウェルス」の一類型として、親子関係と、主人と奴隷の関係からなる「ファミリー」が拡大して成立する「獲得によるコモンウェルス」をも論じているのである。

本章では、政治学の考察においてあまり扱われない「獲得によるコモンウェルス」についてのホッブズの議論を主として分析する。女性の観点からホッブズを考察してきたペイトマンは、ホッブズが「自然状態」において「母権」が存在するといいながら、最終的には女性を排除した形で父権的「コモンウェルス」の形成を論じたことに注目してきた。その過程で論じる「ファミリー」の定義から女性が消えてしまうことが、この問題を考察する鍵となる。[1]そもそも彼は、それまで誰も考えたことのない女性が「母権」を持つという議論を展開したのだが、どのように「母権」が存在すると論じたのであろうか。そして、なぜ「母権」を持っていた女性が、彼の「コモンウェルス」では消えてしまうのか。こうした問題を考察することは、彼の議論に始まる社会契約によって成立したとされる近代国家において、女性がどのような地位を持ったのかを解明するのに役立つだろう。そしてそれは、彼の「コモンウェルス」の性質を理解することにもつながるのである。

ホッブズは、「コモンウェルス」を『法の原理』『市民論』『リヴァイアサン』で考察しているが、「獲得によるコモンウェルス」や「ファミリー」についての議論は、これら相互においてかなり異なっている。本章では、この三つの著作のうち、男女の関係や「父権的支配」について具体的に詳しく述べられている『法の原理』と『市民論』を中心に検討していきたい。

前述したように、ホッブズは、「自然状態」において個々人は自分で自分の生命の保存に関して何が善いかを決めることができると考えた。そのような判断の個別性が闘争のもとになるのである。それゆえ一つの意志のもとに結合するという支配関係に入ることによってこそ、人々は自己の生命を保持できるだけでなく、「自分たちの努力によって、また地上の実りによって、自分たちを養い、満足して生きることができる」[2]とホッブズは論じたのであった。

それでは「コモンウェルス」における支配関係は、どのように成立し得るのか。ホッブズは、合意も従属もない「自然状態」において、「人が他の人格（person of another）に対して、どのように支配の権利（property or dominion）

を獲得するか」を明らかにすることが必要であると述べる。[3] そのような支配が成立する方法は三つしかない。ここから「コモンウェルス」の成立が論じられる。

ある人が他の人格に対する支配を持ち得る一つめの方法は、平和と相互の防衛のために、合意により、ある人またはある集合体に従うことを決意することである。これは人間が互いに対する恐怖から行なうもので、ここから主権者の臣民に対する支配が生じる。『リヴァイアサン』においてこれにより「設立によるコモンウェルス（Common-wealth by Institution）」が成立すると書かれる（『法の原理』では単に「コモンウェルス（commonwealth）」または「意図的なコモンウェルス（commonwealth institutive）」、『市民論』英語版では「意図によるコモンウェルス（commonwealth by design）」または「政治的コモンウェルス（political commonwealth）」と書かれる）。二つめは、強制により自分自身を放棄する方法である。すなわち戦争に敗北した者が勝者の支配下に入るという場合がこれにあたる。ここから主人と奴隷という「専制的支配」が生じる。そして第三が、生殖によって生まれた人間に対する支配権を獲得する方法である。すなわち親が子どもに対して持つ支配権で、これは「父権的支配」と呼ばれる。この二つの支配は、「自然的な力や強さ」に起源を持ち、相手に対する恐怖から従う場合である。『リヴァイアサン』においては、これにより「獲得によるコモンウェルス（Common-wealth by Acquisition）」（『法の原理』では単に「政治体（bodies politic）」または「獲得による政治体（body politic by acquisition）」、『市民論』英語版では「自然的なコモンウェルス（natural commonwealth）」とも呼ばれている）が構成されると述べられる。[4] この「父権的支配」の成立により、「自然状態」において女性が持つとされた「母権」が奪われてしまうのだが、ホッブズは、それがどのように行なわれると論じているのであろうか。ここから、その過程を詳しく見ていきたい。

第二節　「母権」の起源

1　「自然状態」における男と女

親が子どもに対して持つ支配権を「父権的支配」というのであれば、親子関係の前提となる男女関係の発生を、そもそもホッブズはどのように論じていたのか。前述したように、ホッブズの議論は、人間そして人間社会について神を排除して考察しようとするものであった。神のいない「自然状態」において、まず男と女がどのように存在すると彼は考えたのであろうか。

『法の原理』においては、「昔と同じように人がいきなり男と女に創られて、合意も従属もなく、自然状態にいる時」(5)と述べられる。また『市民論』では、「もう一度自然状態に戻って、人間が大地から茸のように現われ、相互に何の義務も持たないで成長したかのような状態であるとしよう」(6)と書かれている。すなわちホッブズは、そもそもこの世に男と女という人間が存在することについて、キリスト教の神の創造との関わりなしに説明しようとしている。人間が「大地から茸のように」生じることについては、多くの批判がなされてきた(7)。しかし、ホッブズはこのイメージをギリシア神話からとったのではないかと思われる。ギリシア神話の世界では、基本的に自然界の事物の生成は女性と男性の生殖の原理で説明され、大地の女神であるガイアから生まれると考えられていたという(8)。『リヴァイアサン』においては、そもそも「自然状態」における男女の誕生に関する記述が存在しない。

このように生まれた男と女が「自然状態」で〈個人〉として対峙する時、すべての大人は、「自然の本性上」相互に対等な関係にあると考えられている。そして、男女間の「自然的な力の不平等性は非常に小さい」とも述べられる(9)。また、『リヴァイアサン』においても、「自然は」人間を心身の能力において平等に創っており、男女の間においても、「強さや深慮において」決定的な違いはないと書かれる。[10] それゆえホッブズは、女性も男性同様の人間として生まれることを前提として議論を始めている。そのうえで、〈性〉の区別が問題にならない〈個人〉としての男女は、「自然状態」において相互に平等なのであって、「万人の万人に対する闘争」を繰り広げると論じたのである。

しかしホッブズは、それとは別に、「自然状態」では、男女が〈性的存在〉として相互に惹かれあう「自然の性向」を持つとも述べる。[11] すなわち彼は、男女の〈性〉が問題となる時、男女の間には敵対的な関係とは別の、惹きあう関係が成立するというのである。ホッブズは、『法の原理』において、人間の喜びや苦痛について論じる中で、次のように述べている。「人間には、肉体の感覚器官に影響を与えるような楽しみの種類がある。それを私は「肉感的な（SENSUAL）」と呼ぶ。その中で最大の楽しみは、自分たちの種を続けるために促されるものであり、次は、人が自分の個人的な人格を保存するために、食べるよう促されることである」。[12] このようにホッブズは、キリスト教において徹底して抑圧された肉体に関する二つの欲、すなわち性欲と食欲を喜びとして解放したのである。

また、アウグスティヌスにとって大きな問題であった「欲情」についても、次のように述べている。「人々が「欲情（LUST）」と呼ぶ欲望、そしてそこから生じる成果は、肉感的な喜びである。しかし、ただそれだけではない。その中にはまた、精神的な楽しみもあるのだ。なぜならそれは、人を喜ばせ、また喜びを得るという二つの欲望からなっているからである。他の人を喜ばせることで人が感じる喜びは肉感的なものではなく、精神的な楽しみまたは喜びである。それは、自分が人を喜ばせられるという非常な力を持つと想像できることから構成される。しかし、「欲情」という名は、その欲望を非難する時に使われる。そうでなければ、一般的な愛という語で呼ばれる。なぜならその情熱は、異性間の無限の欲望とまったく同じものであり、飢えと同じくらい自然なものなのであるから[13]」。

サイモン・ブラックバーンは、キリスト教における「七大罪」の「欲情」を論じた著作で、アウグスティヌスが「原罪」と「欲情」に関して問題視したのは、「欲情」が楽しみと結びつく点であったと論じている。そして彼は、ホッブズの「欲情」と楽しみを肯定的に解釈した先の文章を引用して、ホッブズの議論は、たとえば共同して音楽を作り上げるような純粋な相互性を成立させるものだと論じ、それを「ホッブズ的結合（Hobbesian unity）」と名付けている。(14) このように、男女関係においてアウグスティヌスが最も問題視した「欲情」も、ホッブズは、男女間をつなぐものとして肯定していたのである。

すなわちホッブズは、個人の生命の保持と並んで、男女の〈性〉を介した関係が、種を存続するために重要であるだけでなく、相互に精神的な喜びを与えるものとして評価してもいたのである。そして、先にあげた支配の三類型に男女関係が含まれていないように、男女の関係は自己の生命を保持するために形成され、他の人格を支配するという抑圧の関係により構成される「コモンウェルス」とは異なる関係として考えられていたと解釈するべきだろう。

「自然状態」は、教会の神の言葉や国家法による制度的縛りもなく人間が生きている状態であるから、男女の性関係は一時的で永続性がない。しかし、その結果として子どもが生まれることが、「コモンウェルス」の成立につながるのである。この一連の過程において「母権」から「父権」への転換が行なわれるのであるが、そのためにホッブズは、大変細かい概念の検討を行なっている。それについて次に考察したい。

2　原初的権力としての「母権」

親の子どもに対する支配権はどのように発生するのか。そして、それは男女関係の成立とどのように関連するのか。男女関係が成立して後の、子の受胎の段階から出生後にわたる親子間の権力についてのホッブズの記述を見ると、彼がこの概念を非常に詳細に、事実に即して考えていたことが読み取れる。まず、子どもの発生に関してどのように論じられているのか。

ホッブズは、子どもは「男性と女性の共通の生殖に由来する」と述べる[15]。つまり「産み出すことは、男性と女性という二人の人間の協同を必要とするのである[16]」。ホッブズが子どもの発生に関してこのように男性と女性の協同を述べたことは、当時の議論としては画期的なことであった。すなわち当時は、フィルマーの主張（後述）のように、子どもの発生に関して男性が主要な行為者であるという主張が主流だったからである[17]。それに対しホッブズは、子どもの発生に男女が関わると述べて、子どもに対する権力は男女ともに帰属し得ると論じた。

しかし、男女の協同で行なわれるのは子どもの「発生」についてのみであり、その後子どもは母の胎内で成長する。その間「自然状態」における男性は、一時的な関係をもった女性との間に自分の子が「発生」したという事実を知らない。「自然状態」では、その女性との間に永続的な関係が成立しないからである。子どもは、女性の肉体の一部である子宮の中で生きている。女性は「自分自身の体に対する権利を持つ」ので、その肉体の一部である子に対する権利をも同時に持つ。それゆえ、子どもは母の支配下にあることになる[18]。こうして、子どもが生まれる瞬間まで、母は自然的な生物としての事実上のつながりにおいて、子に対する支配権を持つ。

しかしホッブズの議論においては、母の胎内から出てしまうと子どもは別の人格となり、これにより母権の内容が変質する。子どもがいったん生まれてしまうと、「子どもへの支配の資格は、「産み出す」ことからではなく、子どもを保護することから生じる[19]」。「新生児は誰よりも母の権力下にあり、彼女が彼を育てるかまたは放棄するかは、彼女の判断と権限に従う[20]」。すなわち生まれた子どもは、母から乳を与えられなければ生存できない。その生命の維持は完全に母の判断に委ねられているのである。この時母は子どもの生命を事実上その手に握っている。すなわち権力を持つことになる。「自然状態において、（相手が）抵抗できないような力を持っているということは、権利

（を持つこと）なのである[21]」。

すなわち、基本的には男女共に子どもの発生に関わっていたので、「産み出すことは、父と母共に支配の資格を与え[22]」「子どもに対する支配権は、両者に対等に属すべき[23]」であるが、「自然状態」において、父が生まれたばかりの子どもに対して支配権を主張することはできない。なぜなら彼は子の母と持続的な関係を持ってはいないので、誰が子の父であるかについては、「母が指し示す以外」知る方法がないからである[24]。それゆえ子は母に属し、「原初的な支配権は母のものである」ということになる。「他の動物と同様、人間においても子孫は子宮に従う」のだ[25]。この支配権は、現実に子どもの生命を左右できることに基づく事実上の支配権である。

ホッブズは、このように出生した新生児に対して母が持つ当初の事実上の支配権には、一つの条件が付されているると論じる。それは、子どもが成長して母と闘争できるようになったとしても、母に従い敵にはならないと子どもが約束するということである。育てた子どもが大きくなって権力を奪われるなら、母は育てるより遺棄するほうが賢明であろうとホッブズは述べる[26]。子どもが従属を約束することにより「自然状態においては、出産したすべての女性は、母ともなり、また主人（Domina）ともなる[27]」。

こうして母が原初的に子どもに対して持つ「母権」の性質は、子が生まれる過程において大きな変化を遂げる。生まれるまでの「母権」は、母が子を自分の体内で育てるという生物的なつながりがあり、その一体性によって、子に対する支配権も母の自分の体に対する支配権に含まれることをその根拠としていた。しかし生まれた後の「母権」は、子どもの生命を保護することが根拠となっている。しかもその生命を保護する「母権」も、現実に生きられるよう乳を与えるという段階と、それ以後の服従という段階に分けて考えられている。母は、自分が現実に子どもの生命を左右できる権力を持つ間に、将来における従属を確保する。それゆえホッブズの親子関係においては、乳飲み子を育てること、そしてそれによる「子に対する支配権」を持つことは、母の意志にかかっている。その間に子どもは、母の支配下にとどまることを、どのような形で示されたのであれ合意するのである（この合意概念についてホークストラは、明確に言語化されていないことから、「推定的合意（presumed consent）」また「解釈的合意（interpretative consent）」などと呼んでいる）[28]。「もし彼女が養育すれば、子はその命を母に負っている。それゆえ母に従う義務がある」[29]。それが、ホッブズが、「自然状態」においては出産したすべての女性は母となるだけでなく、「また主人（Domina）ともなる」と述べたことの意味である。彼は、次のように述べている。母への義務は「世話をしてくれたこと」に対してであり、主人への義務は「命を救ってくれたこと」に対してである、と[30]。

このように、はじめは母と同体であった子どもは、出生し成長するにつれ自立していくのだが、その過程において母の持つ権力は、自分の身体の一部であることによる支配権から、生命を維持するために世話をするという事実上の支配権へ、そして、将来にわたる従属を確保するための言説を介した合意に基づく支配権へと変化する。そもそもホッブズは、人間の間に権力による支配関係が生じるのは、人間が「生きる」ためであると主張した。彼が「コモンウェルス」の成立について論じたのも、すべて「生きる」こと、すなわち自己保存と生命の継続をめざしたからである。親子という支配関係もその一つであるから、その原初的な形である母の権力も、子どもの生命を保持するためであるのは当然であろう。生まれた後の子どもに対する権力についてのホッブズのこうした議論は、通常の我々の想定する親子関係すなわち生物学的な親子とか血のつながりという事実とはまったく異なる根拠において論じられていることに注意する必要がある。

また注目すべきは、ホッブズが、基本的に「自然状態」では人間関係は永続的にはならないと前提し、男女の関係も婚姻法がないので一時的にすぎないと論じていたにもかかわらず、母子関係が生じることによって、一定の持続的な関係が生じると考えていることであろう。母子の関係は一時的なものではなく、母が子どもの生命を保護することから始まり、子どもの暗黙の合意による持続的な支配関係の成立につながると論じているのである。この持続性の問題はホッブズの「コモンウェルス」における重要な論点である。

第三節　「母権」の移譲

1　結婚関係の意味

こうして、女性が生物学的母として事実上子に対する支配権を持つのは、子が生まれるまでと、直接的な世話を必要とする時期だけであった。その後は、子どもの暗黙の合意に基づき、「主人」として「母権」を持つ。そうであれば、「自然状態」においては、これ以降この「母権」は、個人としての女性と、彼女と対等な個人である父をも含めた他の個人たちとの抗争を通じて守られる、もしくは奪取されるはずである。もちろん男女が〈個人〉として対峙する場合はそのようになるだろう（たとえば『市民論』第九章にあるアマゾネスの例[31]）。しかし前述したように、ホッブズは、男女がそれぞれの〈性〉を介して作り上げる関係は、このような支配関係とは異なると考えていた。彼は、そもそもの男女関係の成立の契機を「両性の相互に対する……自然の性向[32]」に求めているからである。〈個人〉としての男女は、「自然状態」において互いに敵対するが、〈性的存在〉としては惹かれあう。

もし女性が〈個人〉として「自然状態」における闘争状態にいる時には、その「母権」は他の権力と同様に移動する。これに関しては、『市民論』における「母権」の移動の説明で、次のように論じられる。母が〈個人〉として生きる時、「母権」は次の三つの場合に移動する。第一は母が子どもを遺棄する場合である。これは母が自ら「母権」を放棄し、支配者であることをやめてしまうからである。第二は、母が征服される場合である。この時には母が奴隷になるので、当然母の支配下にある子どもも主人の支配下に入る。第三は、母がコモンウェルスの市民である場合である。この時も子どもは母に従うので、主権者が支配する[33]。すなわち、母が父を含めた他の人間の奴隷になったり臣民になったりする場合は、当然主人や主権者である父または他の人が、子どもに対する支配権を持つ。

しかし、男女が性的存在として関係を結ぶ場合、母の持つ「母権」が父の手にわたる時に、父がそれを奪い取るという形にはならない。ホッブズによれば、それはすべて「信約（covenant）」（信約の意味については後述）によると論じられる。ホッブズは、『法の原理』において、「母権」がどのようにして子の父に移譲されるのかを詳しく述べている。父への移譲は、女性と男性が、「自然状態」においても「服従を生じさせない」ある種の持続的な関係を「信約」に基づいて作ろうとすることによって行なわれる。[34] この過程についての考察の中で、夫婦という関係を作る信約が論じられる。男女が惹かれ合ったあと持続的な関係を作る場合、次のような形態があり得る。

ホッブズはまず、男女間に服従を生じさせない「信約」には、一時的なものと生涯にわたるものがあると述べる。彼は生涯にわたるものについてはまったく論じない（これはおそらく教会による結婚を含意するからだろう）が、一時的なものについては、詳しく場合分けをして論じている。まず、男女が性交だけをするという「信約」がある。この場合は、男女は共に生活せず、ときどき会って性関係を結ぶという「信約」をするということであろう。つまり持続的な関係を持ってはいるが、共同生活はしないということである。その際、母の子に対する支配権は常に「信約」なしには移譲されない。もう一つの一時的「信約」は、共棲をするという「信約」である。その中にも、ベッドを共にするだけの共同関係（society）という信約と、すべてのものを共にする共同関係（society）の「信約」がある。ベッドだけの共同関係においては、女性は「妾（CONCUBINE）」と呼ばれるとホッブズはいう。この時も、「母権」は「信約」によらなければ移譲されない。以上の場合において子が生まれたとしても、女性は子への支配権を持ちつつ、男性とは別個の個人として生きている。たとえ事実上共同生活をしても、彼とは一時的に肉体を分け合うだけなのである。

後者のすべてのものについての共同関係の「信約」、これが女性にとっては問題となる。ホッブズは、「もし共棲の信約がすべてのものを共にするという共同関係のためであるなら、彼らのうちのひとりが、彼ら両者に共通のものすべてを管理（govern）し、処分することが必要である。それなしには共同関係（society）は持続しえない。それゆえ、大体は女性が統治（government）を男性に移譲し、その男性が、たいていは子どもに対する単独の支配（dominion）とその権利をも持つのである」[35]と論じる。このような共同関係が成立した時、男性は「夫」、女性は「妻」と呼ばれる。すなわち、通常婚姻と呼ばれる関係の成立である。

現代の我々の社会においては、「妾」と「夫」・「妻」という呼称は、国家の法による正統化手続きを経ているか否かにより分けられる。しかしホッブズは、これらの関係を「自然状態」において「信約」で作り、共同性の違いにより分けると論じているのである。すなわち、現代においては法により国家が正統化する手続きを、当事者同士の「信約」により行ない、権利義務関係を定めるということである。そして、すべてのものを共にする共同関係にある男女を、「夫」と「妻」と呼ぶとしたのである。[36]

2　「共同関係」の意味

こうしてみると、女性は男性と「信約」により「服従関係のない共同関係」に入り、すべてのものを共有し共同生活を行なう中で、共有物の管理を男性に任せることにより、いつのまにか、物の管理権だけでなく子どもに対する「母権」をも失うことになるのである。このからくりは、『市民論』を読むとさらに明らかになる。先ほど述べた女性が個人として生きる時の「母権」の移動に関する三つの場合の説明に続けて、ホッブズは、〈性〉を介した男女の関係における「母権」の移動について次のように説明する。「自然状態において、もし男性と女性がどちらも相手の権力に従わないというパートナーシップの関係に入ったのなら、彼らの子どもは、他のやり方の合意がなされていなければ、母に属する。女性はアマゾネスのように、……自分の権利を合意によって好きなように処分できるのである」。しかし、「一般に、もし男性と女性の関係が、一方が他方の権力に従うような結合関係（union）なら、子どもは権力を持つパートナーに属する[37]」。

重要なのは、男性と女性の共同関係が「パートナーシップ」にとどまるか、「ユニオン」と呼べるような堅い結合関係なのかという点である。単なる「パートナーシップ」であれば、女性は男性と共に自分の人格を失わず、自分に関わるもののすべての所有権と子どもに対する支配権をも持ち続けるが、女性と男性が一体となり、すべてのものを共同して生活する（これはまさに common wealth である！　ここには男女相互の肉体も含まれるだろう）ような結合関係すなわち「ユニオン」になると、どちらか一方が統治権を持つ必要が生じ、通常はそれが男性のものであるとされて、その関係により子どもも、またもともと母の支配下にあった子どもも、父の支配下に入ることになる。このようにして、「母権」から「父権」への転換が行なわれるのである。

この「ユニオン」という概念は、「リヴァイアサン」をはじめとして、ホッブズの「コモンウェルス」を考える時に重要である。そもそも彼が「コモンウェルス」の成立に関して論じたのは、多くの人の意見や意志を一つにまとめ、秩序を作るためであった。そして「リヴァイアサン」におけるそのような一体性を「単なる合意や調和以上のものであって、それらすべての真の結合（reall Unitie）」と表現したのである[38]。すなわちホッブズは、集団において秩序を作るためには、ひとりの人または集合体に決定権を集中し、他の意志の存在を許さないような形で強固な結合関係を作ることが必要だと考えた。そのような考え方からいえば、男女の共同関係も同様のことがいえるわけで、もし完全な共同関係を実現するのであれば、それは「パートナーシップ」ではなく「ユニオン」でなければならなかったのである。そのうえで男性が統治の権利を持てば、女性が男性の統治下に入り、「母権」が個別の「信約」によらず自動的に父に移譲される構造が作られる。

この場合、ホッブズのいう「共同関係」の意味には注意が必要である。ここでいわれる「共同」とは、単に男女が事実として共に生活することだけではない。ここでのポイントは事実的な状態ではなく、権利関係である。すなわち誰が自由に処分する権利を持つかという点である。男女関係は支配関係だとは考えられなかったので、この婚姻による共同関係は「コモンウェルス」として考えられてはいない（この点はのちに「ファミリー」を考察する際に重要である）。さらにホッブズは『法の原理』における議論で、この共同関係においては通常男性が共有物についての処分権を持つとしながら、女性が持つこともあり得ると、常に留保を付けている。すなわち彼の議論では、常に選択肢が開かれていることになる。このように、処分権に関して選択肢を示したホッブズの議論は、いわば「ジェンダーニュートラル（性中立的）」であるといえないこともない。しかし、この関係についての『法の原理』の目次をみると、「夫と妻の子どもは父の権力下にあるということについて」となっている。それゆえ彼の主眼は、父が権力を持つという点にあることになるだろう。ホッブズの議論は、結局は父権的な「コモンウェルス」の成立に向かっているのである。

第四節　「獲得によるコモンウェルス」

1　「父権」の性質

以上の「父権」の成立過程から、「父権」に関して読み取れる重要な点がある。それは、男性が子どもに対して支配権を獲得できるのは、常に子の母を介してであり、また、「信約」すなわち〈言葉〉により移譲を約束された場合だけだということである。そもそもホッブズは、子どもの発生に関して、男女双方によるものだとして、生殖に基づく男性ひとりの権力を否定した。これは後に述べるフィルマーの議論に対抗するものである。「自然状態」

における親子関係の発生に関して、男性は生命を産み出すという一瞬の行為においてだけ関わりを持つが、そのあと子どもは母の支配下で育つ。しかし母の権力もその性質を変える。子どもが子宮の中にいる時には母は生物体として自分の体に対すると同様の支配権を持っているが、乳飲み子の時は子どもの生命を左右する事実上の権力となり、その間に母は将来にわたる従属を確保するために、子どもの同意を獲得するのである。こうして、子どもに対する母の支配は最終的に事実的支配ではなく、合意に基づく支配に転換した。

子どもがなぜ「合意」できるのかについても、批判の対象となっている。[39] しかし、ホッブズの議論において、母に対する子どもの意志を推定する「合意」という手続きがなければ、「父権」は成立しない。なぜならそれ以前の「母権」は、事実として子どもの生命を左右する支配だったからである。その権力は、そうした事実状態をやめた時点で終わり、将来にわたる支配を確保しない。それゆえ他の人間に移譲することもできない。ホッブズが「父権」の成立を論じるためには、一度母の支配を言説による支配へと転換する必要があったのである。こうして初めて母の権力を父に移譲できることになる。ホッブズは『法の原理』において、親の子どもに対する権力については、原初的な権力の保持者が子に対してどのような権利を持つかという点と、そこから、父や他の人は、どのように母により権力を進呈されるかを考慮しなければならないと論じている。[40]「母は原初的に子の主人（Mistress）であり、父または他の人は、彼女から派生した権利により、子どもの主人（Master）となる」[41]。結局「父権」とは「主人」としての支配権なのである。

こうして、「父権」の成立には、子どもの成長に伴なう「母権」の性質の変化が前提とされていた。すなわち、時間の経過が重要なのである。合意の問題と並んでこの時間軸の問題も、ホッブズの「コモンウェルス」を考察する時の重要な要素である。ホッブズは『リヴァイアサン』で、「自然状態」において共通権力がない時は戦争の状態になると論じたあと、次のように述べている。「戦争（WARRE）というのは、単なる戦闘（Battell）もしくは戦う行為からなるのではない。そうではなく、戦闘によって争うという意志が十分明らかな期間のことなのである。それゆえ、戦争の性質においては、「時間」という概念が考えられるべきである」[42]。彼は続けて、完全な平和の保障がない時は人々の生が不安定であるために、人間の産み出すさまざまな素晴らしい成果が実を結ばない。「最悪なのは、絶え間ない恐怖と暴力的な死の危険性があることだ。そして人間の生は、孤独で貧しく、悲惨で粗野で、そして短い[43]」と述べる。このような惨めな生を回避し、永続的な平和の上に、人間としての素晴らしい生を生き、人間活動の成果を育んでいくために「コモンウェルス」は必要だった。「コモンウェルス」は、人間の生の永続性を保障する。

2 「獲得」および「コモンウェルス」の意味

以上のように男女が完全な「ユニオン」として夫と妻という共同関係を作り、男性が統治権を持ち子どもへの支配権を獲得することで「父権的支配」が成立する。しかし、なぜホッブズは、「父権的支配」と主人の奴隷に対する「専制的支配」とをあわせて「獲得によるコモンウェルス（Common-wealth by Acquisition）」と呼んだのであろうか。ホッブズは、「獲得によるコモンウェルス」（または「自然的なコモンウェルス」）は「自然的な力や強さ」によって獲得されたと述べる[44]。そもそもここで「獲得」と訳した Acquire という語は、オックスフォード英語辞典によれば、'**to gain, or get as one's own**（by one's exertions or qualities）' という意味を持っている。すなわち、「もともと自分のものとしてもつ資質や努力によって、何かを自分の所有にしてしまうこと」という意味なのである。ホッブズは、『市民論』において、このようなコモンウェルスは「自然的な力がその始まりにある」と述べ[45]、『リヴァイアサン』でも、そのコモンウェルスの主権的権力は「力（Force）」により獲得されると述べている[46]。すなわち、自分の持つ有無をいわさぬ力を使い、相手に対する支配を「獲得する」ということなのである。彼の議論では、「専制的支配」は、肉体の強さを使い戦闘において勝利することにより、相手を捕虜として従属させることに始まる。また「父権的支配」の出発点は、そもそも母が〈母として〉乳を与えることで、子どもの生命を握っているところにあった。両方とも「自然」の与えた属性により、現実に相手の生命を左右する「力」を持ち、それを使うことで相手に対する支配を「獲得する」。それゆえホッブズは、「獲得によるコモンウェルス」を「自然的なコモンウェルス」とも呼んだのであろう。これはホッブズが、神の秩序を創る力と人間を創る力に対して、人間の肉体的強さという「自然的な」力により秩序を、女性の母としての「自然的な」力により生命を産むことを対置したという意味だと考えられる。

しかしそのような支配は、とても際どいものである。なぜなら、捕虜に対する支配においては、常に相手を拘束し見張っていなければ相手の従属は確保されない。捕虜は、すきあらば逃亡を企てるであろう。子どもに対する支配は、乳飲み子でなくなれば母に従わなくても生きていけるようになるので、子どもにとって無用となる。このように、自然の属性に基づく力によって現実に獲得する支配は、〈今〉現に支配が成立しているだけで、将来にわたる持続的な支配を保障しない。支配を持続させるには、絶えざる〈今〉が必要となる。

そこでホッブズは、こうした支配を獲得した人々は、〈今〉の支配が成立しているうちに、将来にわたる持続的な支配を確保し、今従属している人が将来敵とならないようにしようと考えるというのである。(47) それはどのように可能かといえば、従属している人が「信約」により将来にわたる従属を約束することによる。「信約（covenant）」とは、すぐに履行されず、将来履行するという契約なのだが、その場合、「信約」を行なう相手に対する「信頼（trust）」が必要であるとホッブズは述べる。そして、この「信約」を将来にわたって履行するのは、それを結んだ人の義務であるという。(48) この約束をすることで、捕虜は奴隷として主人に将来にわたっても仕えるものと信頼され、現実の拘束を解いてもらうことができる。(49) 自由にしても逃亡せず、一生勝者の意向に従うという意志を「明確に表現された言葉または他の十分な印」によって約束し、それを信じてもらったからである。「それゆえ征服された者に対する支配の権利は、勝利により与えられるのではなく、彼自身の信約に基づく」[50]。すなわち信約を結ぶことで、現実の支配が言語によって保障された権利へと変換する。子どもに対する支配も、前述したように、母が現に子どもの生命を握っている間に、子どもが母に従属することを「合意」したと解釈される。

このように「獲得によるコモンウェルス」が成立する。すなわち「獲得によるコモンウェルス」は、自然の属性において持つ現実の力を使って「獲得された」事実的な支配を、言説による「信約」に基づく支配に変えることで成立する。それゆえ『市民論』では「獲得によるコモンウェルス」の始まりは「自然的な力にある」[51]といわれるのである。そして「信約」をすることで、「コモンウェルス」における将来にもわたる支配の持続性を確保することができるのである。そこでの主権は、「コモンウェルス」のメンバーが持っていた力や強さを「信約」によって移譲したことで成立する。しかし、ホッブズはこの時、実際の力や強さを移譲することはできないので、これは、移譲した相手に対する抵抗権の放棄を約束する意味であると述べる[52]。それゆえ子どもが明言しなくても、乳飲み子でなくなった後も母に抵抗せず従っていれば、従属に合意したことになろう。そしてこの合意による支配こそ、「父権的支配」が成立するための鍵なのである。

3 「獲得によるコモンウェルス」と「設立によるコモンウェルス」

ホッブズは、このように成立する「獲得によるコモンウェルス」のほかに、「設立によるコモンウェルス（Common-wealth by Institution）」を論じる。『市民論』の英語訳によれば、両者は「自然的コモンウェルス（natural commonwealth）」と「意図によるコモンウェルス（commonwealth by design）」（もしくは「政治的コモンウェルス（political commonwealth）」）[53]（ラテン語では‘civitas naturalis’と‘civitas institutiva’）とも呼ばれ、その違いは次のように説明されている。前者は相手に対する恐怖から服従する。戦争で負けた者が、殺されないためにするのである。それゆえこれは、「自然の力にその始まりを持ち、コモンウェルスの自然的な起源といえるものである」。それに対して「意図によるコモンウェルス」は、まだ敗北していない者が敗北を避けるために、保護を求めて信頼できる人に服従する。これは、結合する人々の「決意と意図」から生ずる。それゆえその起源は、人々の「意図」である。前者は、支配者が自らの意志により市民を獲得し、後者は、市民が自分たちの決心により支配者を戴く(54)。

このように説明された二つの「コモンウェルス」は、ある意味正反対の構成のように思える。しかし成立した時には、二つの「コモンウェルス」は同様の内容を持つと論じられる。ホッブズは『リヴァイアサン』において、両者の違いは恐怖する相手が違うだけだとして、両者をほとんど同様に扱っている。それはどのような意味か。

これまで考察した「獲得によるコモンウェルス」の成立過程を考えると、まず自然的な属性において持っている「力」により現実の支配が獲得され、それが「信約」という言説による従属に転換することで「コモンウェルス」が成立した。そのことが持続的な支配を可能にしたのである。「設立によるコモンウェルス」においては、人々が、「力」を持つ「人工的人格（Artificiall person）」としての「リヴァイアサン」を設立するために「信約」を結ぶ。「リヴァイアサン」は、「獲得によるコモンウェルス」における「力」を持つ「自然的人格（Naturall Person）」に対抗する概念である(55)。すなわち順序は逆であるが、両方の「コモンウェルス」において、「信約」と「力」により「コモンウェルス」が成立しているという構造に変わりはない。「獲得による」と「設立による」という言葉は、「コモンウェルス」の設立方法の違いなのではない。「コモンウェルス」は両方とも「信約」により成立する。両者の違いは「力」の起源、すなわち「力」をどのように調達するかにあるのである。

ホッブズは『市民論』の中で二つのコモンウェルスを論じる時、両者の起源を比較して、「獲得によるコモンウェルス」は「自然的な力」にその始まりがあるので「自然的な起源」ということができ、他方「設立によるコモンウェルス」は、「信約」を結ぶ人たちの「意図と決意」が起源であると述べている。[56] そもそも「設立」を意味するInstitutionという語は、オックスフォード英語辞典によれば、「意図をもって何かをたてる、命じる」という意味がある。ラテン語においても同様である。すなわち、ホッブズが「獲得による」と「設立による」という語で表現したのは、人間がもともと「自然に与えられた」属性において持つ「力」によって支配を「獲得」するのか、「人間の意図」によりあらたに「力」を「創設する」のかの違いなのである。現にホッブズは、『リヴァイアサン』において、「主権的権力（Soveraigne Power）の調達の仕方」には二つの方法があると述べて、一つが「自然的な力」によるもの、もう一つは「任意に相手に力を与える」方法によるのだとしている。[57] それゆえケンブリッジ大学版の『市民論』英語訳において、ラテン語の'civitas institutiva'が、'commonwealth by design'とされたのであろう。

この「設立によるコモンウェルス」の形成についてホッブズは、『法の原理』において「人間の才知による、無からの創造のようなものだ」[58]と説明する。Institutionを日本語に訳した時の「設立する」という語は、英語またはラテン語にある「意図をもって行なう」というニュアンスを持たないため、「獲得によるコモンウェルス」が事実上の力によって獲得され、「設立によるコモンウェルス」だけが契約によって作られるもののように理解しがちである。しかし、『リヴァイアサン』の有名な一節にあるように、「剣なき信約は単なる言葉にすぎず、人間の安全にとって何の力にもならない」[59]とホッブズは考えていた。持続する平和のため形成される「コモンウェルス」には、どのような形であれ、またどのような経過をたどって存在するようになったのであれ、「信約」と「力」の両方が必要だと考えられたのであった。それがホッブズが二つのコモンウェルスを同様に扱った理由なのである。

4　「支配権（dominion）」の意味

ホッブズの「コモンウェルス」については、「支配権」の意味にも注意が必要である。彼の議論では、すべてのコモンウェルスの支配は、Dominionという言葉で表現されている。オックスフォード英語辞典を見ると、Dominionには、法律用語として'Ownership, property; right of possession'という意味があり、この語がローマ法における dominium と同じであるという説明がある。ホッブズは、『リヴァイアサン』で、'the Right of possession is called Dominion'(60)と述べており、この文がそのまま例文としてオックスフォード英語辞典で使われている。それゆえ、ホッブズの支配に関する議論で我々が「支配」を意味すると見なすDominionという語は、「所有する」という意味を持っているのである。また、彼は子どもに対する支配権を説明する際、'one man cometh to have propriety in a child'(61)と述べる。このproprietyという語も、オックスフォード英語辞典によれば昔の使い方として、'The fact of being owned by someone or being one's own'というものがある。それゆえ、ここでも子どもに対する支配は、「所有すること」として叙述されているのである。

ホッブズは『法の原理』で、「どのような資格において、ひとりの人が、他の人格に対する権利、すなわち、所有または支配を獲得するのか(upon what title one man may acquire right, that is to say, property or dominion, over the person of another)(62)」と述べ、また、『市民論』において、「ここで知らなければならない最も重要なことは、人々の人格に対する支配の権利が獲得される(the right of Dominion[Dominium] is aquired over men's persons)方法である(63)」と述べる。それゆえDominionとは、人の肉体をも含んだ人格すべてを自由に処分できるような所有の状態を意味すると解される(64)。彼が「母権」や「父権」という言葉で表現していたのは、単にどちらの親が子どもの面倒をみるかということではなく、子どもを完全に自分の所有物として自由に処分する権力を誰が持つのかという問題だったのである。

その内容に関しては、主人と奴隷の支配関係についての議論が参考になる。ホッブズは、戦争の勝利者は敗者に対して「完全な支配の権利を獲得する」と述べる(65)。主人となった者は、他の物と同じように、奴隷を「彼の物」であると言うことができる。敗者は自分の人格を引き渡したのであり、それと同時に自分に属するすべての物を引き渡したことになる。こうして、奴隷と彼に関わるすべての物は主人の財産となり、主人は彼に対する支配を、自分の意志にしたがって自由に処分することができるのである(66)。

ホッブズが親子の支配も奴隷と同じ「獲得によるコモンウェルス」として論じているのは、その支配を同質的だと考えていたからである。ホッブズは、支配に服する子どもの状態について次のように述べている。「それゆえ子どもは、父または母もしくは誰であれ、育て保護してくれた人に対して最も絶対的に従属する。そしてその人々は、自然法によって、彼または彼女の良心において、必要だと考える時には、子どもを売ったり、養子に出したり、奉公に出したりして、彼等の支配を移譲する。もしくは人質に出したり、反逆を理由に殺したり、平和のための犠牲に供したりする(67)」。親は子どもの生命さえ、自分の意志にしたがって処分できるのである。

これは自分たちの意志により「コモンウェルス」を設立した主権者と臣民の支配も同様である。ホッブズは、臣民も、支配の絶対性という点では奴隷の境遇と本質的には変わらないという。彼らは強制されて臣民になったのではないので自分たちを自由人と称するが、「コモンウェルスを設立する人々の間における服従は、奴隷の服従と同様の絶対性を持つ。……ただ希望が多いだけである(68)」。そして、ラテン語では子どもを意味する語として、liberi（自由人）という言葉が使われるが、ローマで子どもが父の権力に服することにみられるように、他人の権力下にあることほど嫌なことはなかったのだと述べる。ホッブズは、子どもの親に対する、奴隷の主人に対する、そして市民の主権者に対する従属は同じであるとして、並列して論じた(69)。すなわちホッブズの論じた「コモンウェルス」における「支配（Dominion）」とは、他の人格を完全に従属させ、その者の意志による判断を完全に奪い取り、生命をも含めてすべての処分権を握ることを意味したのである。それこそが、主権として「意志が単一になる」ということなのであった。

第五節　父権的「コモンウェルス」における「ファミリー」の位置

1　「ファミリー」における父権的支配

ここまでは、「コモンウェルス」における権力支配の成立に焦点をあわせて、ホッブズの議論を見てきた。しかし彼の議論では、婚姻関係において男女どちらが統治してもよいとされていたにもかかわらず、「コモンウェルス」に関しては、「父権的支配」が当然のように語られていた。人間の社会では、男女関係から子どもが生まれると家族という集団が形成され、その中で子どもが養育されていく。その外側に大きな集団としてのコモンウェルスが存在するはずである。現在の政治学は、通常家族を生物としてのつながりを基礎として作られ、愛情や養育という作用により動く集団だと考えるため、権力作用により動く政治体とは区別し、家族を政治学の分析の対象とすることはない。しかし、「コモンウェルス」の成立を男女の関係から論じたホッブズの議論において、家族はどのように位置づけられているのであろうか。また、前述したように、そもそも「母権」を持っていたはずの女性が、彼の「コモンウェルス」では姿を消してしまうことがしばしば指摘されている。いったい女性はどうなってしまったのであろうか。婚姻と家族そして「コモンウェルス」はどのような関係にあるのだろうか。こうした問題を考えるために、ホッブズの「ファミリー」に関する議論について詳しく見ることにしたい。

『法の原理』において、「ファミリー」は次のように定義されている。「父または母もしくはその両方、そして子ども、そして奴隷から構成される全体はファミリー（FAMILY）と呼ばれる。ここでは家族における父もしくは主人がその主権者であり、他は（子どもと奴隷は同じように）臣民である」[70]。しかし、『市民論』および『リヴァイアサン』における定義では、母が消えてしまい、独特の定義がなされている。『市民論』では、「家族の父と子どもそして奴隷が、父権的権力によって一つの作られた人格に結合すると、それはファミリー（FAMILY）と呼ばれる[71]」とされ、『リヴァイアサン』では、「ファミリー」そのものの定義はなされず、コモンウェルスとの比較の文脈で、「たとえファミリー（Family）がひとりの男性と彼の子ども、またはひとりの男性と彼の奴隷、もしくはひとりの男性と彼の子どもおよび奴隷が一緒にいるものであり、そこでは父または主人が主権者なのだが[72]……」と述べられる。

この三つの定義を見ると、ホッブズの記述する「ファミリー」には、通常私たちの考える家族といくつか大きな違いのあることがわかる。まず始めに、彼の考える「ファミリー」には奴隷も含まれているが、『法の原理』以外では母が含まれていないこと。第二に、それは「父権的権力」により結合する「人工的人格」であること。それゆえ父が「主権者」であることとである。

そして、「ファミリー」が「非常に大きく多数になり、それ自身を防衛できるようになると、そのファミリーは父系相続による王国（PATRIMONIAL KINGDOM）もしくは獲得による王政と呼ばれる[73]」。「これは力によって獲得されたということで、起源と形成の仕方が「意図された王政」とは異なるが、形成された時には同様の性質を持ち、統治に関する同様の権利を持つので、区別して論じる必要はない[74]」。

すなわちホッブズの論じる「ファミリー」は、生物としてのつながりや、愛情や養育とも関係がなく、「父権的支配」と主人の奴隷に対する「専制的支配」からなる「獲得によるコモンウェルス」の原初的形態とされているのである。そしてそれが拡大発展することにより、「獲得による王政」としての「父系相続による王国」が成立する。実際、ホッブズは「ファミリーは小さなコモンウェルスである」と言明している[75]。それゆえ「ファミリー」は「コモンウェルス」と同様の構造を持つ。その違いは、権力の強さだけである[76]。つまり「ファミリー」とは、父であり主人である男性が、子どもや奴隷に対する権力を持ち統率している集団なのである。

「自然状態」において子どもに対する「母権」を持っていた母の姿は「ファミリー」から消え、そこでは父の支配が当然のように語られる。この点についても、多くの批判がなされてきた。ホッブズの「ファミリー」概念の特殊性に関しては、のちに古代ローマ法上の「ファミリア」との関連を論じるが、ここでは次の点だけを指摘しておきたい。すなわち、彼が「ファミリー」について特殊な定義を行なったのは『市民論』が最初であり、同書はラテン語で書かれ、パリで出版されたのである。それゆえ、上に引用した英語版『市民論』における「ファミリー」の定義にある「家族の父」にあたる部分のラテン語は 'Pater familias' であり、「ファミリー」は FAMILIA と表現されていた。ラテン語のこの表記を見て、読者は当然ローマ法上の「ファミリア」を思い浮べることになろう。そして「ファミリア」は、通常我々の考える家族とはかなり異なる構造を持っていたのである。ホッブズは、特に「ファミリー」の議論においては、おそらくローマ法を念頭に議論を展開したのではないかと推測される。これについては後述する。

ここでは「母権」を認める議論から出発したホッブズが、最終的になぜ母権制を論じることがなかったのかについて、他のいくつかの説明を考えてみたい。まずホッブズの議論における内在的な理由である。ホッブズは、人間の現実の生に関する科学的考察を進める中で、男女に関わる人間関係で最初に生じる支配権力は「母権」であると考えた。非常に論理的な彼のことであるから、当然、母が子どもの合意により獲得した言説による支配を「コモンウェルス」の設立につなげる可能性、そして男女の共同関係の中で女性が支配し、それが「コモンウェルス」の支配へと進む可能性を考えたであろう。実際彼が、女性が「コモンウェルス」を創立する可能性に気付いていたことは、何回か「アマゾンネス」の支配に言及し、また、当時も女性が主権を持っている所があると述べていることから推測できる(77)。

しかし、母子関係を基礎とした「ファミリー」において、または結婚関係において、女性が持続的な権力を確立してしまうと、それ以後父が権力を握る可能性はなくなってしまう。強固な支配を「ファミリー」において確立した女性が、なぜそれを手放すであろうか。女性は自分に有利な支配体制を作り、アマゾネスのように代々女性が支配権を握ることで〈母系相続による王国〉が成立するであろう。「父権」は「母権」を介してしか成立しえないので、「父権」を成立させるためには、「母権」が「獲得によるコモンウェルス」の原初的形態としての「ファミリー」において確立される可能性を排除しなければならなかったのである。「父権」を成立させるために、「母権」は一度移譲されなければならない。

それを確実にするというのが結婚関係の意味である。しかしそれも「父権」の成立を保障しない。結婚関係でも、どちらが統治権を持ってもよいとホッブズは論じていたからである。しかしホッブズは、「獲得によるコモンウェルス」の始まりである「ファミリー」を論じるにあたって、必ず父が権力を持つことにした。論理的に考えると、母が権力を持つ可能性を検討すべきであったにもかかわらず、その可能性にはまったく言及がなく、そこにはホッブズが言語を論じた時に批判していた論理的な飛躍がある。おそらく彼が始めに権力の起源を「母権である」としたことは、「コモンウェルス」を論じる際に重大な障害となったと考えられる。それゆえ彼は、論理性を無視して「父権的権力」による「ファミリー」の成立を論じたのであろう。そして、「父権的権力」を指向することは、「コモンウェルス」の権力についても同様である。次にその点について見てみよう。

2　父権的「コモンウェルス」の成立

前述したような独特の定義に基づく「ファミリー」の「父権」の確立に重要な役割を果たす結婚関係をめぐる議論は、変遷を見せている。『法の原理』では、「自然状態」において、完全に自己の意志によって男女が相互に契約を結び、「妻」と「夫」の関係が成立するという議論であったのが、『市民論』以後、「婚姻」の定義は、国家法に従ったものとなっている。『市民論』では、「すべてのコモンウェルスはファミリーの母ではなく父たちによって創立されたので、家政の権力は男性に属する。それゆえ、もしあるコモンウェルスにおいて、男性と女性が共棲するという契約をしたなら、生まれた子どもは父に属する。そのような契約が国家法に従って結ばれたなら、それは「婚姻」と呼ばれる」(78)とされる。

『リヴァイアサン』の記述は、ひどく省略されている。「自然状態」における男女の対等な闘争によってどちらにも子どもを帰属させられると述べたあと、すぐに確立したコモンウェルスでの話になり、婚姻関係の説明なしに、「コモンウェルスにおいては、（子どもの帰属の）論争は、国家法により決定される。そして、たいていはコモンウェルスはファミリーの母たちではなく父たちによってたてられた（erected）ので、大体は、父に有利に決定される」と述べられる。(79)このようにホッブズは、『法の原理』において行なった「自然状態」からの男女関係に関する根源的な考察を放棄し、『リヴァイアサン』では、まったくそれに言及するのをやめた。「自然状態」では男女の「信約」で成立するとした「婚姻」を、父によりたてられた「コモンウェルス」における国家法に従うものに限定したのである。そして、国家法によれば基本的には男性が有利になるという議論に収束させた。この間に母がどうなってしまったかの説明はない。

おそらくホッブズは、『市民論』において議論の焦点を転換したのだと思われる。『法の原理』での「自然状態」における生物としての根源的な現実に基づく男女関係の成立と親子関係に関する議論を削除し、「コモンウェルス」を中心とした意志と合意に基づく権利の移動に関する議論へと発展させた。その過程で女性に関する考察は捨象されていく。その最も重要な問題点は、「設立によるコモンウェルス」についてである。

ホッブズが「コモンウェルス」を論じる時は、常に「専制的支配」と「父権的支配」そして「主権的支配」という支配に関する三つの類型を前提として、「自然状態」から「獲得によるコモンウェルス」と「設立によるコモンウェルス」が並立して作られるような形で論じている。その時「父権的支配」と「専制的支配」からなる「獲得によるコモンウェルス」においては、「ファミリー」で「父権的支配」が成立すれば、それが拡大することでそのまま「父系相続による王国」につながるので、父の支配は持続する。すなわち「コモンウェルス」は「父たちによりたてられる」。

しかし、「獲得によるコモンウェルス」と並立する形で「主権的支配」の成立する「設立によるコモンウェルス」を論じるというホッブズの議論の構造から見ると、もし「自然状態」から直接人々が相互に「信約」を結び「コモンウェルスを設立する」なら、それは、男女の性を介した関係から生じる「獲得によるコモンウェルス」における「父権的支配」とは別の筋道で行なわれるはずである。論理的に考えると、その場合には男女の〈性〉にかかわらず、すべての人がひとりの〈個人〉として「信約」に参加することができるはずであろう。しかしホッブズは、何の説明もなく「コモンウェルスが父たちによりたてられた」ことにして、「コモンウェルス」一般について「父権的支配」を確保した。

もし「設立によるコモンウェルス」も「父たちによってたてられる」なら、「コモンウェルス」を「設立する」前に、男性が「ファミリー」の「父」としてその支配を確立している必要がある。すなわち、どちらの「コモンウェルス」も、父の支配する「ファミリー」から出発することが前提となっていると考えるほかない。ホッブズは、支配の類型を論じる時には両者を並列して叙述している。しかし最終的には、「自然状態」からまず「獲得によるコモンウェルス」の原初的形態として「父権的支配」の存在する「ファミリー」が形成され、そこから「父系相続による王国」へ発展していくか、もしくは父たちによって「コモンウェルス」が「設立される」という国家形成の道筋を示したのであった(80)。

ホッブズの議論については、通常この「設立によるコモンウェルス」だけが注目される。なぜなら「獲得によるコモンウェルス」の原初的形態としての「ファミリー」から「父系相続による王国」への道筋は、歴史的に見るとあまりに当たり前であり、一般的な家父長制の議論のように見えるからである。しかし彼は、その当たり前のように思われる「父権的権力」を根本にまで解体し、その起源は「母権にある」と論じるところから出発した。それと同時に彼は、「コモンウェルス」を「設立する」可能性についても論じた。この二点において、ホッブズの議論は、当時の王権の起源をめぐる論争の文脈において、たいへん重要な意味を持っていた。ホッブズが闘っていたのは、王の権力の起源を神に求める神授権説だったからである。その議論では、神がアダムの権力の起源であり、それが代々継承されるとされていた。キリスト教との関連で論じたように、そこには当然男性による女性への家父長制的支配の考えが含まれていたのである。

キリスト教世界の中で、ホッブズのように権力の起源が「母権」にあるとする説は、まったく検討に値しないどころか、考えられないほど突飛な議論であったろう。それゆえその後、権力の起源が「母権」であるという議論は注目されず、「設立によるコモンウェルス」だけが取り上げられていくことになった。しかし、このように「母権」が権力の起源であるとする彼の議論は、「設立によるコモンウェルス」において論じられた社会契約に基づく近代国家を女性の観点から批判的に検討する際に、重要な意味を持つと思われる。これについては後に詳述する。しかし他方で、ホッブズが、父権的国家を一貫して論じたことも押さえておくべきであろう。

全体としてみると、ホッブズが「母権」を論じたのは、神と関わりなく事実に基づいて論理的に国家の起源を考えるとそうなっただけであり、女性を特に平等に扱うという意図があったとは思えない。彼は、論理的には男女どちらの支配でもかまわないがゆえに（詳しく見ると、やや男性支配を優先させる傾向はある）、当時の父権的支配を問題だと考えてはいなかったと思われる。彼に母権的国家を主張する意図はなかったであろう。神を起源とする議論が彼の敵であった。(81) それゆえ多少論理に飛躍があっても、「母権」が発展して「コモンウェルス」となる可能性を検討することなく、二つの「コモンウェルス」における支配を「父権的支配」に収束させたのである。

このように成立した「父権」は、常に言説による保証を必要とした。ホッブズは、教会の教説における婚姻の「サクラメント（秘蹟）」による男性支配の保証を、法に置き換えようとした。前述したように、教会は聖書に基づき男性の女性に対する支配を教説として確立した上で、婚姻関係を必要悪と認め、婚姻による男女の結合を聖化し、神の恩寵を保障する「サクラメント（秘蹟）」とした。これにより婚姻関係は、神の教説どおりの家父長制的な関係として固定されたのである。ホッブズは、このような教会の教説に対し、『市民論』において次のように述べている。

「結婚が（神学者の使う言葉の意味において）サクラメントかどうかは、ここでの議論の範囲外にある。私はただ、一緒に生きようとする男性と女性の法的契約（すなわち国家法によって許された契約）は、それがサクラメントか否かにかかわらず、確かに法的な結婚なのだと述べる。……誰が、いつ、どのような合意によって結婚したのかは、コモンウェルスの法的事項なのである[82]」。

この議論も女性にとっては重要である。男女の婚姻関係を「サクラメント（秘蹟）」であるとすることは、教会が男性の女性に対する支配を正当化する教説を実効性あるものとするために必要だった。それに基づき教会が婚姻を取り結ぶ手続きを独占し、神による家父長制支配を存続させてきたのだから。それゆえホッブズがそれをこのように否定し、国家法のもとでの婚姻手続きを主張したことは、「母権」の議論と並んで、教会の教説を破壊するという意味を持っていたのである。しかし、そのうえで彼は、国家法による男性の優位を主張したことになる。この点についても後述する。

3 「母権」概念の先駆性

以上述べたように、ホッブズの議論では、男女の婚姻における共同関係の中で統治権を持つのは男女どちらでもよいことになっていたのだから、ここで女性が統治権を持ち、それを保持したままでいることができたはずである。また、「獲得によるコモンウェルス」においても、父権的な支配が成立する前に合意に基づく母権的支配が成立していたのだから、ここから〈母系相続による王国〉が成立すると論じることもできたはずである。そして、「設立によるコモンウェルス」の設立に女性が参加することも可能なはずであった。しかしホッブズは、「母権」に基づく「コモンウェルス」の可能性についてまったく論じていない。その理由の一つは、これまで述べてきた「父権」を成立させるという理論的必然性にあった。

さらにもう一つの理由として、そのような議論をしても、当時の社会においてはまったく意味がないと考えた可能性がある。現代の我々がホッブズの議論を分析する時には、当然のように「母権」と「父権」を対比させて論じる。しかし、西洋において母権制という概念が認識されるようになったのは、実は一八六一年に刊行されたバハオーフェンの『母権論』が最初だとされている。同書は、「現在の人びとが無意識に共通認識であると了解していた支配秩序が実は父権制であったのだ、ということを告知するものであったし、人類の創世記以来男性支配が続いていたという常識を覆すものであった」[83]と解説されている。それではバハオーフェンは、『母権論』で何を論じているのであろうか。

『母権論』は非常な大作である。[84]バハオーフェンは、「神話伝承が歴史的に確実な事実によって検証されるならば、神話伝承は、決して荒唐無稽な空想の産物などではなく、太古の時代の真実を証言するものと認められるのである」[85]と述べて、多くの神話から歴史的事実をあぶりだそうとした。彼がその意義について簡潔に説明したのが、『母権論序説』である。そこで彼は、自分の研究について概要を解説している。そこでの議論を見ると、次のような特徴が見て取れる。

確かにバハオーフェンは、歴史の古い時代に母権制が存在したと論じるが、それは「父権制の圧倒的勝利の前に崩壊し」[86]、最終的に父権制へと発展したと考えている。すなわち母権制の存在を提示した上で、父権制がより重要であると主張しているのである。それはなぜかといえば、(フェミニストが西洋近代に関して一貫して批判してきた)女性を「自然」、男性を「精神」と結びつける考え方にたっているからである。すなわち女性は子どもを産む肉体として、「自然」の法則に支配されている。

「女性支配は、それを自然のイメージで語るならば、子を生みなす母なるものに発し、完全に物質と自然的生命の誕生に依拠している。……女性支配は、あらゆる点で自然界の法則に従属している。……母性的時代ほど、身体という外面と肉体の不可侵性に重きをおいた時代もないし、逆に内的精神的要素を強調しなかった時代もない[87]」。

それに対し、男性は精神活動による創造と結びつけられる。

「父性の尊重によって、精神は自然現象から解放され、父性の勝利によって人間は物質的生活の法則を克服することができた。……人間は精神的生活によって肉体的生活を超克したのに対して、低次の生物は肉体的生活との関係にとどめられる。母性は人間の肉体的側面に属し、この側面についてだけ引き続き人間と他の被造物との共通の関係が維持されるにすぎない。精神的父性原理は人間にのみ適合する[88]」。

キリスト教に関して論じたように、肉体に対する精神の優位は、キリスト教の教義の主要な特徴である。

驚くべきは、子どもの発生に関してホッブズがあれほど否定した「男性が主要な行為者である」という言説が、バハオーフェンによっても展開されていることである。母は「物質」と結びつき、「生成の場所と容器」そして「乳母」であるのに対して、父は「子を生ませ」「その性質は非物質的である[89]」。これでは後述するフィルマーと同じ主張となろう。

バハオーフェンの議論は、ロマン主義的言辞に彩られ、一見母を称揚しているように見えるが、最終的には精神的創造力を男性に認め、父権の勝利を寿いでいる。「解説」によれば、彼はバーゼルのプロテスタントであり、キリスト教的西洋市民社会の秩序を決して否定してはならなかったということである。それゆえ彼は、母権制から父権制へ、そして父権制のローマ帝国を経て、「父権制原理をあらわすキリスト教の最終勝利」[90]を進歩として記述したのであった。

このような議論を見た時、ホッブズの議論がいかに先駆的であったかがわかるであろう。バハオーフェンよりも二〇〇年も前に、ホッブズは「創世記」を含めたあらゆる神話と決別し、人間の生に関する現実だけを見つめて議論を展開した。そこから、子どもに対する原初的な権利を「母権」であるとしたのである。ペイトマンが書いているように、西洋においては今でも母権制の存在については議論があり、その存在について真剣に検討されているわけではないという[91]。そうであれば、そもそも母が支配する「コモンウェルス」を論じることは、当時まったく現実的な有効性を欠くとホッブズが判断したとしても不思議ではない。

以上のようにホッブズは、「自然状態」において男女は対等であり、さらに子どもに対する最初の支配権は「母権」であったと論じたにもかかわらず、「コモンウェルス」においては「父権的支配」を主張したのであった。そしてその議論の過程において、男女の関係が支配関係に転ずるのは、婚姻関係が「ユニオン」として結ばれることによるのだということを、鮮やかに示してみせた。このような婚姻関係が西洋では教会と国家法により保証されてきたことは、すでに述べたとおりである。しかし、彼の議論で結婚により男性と共同関係を結ぶとされた女性は、「ファミリー」においてどこへいってしまうのであろうか。結婚と「ファミリー」はどのような関係にあるのだろうか。それを理解するために、次章で古代ローマにおける「ファミリア」の法的構成がどのようなものであったかを検討する。ホッブズの「ファミリー」に関する議論は、古代ローマ国家の「ファミリア」に関する法関係を参考にしていたと推測できるからである。そしてそのことは、彼の「コモンウェルス」の構造の解明にも関わると思われるのである。

第五章　「ファミリー」とローマ法における「ファミリア」

第一節　「ファミリア」の成立と国家における位置

イングランド革命期の諸思想を分析したサルモンによれば、一七世紀初めころのイングランドでは、王党派の間でローマ法が重要な関心を集めるようになっていたという。[1] そして、ホッブズの思想とローマ法との関連については、ブレットが「自然状態」における自由の概念に関する著作で考察しており、また、ホッブズの「ファミリー」概念と古代ローマ法の「ファミリア」との関連は、チャプマンにより指摘されている。[2] ここではローマ法上の「ファミリア」における女性の位置づけを詳しく見た上で、ホッブズの議論との関連を考察する。

現代の我々にとり家族とは、愛情により結びついた夫婦と、基本的にはその夫婦と生物学的なつながりを持って生まれた子どもとで構成される人間集団であるとされている。家族は基本的に愛情で結びつき、それに基づく養育が行なわれると考えられている。しかし、通常英語では family、日本語では「家族」と訳される古代ローマにおける「ファミリア（Familia）」は、そうした概念とはかなり異なる結合体である。それは基本的には生物学的なつながりに基づき成立したが、古代ローマ国家においては、法的な権力関係を構成する集団であり、国家の基礎単位であった。ガードナーは、家族と「ファミリア」の関係を次のように叙述する。「ローマ法によれば、ローマ社会は「ファミリア」により形成されていた。実際の生活では、ローマ人は家族に所属した。この二つは、構成から見るとときどきは一致するかもしれないが、それは、ただ限られた範囲で限られた期間においてだけである。……「ファミリア」と家族の主な共通点は、それぞれに属する構成員の間に生物学的なつながりがあるということである(3)」。ホッブズの議論との関係において、こうしたローマ法上の構築物としての「ファミリア」が重要だと考えられるので、ここではまずそれについて解説する。その上で、ホッブズの議論との関連を考察してみたい。

古代ローマ国家における「ファミリア」という集合体の成立について、カーザーは次のように説明する。まず歴史の初期に、親族的な絆によって結びついた人々を含む大家族が存在した。それらは対外的に独立して、ある種国家の先駆的形態をなしていたが、そこから氏族結合が生じた。しかし、全体として民族が定住し国家が成立していくことにより、氏族が解体して小家族が成立したというのである(4)。この小家族を基盤として、法的構築物としての「ファミリア」が成立した。

「ファミリア」を維持し再生産を行なうことは、古代ローマ国家の本質に関わっていた。「ローマ共同体構成員の人的再生産の必要性、と同時にその再生産を可能にする familia をささえる財産……の再生産の必要性(5)」は不可分であり、共同体の存立に関わる問題だったのである。すなわち「ファミリア」は、正統な子孫を残し、「国家社会を維持存続させていく(6)」ことを保障する集団として存在した。そのため「ファミリア」に属する人間と財産がしっかり管理されることが必要だった。古代ローマ国家は、正統な子孫を残し財産を保障するために法的構成体として「ファミリア」を構成し、その人間関係を規制したのである。

この「ファミリア」内の法的権利関係については、紀元前四五〇年頃に成立した十二表法にすでに規定が見られる。十二表法は、古代ローマの慣習の中から事件のたびごとに発見された法を成文化したものであり[7]、六世紀のユスティニアヌス法典の制定までローマにおける法源となったといわれる[8]。十二表法の成文化により、ローマ国家の構成員は、法で規制された権利関係について広く知ることになったという。

このような古代ローマ国家の法規範には、人々の法的地位に変動を引き起こす基準が三種あった。第一が自由人と奴隷を分ける自由（libertas）、第二は市民と外国人を分ける市民権（civitas）、第三は「ファミリア」における地位（familia）である[9]。そして、上位の基準における地位の変動が、下位の地位に影響を与えた。たとえば自由人でなくなれば、下位の市民権も「ファミリア」における地位も失った。しかし、「ファミリア」における地位の変動は、市民権や自由であるかどうかには影響しなかったのである。これを「頭格消滅」という[10]。

このように「ファミリア」は生物学的なつながりを持つ家族を基礎にしているが、法的な構成体であり、法に裏付けられた権利義務の関係により規定される人間の集合体であった。そのため「ファミリア」での地位の変動は、法的な権利義務の変動をもたらした。ローマ国家に生きる人間にとり「ファミリア」にどのように帰属するかということは、国家法との関係において大きな意味を持っていたのである。「ファミリア」内の法的関係を貫いている主要な論理は、男性中心主義と、財産の重視である。このような考え方は帝政になると少しずつ変化していくので、ここでは、古代ローマの共和制時代を中心に考察することにしたい。以上のことを念頭に、「ファミリア」における法的関係を具体的に見ていく。

第二節　「ファミリア」における法的関係

1　家父権力

「ファミリア」とは、直系尊属の最長老男性である家父と、彼に従う男系卑属の集団である。[11] 具体的には、家父とその子どもたちおよびその男系の子どもたち……という形で構成される（妻については後述する）。家父（pater familias）は、非常に強力な家父権力（Patria Potestas）を持ち、「ファミリア」を統率していた。「ファミリア」内において家父は、「唯一の裁判官であり政務官であり立法者である」。[12] そして、その権力（Potestas）は、「私法上では、公法上の「インペリウム」（imperium 命令権）に匹敵する包括的絶対的な権力であった」。[13] また、家父は、「家庭において支配権（dominium）を持っている」[14] ともいわれた。それゆえ、ローマ法上の「ファミリア」を「連合国家内の各連邦国家である」と考え、家父を全権を持つ統治者とみなす学者も存在した。[15]

家父は、「ファミリア」における人間と財産を管理することをその任務としていたから、それらに関して圧倒的な権力を認められていた。家父は「ファミリア」に帰属するすべての財産を所有し、単独で処分することができた。もちろん奴隷も所有された財産であるから、ここには奴隷の処分も含まれる。[16] 注目すべきは、「ファミリア」のメンバーすなわち家子に対し、「生殺与奪の権」と「家子売却権」が認められていたとされることである。すなわち家父は、自分の権力下にある家子について、生命を奪うことも、売却することもできたというのである。これにより、古代ローマの家父権力の強さが象徴的に語られることが多い。それでは、その内容はどのようなものだったのであろうか。

まず「生殺与奪の権」である。十二表法は慣習を成文化したものであるから、家父の権力が包括的に定められているわけではない。「生殺与奪の権」に関しては、「法律は家父に家男に対する生殺与奪の権を与えて」という規定によって、その内容が推測されてきた。しかし、家父が成人した家子に対してこのような権力を行使した歴史的な記録はないという。(17) 実際家父がこうした権力を乱用することは、習俗や宗教法により禁止されていた。(18) また十二表法では、家父が懲戒権を行使する前に「家裁判」を行なうものとされていた。(19) 国家が確立し、家父の持っていた刑罰権を吸収していくことにより、強力な家父権力についての規定は残るが、その実効性は十二表法の時代には薄められていたといわれる。(20)

これが問題になるのは、新生児に対する家父の判断についてである。十二表法には、「すべての男児女児は養育しなければならず」という規定があるというが、(21)「ファミリア」内において誕生した新生児は、何の条件もなく法的構成体としての「ファミリア」の一員として迎えられ養育されたわけではない。「ファミリア」の一員として養育されるには、家父の承認が必要だった。すなわち生物学的つながりが「ファミリア」におけるメンバーシップを保証したわけではないのである。新生児が生まれると、男子であれば家父の前の床に置かれ、家父が床から取り上げれば、「ファミリア」への加入を認めたことになった。女子の場合は、単に乳を与えるように命ずることが、生かしておくことの意志表示となったという。(22) もし家父により養育が拒否されると、その子は捨てられた。それを見つけ育てた人が、その子を奴隷にしたり自分の子としたりして、所有権または家父権力を取得したのである。(23) そして共和制末期には、この権力は、経済的困窮や不倫などで子どもを遺棄するために使われたという。(24) このように新生児に関しては、家父は「生殺与奪の権」を持っていたということができよう。

これに関するもう一つの問題は、奇形児が生まれた場合の判断である。十二表法は、「奇形児は殺害しなければならない」と定めている。(25) 奇形児は怪奇的な存在で共同体に災いをもたらすので、共同体を守るためにすみやかに殺害するよう求められたと説明される。(26) それゆえこの場合にも、家父は子どもの生命を奪うことになった。

このように、法律上家父は家子に対する「生殺与奪の権」を持っていた。生まれた子どもを「ファミリア」のメンバーとしてすべて養育することは家父にとっての義務ではなく、新生児の遺棄や殺害も行なわれた。しかし、「ファミリア」は共同体を維持するために存在したのだから、当然その構成員を理由もなく殺害することは行なわれなかったと考えるべきであろう。(27) 当時の平均寿命が二七歳と短かったことからも、当然生命を軽んじることはなかったと推測できる。(28)

「家子売却の権」に関連して、古い時代には、家父が家子を譲渡して準奴隷的支配権を取得者に与えることが行なわれた。(29) 十二表法は、盗みないし加害行為を行なった「ファミリア」構成員や奴隷を、被害者に引き渡す義務を家父に課し、(30) また、父が息子を三回売却したら、息子が家父権を脱することを規定している。(31) こうした規定からは、家父が家子を自由に売却できるように思われる。しかし、この売却行為は、徐々に家子を家父の権力から脱却させるために行なわれるようになったという。売却行為により、家子は家父権を免除されて（emancipatio）独立した「ファミリア」を形成し、自らが家父となることもできたし、また、他の「ファミリア」の家父の下に養子として入ることもできたのである。家父の側からすると、これは相続人の数を減らす意味もあった。(32)

2　家子の法的地位

生まれたあとの承認によって一度「ファミリア」の家父権力の下に入った家子は、成人になっても家父が死ぬまでその権力下にとどまるのが基本であった。(33)「ファミリア」では、家父だけが誰の権力にも属さず、自主独立の完全な権利主体として存在しており、法律上「自権者」と呼ばれた。(34) 家子は、家父という他人の権力に服していたので、法律上「他権者」と呼ばれた。それでは、家父権力に服する家子は、どのような法的地位を認められていたのであろうか。

男性の家子は、成人していれば、公法上市民としての政治的権能を持つことができる。それゆえ、「ファミリア」で家父権力に服しながら、国政に関しては民会に参加し、国家の重要な職につくことも可能であった。また、仕事をし契約などを結ぶこともできた。家父権に服する娘も、成年であれば法律行為をすることができたという(35)。しかし、「ファミリア」の財産はすべて家父が所有していたから、贈与や仕事の収入などにより家子が財産を取得しても、それはすべて家父の所有財産となった。

このような「他権者」としての家子と家父との権利関係について、町田実秀は次のように説明している。すなわち、「他権者」といわれる家子も実は権利の主体なのだが、「ファミリア」で家父の権力下にある間は家父の権力によりそれが抑えられ、その権利の主体性が表面から隠されている状態だというのである。それゆえ、ローマ市民としての権利は享受することができる。つまり、「ファミリア」において、家子の権利は家父の権力によりその行使が妨げられている状態だといえる(36)。家父が死亡した(または自由を失うか市民権を喪失する)場合、その権力下にあった子どもたちは、性や年齢にかかわらず、家父の財産を平等に相続して「自権者」となった(37)。

すなわち、家父が死亡した場合、存在した「ファミリア」全体がそのまま家父の後継者に引き継がれ、他の家子がその支配下に入るのではなく、いわば家父権によって一つにつながれていたいくつもの玉がばらばらになるように、家子は家父権の消滅によってばらばらに分解して、次世代の家子が、それぞれ自分の「ファミリア」を形成したのである。「ファミリア」は男系家族により形成されていたから、このとき女子は「自権者」として独立して自分で「ファミリア」を形成しても、自分の「ファミリア」において家子を持ち、それに対する権力を持つことができなかった。つまり、自分を引継がせることはできなかった。それゆえ、「女性はファミリアの始まりであり、終わりである」といわれるのである(38)。また、女性は「自権者」になっても後見人のもとにあった。

町田によれば、ローマ法は、「ファミリア」を家族全員が構成する一個の統一的な団体とはみなさず、個人の集まりにすぎないと考えた。このような個別主義または個人主義が法律にあらわれたのが、「ファミリア」の法構造であるという。そして「ファミリア」をまとめるために家父に強大な権力を与え、ひとりずつのメンバーを個別的に家父に結びつけ、家父に直接従属させて、全体としての統一を保ったのである[39]。

第三節　古代ローマにおける結婚と「ファミリア」

1　結婚の性質と成立要件

現代に生きる我々からすると、上に見たような古代ローマ法上の「ファミリア」は非常に奇妙に思えるが、さらに特殊なのは、結婚のあり方である。いちばんの特徴は、結婚による夫婦関係の成立が、「ファミリア」とまったく関係のない事項だと考えられていたことである。

前述したように、「ファミリア」は法的な構築物として存在したが、結婚は、「ファミリア」とも法ともまったく関わりなく、事実上の関係として成立した。通常、社会的に結婚が有効とされるには、正統化のための手続きをいくつか踏む必要がある。たとえば結婚式を挙げて共同体メンバーの承認を得たり、教会の承認を得るなどである。現代では、国家法に従った手続きを踏むことで正統な結婚と認められる。しかし古代ローマの結婚は、国家による許可も登録も、社会的儀式も必要としなかった[40]。婚姻は、単に当事者が婚姻するという意志を持ち、合意することで成立した。「ローマの婚姻は、そもそも何ら法関係でもなく、一つの社会的事実」であった[41]。それゆえ婚姻とは、「婚姻意思によって担われた、夫と妻の具体化された生活共同体である。この意思は、彼らの共同体が婚姻であるという両配偶者の意識のことである[42]」。結婚式を行なう慣行があったとしても、それは婚姻の成立にはまったく影響を与えなかったのである。

しかし、そのような社会的正統化の手続きが必要ないとしたら、一体どのようにして婚姻の成立が確認できるのであろうか。カーザーによれば、それは、「配偶者相互間の、また第三者の前での夫婦の行動全体において確認されるもの」であった[43]。通常は、夫の家へ妻を迎えいれること（これも慣行）が、婚姻による共同体の成立の標準と考えられた[44]。しかし、婚姻の意志を持っていれば、当人が不在でも婚姻は成立した[45]。ここからもわかるように、古代ローマにおける婚姻は、完全に本人の意志のみに基づき成立したのである（当事者が家父権の下にある者であれば、家父の同意は必要であった）。それゆえ、正統ではない結婚がどのようなものであるかを見るのは難しい。もちろん当人同士の意図に基づくのだが、通常は、妻の身分が夫より低かったり、夫が女性をそのように扱う時には、非正統な関係だとみなされたのである[46]。その場合、二人の関係は「共棲（concubinatus）」と呼ばれた[47]。

婚姻は、「終身の、一夫一婦的な、家共同体において実現された生活共同体[48]」を作るためのものであった。その最も重要な目的は、男性が自分のために嫡子を得、正統な子孫により彼自身の系統を存続させることにあった[49]。これはまた、ローマ国家を存続させることにもつながったのである。子どもは、財産を相続するだけでなく、親のために祭祀を執り行なう義務も負っていた。古代ローマ人は男性と女性の結びつきを自然の法則として理解しており、そこから子どもが生まれ、彼らを育てることは、どの生物にも共通する行為だと考えていた。それによって、自分が生きていた永遠の記憶を残すことができると考えたのである[50]。そのために男性は、正統な結婚によって生まれた子どもを自らの「ファミリア」のメンバーとして獲得した。それでは、結婚と「ファミリア」はどのような関係にあるのだろうか。

2　「ファミリア」への帰属──「手権婚」と「自由婚」

正統な結婚が成立し、妻が夫の住居に移り住んだとしても、それは彼女が夫の「ファミリア」のメンバーになったことを意味しない。結婚と「ファミリア」への帰属の変更は、まったく別の手続きだったからである。婚姻は法律行為として行なわれなかったのに対し、「ファミリア」への帰属に関しては、私法上の手続きにより実行された[51]。すなわち婚姻により男性と女性が共同生活をすることになった場合でも、これとは別に、「ファミリア」への帰属の変更については法的手続きが行なわれる必要があった。その場合「ファミリア」は男系の集団であるから、婚姻により男性が女性の「ファミリア」へ帰属を変更することはない。常に女性が変更することになるのである。その変更には、具体的に以下のような種類がある。

まず、「手権婚（manus）」と呼ばれる形態がある。これは、女性が夫の「ファミリア」の家父権力下に入る結婚の形である。この時、女性が自分の生まれた「ファミリア」の家父権力下にある場合は、その権力から脱して夫の属する「ファミリア」の家父権力下に入る。夫が家父である場合は、その家父権力の下に入ることになる。もし女性が、すでに自分の生まれた「ファミリア」から独立して「自権者」である場合は、その地位を放棄して、夫の「ファミリア」の家父権力下に入り、「自権者」であるのをやめることになる。

「手権（manus）」とは、家父の手の中にあることを意味し、家父権力そのものも初めは「手権」と呼ばれた。手権により家父は、自分の手の中にある所有物として、「ファミリア」を構成する人および物を自由に収益処分することができたのである。しかし、この語は元来、支配すると同時に保護する「手」という含意を持っていたという[52]。のちに名称が分化して、家父の権力を「家父権（patria potestas）」と呼び、妻に対する権力を「夫権」を意味する「手権（manus）」と呼ぶようになった。そして、奴隷に対しては「主人権」（dominica potestas）、物に対しては「所有権」（dominium）という言葉が用いられるようになったという[53]。

「手権婚」により、夫の「ファミリア」のメンバーになった妻は、他のメンバー同様その家父権力に服した。もし夫が家父であれば、基本的には子どもと同様の立場で、彼の権力に服することになった。この時「ファミリア」

における彼女の権利は、娘と同様であった。すなわち、「法律上は、妻の座を占めないで、「娘の地位に」（filiae familiae loco）あり」といわれたのである。[54] しかし、妻が家子と同様の法的立場であったとしても、「手権」による妻に対する強制は、家父権力に比べ非常に弱かった。夫は妻を売れなかったし、養子にだせなかったし、不行跡があっても親族への相談なしには罰を与えられなかった。[55]

「手権婚」の場合、もともと自分の「ファミリア」において家父権力に服する家子（他権者）だった妻は、結婚後も財産については無能力者であり、彼女の取得した財産はすべて家父のものとなった。婚姻の際に贈られた嫁資も、家父である夫に帰属する。すなわち「手権婚」による妻は、自分の生まれた「ファミリア」の家父権力よりは弱い「手権」に服することになるが、法的権利は、娘として持っていた内容と変わらなかったのである。それに対して、すでに自分の生まれた「ファミリア」の家父権から脱して「自権者」となっていた女性が「手権婚」により夫の家父権に服するようになると、それまでの財産権を失い、彼女の財産は家父である夫に属することになった。[56]

このように「手権婚」では、妻は夫の「ファミリア」において、妻という立場ではなく娘と同等の地位にあった。[57] そのため家父である夫が死亡した場合にも、妻は家子である娘と同様の立場で、夫の財産を相続したのである。

妻は、「ファミリア」において法的には娘と同様の権利しか持たなかったけれども、家父である夫と並んで、「家母（mater familias）」という名誉ある地位を与えられた。「家母」は法的な言葉ではなく、基本的には「手権婚」における妻を意味したが、当時の人は、家において第一位を占め公的行事にも参加するような妻や立派な女性を、「家母」と呼んで敬意を払ったのである。[58] このように、妻は法的には家子と同様家父の権力に服したが、事実上その立場は社会的に認められ、尊重されたということができよう。

「手権婚」は、紀元前一世紀頃には稀となり、結婚後も妻が夫の「ファミリア」へ入らない婚姻の形態が一般的となっていった。これを「自由婚」という。この場合には、結婚しても妻がそれまで自分の属していた「ファミリア」から夫の「ファミリア」へ帰属を変えることはしない。生まれた「ファミリア」の家父権からすでに独立していた女性は、結婚しても独立した「自権者」の立場を保持することになる。

この場合、現代の我々からすると、妻たる女性の事実上の家族関係の状況と、「ファミリア」に関する法的立場の間にはずれが生じたように思われる。すなわち、結婚によって妻は夫と同居し家族生活をおくっていたとしても、法的には依然として生まれた時の「ファミリア」の家父権下にあるか、自分ひとりで「ファミリア」を形成し、「自権者」として独立して法律行為を行なうことができたからである。すなわち法律上は、夫とはまったく家族としての権利義務関係を持たなかった。

「ファミリア」への帰属が変更されなければ、結婚は夫にも妻にも法的な財産権の変動をまったくひきおこさなかった。(59) 家子たる女性は相変わらず自分の家父の財産権の下にあり、「自権者」たる女性は、それまでの自分の財産を保持した。すなわち夫と妻は完全な別産制だったのである。それは日々の生活費にもおよび、夫婦として一緒に暮らしていたとしても、別会計での生活だったともいえよう。夫は妻を扶養する義務がなかったので(60)、妻は自分の持参金もしくは財産で生活した。財産は完全に「ファミリア」を単位として動いたのである。こうしてみると、結婚によって妻となった女性は、自分の「ファミリア」に属しながら、または独立した法的主体として暮らしながら、法的には夫の「ファミリア」の正統な後継者を産むために、いわば出向して夫婦関係を形成していたということができよう。

いずれにしても、婚姻と「ファミリア」はまったく別個のことと考えられており、「ファミリア」における法的身分として「妻」は存在しなかった。「手権婚」にせよ「自由婚」にせよ、法律上妻は夫の「ファミリア」に「妻」として属していたのではない。「手権婚」では娘と同様の立場であり、「自由婚」においてはそもそも夫の「ファミリア」に属することはなかったのである。

3 子どもの帰属と「ファミリア」の継承

このように結婚は、夫婦がともに暮らして男性の正統な子どもを得ることが主な目的だったから、正式な婚姻関係から生まれた子どもは、母の夫の「ファミリア」において家父権に服した。その夫が実の父親であるかどうかは、問題ではなかった。夫がその子を追放しなければ、父であるとされたからである。「ファミリア」は男系の集団だったから、正式な婚姻関係と認められない場合、生まれた子どもは父の「ファミリア」に入ることはできない。また母の属している「ファミリア」に属することもできない。それゆえ生まれた子どもは他人の「ファミリア」に属すことなく、ただちに「自権者」となり、自分の「ファミリア」を形成した。[61] しかし婚姻関係と同様、父の「ファミリア」に属さないからといって、必ず子どもが父と離れて生活したわけではない。日常生活においては、正統な夫婦ではない両親と子どもが家族生活を送り、父が子どもの成長に心を配ることもありえたのである。[62]

古代ローマにおいては、キリスト教が公認される四世紀まで離婚も非常に自由だった。結婚が当事者の意志のみに基づくように、離婚も夫と妻ともに任意の時期に自由に行なうことができ、一定の離婚原因に拘束されなかった。家父や後見人の同意も、かなり古くから必要ないとされたという。離婚も結婚同様事実的な過程であるから、「婚姻が終了したものとする意識のもとで、婚姻上の生活共同体が一方あるいは双方の配偶者によって解消される」[63]ことで離婚が成立した。習俗としていくつかの手続きがあったが、それらは離婚の成立自体には影響しなかったのである。

結婚と「ファミリア」への帰属はまったく別の手続きであるから、離婚と「ファミリア」への帰属の変更手続きは、別に行なわれる必要があった。「手権婚」の場合、離婚すると夫は妻を法的手続きに従ってその権力から解放し、自分の「ファミリア」から妻の帰属を変更しなければならない。[64] 両親が離婚し、母が父の「ファミリア」から離れても、子どもは父の「ファミリア」に帰属したままであった。しかしこれも現実には、離婚後に子どもが父の

「ファミリア」に属しながら、母とともに生活することもありえたのである。(65)

「ファミリア」の家父でありながら嫡子を持たない者は、養子縁組を行ない後継者を確保することができた。古代ローマにおいて、相続人は財産の継承者というだけでなく、故人のために祭祀を執り行なう義務も負っていた。死亡後に自分の祭祀が行なわれることは、古代ローマ人にとり大きな関心事であった。それゆえ後継者がいない者は、養子縁組によりそれを確保したのである。その際、「自権者」として「ファミリア」を形成している者を養子とすることは、一つの「ファミリア」の消滅を意味した。それは国家の存立基盤に影響を与えることだったから、民会の決定を必要とした。マンテによれば、本来は相続人が「自権者」の地位を失うことのない法律行為を作るのが一番よいので、そこから遺言という形式が生じたのだという。すなわち、遺言により後継者を指定しておくことで、死亡した時にただちに後継者が引き継ぐという形になるのである。そうすれば、後継者は「自権者」の地位を失わず、また「ファミリア」に変動を引き起こすことなく、死亡した者を継承することができるのであった。(66)

以上のように、古代ローマにおける「ファミリア」は、財産や祭祀を引き継ぐために、家父の後継者を確保するための法的集団として、重要な意味をもっていた。結婚はそのために行なわれたのである。そして「ファミリア」の継続が、国家の継続性を保障したのであった。

第四節　国家における「ファミリア」の意味

1　ローマの家父長制の特徴

これまで「ファミリア」を中心として考察した古代ローマ国家は、一見すると父権国家の典型のように思われるが、本当にそのようなものとして考えればよいのだろうか。ここではバハオーフェンが『母権制』の中で示した

「母権制」の成立を認める際の基準を使い、まずその点について分析する。[67]

バハオーフェンによれば、母権制は、表面的には子どもが母方にしたがって命名されることにあらわれるが、その意味は次の三点にあるという。第一に、子どもの身分が母の身分に従うこと。第二に、親の財産は女子により相続されること。第三に、家族が母により支配されることである。これらのメルクマールを応用して、古代ローマ国家が父権制を成立させていたのかを検討してみたい。

まず、子どもの命名である。ローマにおいては、子どもが父方の名を引き継ぐことと、男女の命名の区別は明らかであった。息子は、生後九日目に自分の名と氏族名そして「ファミリア」の名前の三つから構成される名を与えられた。もちろん兄弟はそれぞれ固有の名を持った。たとえば、アピウス・クローディウス・プルチェル（Appius Claudius Pulcher）の二人の息子は、アピウス・クローディウス・プルチェル（Appius Claudius Pulcher）と、プブリウス・クローディウス・プルチェル（Publius Claudius Pulcher）であった。それに対して娘は、生後八日目に、通常父の氏族名の女性形が付けられた。姉妹が生まれても、同じ名前を付けることが多かったという。それゆえ、アピウス・クローディウス・プルチェルの三人の娘は、すべてクローディア（Clodia）であった。[68] この点からは、ローマでは父権制が成立していたように見える。

また、父が「ファミリア」を支配し、子どもは父の「ファミリア」に属すので、身分は父によるという点でも同様である。しかし、親の財産の相続という観点から見ると、ローマにおける相続の形態は特殊であった。相続について考察することで、古代ローマ国家における権力構造および国家と「ファミリア」の関係を貫く思想が明確になると思われるので、次にこの点について詳しく見ていくことにしたい。

ローマの「ファミリア」が父権的であるということから考えて特殊なのは、「ファミリア」の家父が死ぬと、その後年齢も性別も関係なく、すべての家子が相続したという点である。父権制ならば、男子だけが相続すべきであろう。これをどのように説明できるのか。

そのための出発点は、ローマ国家において「ファミリア」は、正統な子孫を残し、国家社会を存続させていくための集団と位置づけられていたということである。すなわち一義的には、国家構成員を確保することが「ファミリア」の役割であった。それは現在の構成員を確保するだけでなく、継続的でなければならない。すなわち国家継続のためには、現在および将来の構成員を確保することが必要なのである。このような国家的要請だけでなく、それは同時に、「ファミリア」の家父個人としては、自分の系統が続き自分を祀ってくれる継承者を確保するという意味でもあった。「ファミリア」の構造は、明確にこの目的が果たされることを意図したものであったといえる。家父権はそのために与えられていた。家父は自分の所有する財産により、家子の生存と継承性を確保することを任務としたのである。

すなわち「ファミリア」の目的の一つは、そこに属する人間の現在の生存を保障することである。先に書いたように、「ファミリア」における家父権を意味する「手権」とは、元来「保護する手」という含意を持っていた。強大な家父権を意味するものとして語られる「生殺与奪権」であるが、家父が子どもの「ファミリア」への受け入れに関し許諾権を持つということは、受け入れた子どもの養育に責任を持つのだと解釈することもできる。奇形児を排除するのも、人間の養育についての責任を国家的観点から判断するという意味であったようだ。佐藤篤士は、奇形児殺害について、セネカが、「健康な者を無用な者と区別するのは理にかなったものである」と述べたことを引用している。(69) 家父が生命を奪うという権力行使をしなければ、生命は保障される。新生児は、ともかく「ファミリア」のメンバーとして迎えられれば、養育されることを保障されたのである。このように家子の生存を保障すれば、「ファミリア」のもう一つの目的である「ファミリア」の継承が果たされる。継承のルールとして、婚姻により生まれた子どもはすべて父系の「ファミリア」に属すると定められていたのは、父が生存と継続を保障することに責任を持つという意味だったとも考えられるのである。

家父の死後、その「ファミリア」に属するすべての子ども（「手権」に服していた妻も娘として）が、年齢や性別にかかわらず家父の残したものを相続し「自権者」となるという点についても、「ファミリア」の二つの目的から説明できるように思われる。まず、家子の現在の生存を保障するということである。相続により家子が「自権者」となることは、法的には、それにより家父権力が妨げていた家子の権利の行使が可能になると説明されていた。しかし、家父権力のもと家子の生存が保障されていたという観点からみると、家子は家父が死亡すると、保護状態から放り出されることになる。それゆえ、それぞれの家子に「自権者」すなわち法律的な主体として財産を相続させることは、その財産により自分で生きていくよう促すという意味を持つであろう。幼い子どもでも娘でも同様に相続できる（カーザーはそれを、「未成熟者および婦女は、成熟期に達した男のように相続する」と述べる[70]）のは、そうして彼女らの生存を保障するという意味だと考えられる。他方でこのように相続されることで、被相続人からすると、自らの名を継ぐ者と死後の祭祀が保障されるのである。

こうして家父の死後、その「ファミリア」に属していた家子は「自権者」となって独立する。それにより、息子も娘も自分の「ファミリア」を形成する。しかし、「女性はファミリアの始まりであり、終わりである」といわれた。これは、女性が「ファミリア」において家子を持ちそれに対する権力を持つことができないという意味である。しかし女性は自分の財産と財産としての奴隷を所有する「自権者」である。すなわち「ファミリア」は、家子を持たずとも、奴隷を含んだ財産を所有することだけにより構成できたのである。それにより女性の生存が保障される。しかし彼女は、家子を持って家父の持つ権力を行使することも、自己を継承させることもできない。つまり女性は「ファミリア」により現在の生存だけが保障され、継承性は保障されない。それゆえ一代限りで終わってしまうことになるのである。

2　ローマにおける女性の地位

しかし「自権者」となった女性は、支配する子どもはいないにしても、家父の権力から解き放たれて独立した法的主体となる。女性は「自権者」となっても常に後見人のもとにあったが、社会生活において女性が独立していくにつれてその意味はなくなり、共和制後期には後見人の役割は形骸化したという。[71] こうして「自権者」となった女性は、自分の人生に関わるさまざまなことに、自分で対処することができた。現代のアメリカで編集された古代ローマ法に関する判例集では、「多くの点で、ローマ法における成人女性は、近代以前のほとんどの法制度におけるより独立していた」[72]と評価されている。

さらに重要なのは、「ファミリア」への帰属に変更をもたらさない「自由婚」においては、「自権者」としての女性は結婚後も独立した法的主体のままであり、結婚が女性の権利にまったく変更をもたらさなかったことである。結婚においても別産制が貫かれたため、「自権者」として独立していれば、結婚後も女性は自分の財産を自由に使えた。グラブズは「実際、古代ローマにおいて既婚女性は、二〇世紀以前の英米の女性よりずっと多くの財産権を持っていた」[73]と述べている。

実際、キリスト教を信仰する西洋諸国では、ほとんど二〇世紀に至るまで、既婚女性の権利は驚くほど制限されてきた。たとえば近代的な国家法として制定されたナポレオン法典において、夫は「保護者」、妻は「服従者」と規定されており、妻は法的無能力者とされ、家族における夫の専制支配を可能にしていた。この規定は一九三八年まで続いた。これ以後妻の法的無能力は解消したが、夫婦間の服従関係は変わらず、夫は「家族の長」とされたのである。[74] イギリスにおいて、既婚女性の財産権が夫と同じ条件で認められたのは、一九三五年のことである。

また、古代ローマでは離婚も自分の意志で決められたことも、女性の権利という観点からみて重要であろう。前述したように、西洋においては教会が結婚を正統化することが長く続いたため、女性が離婚を自分で決定することは認められなかった。イギリスにおいて夫婦共に同じ条件で離婚できるようになったのは、一九二三年のことであった。また、イタリアで国家による離婚が認められたのは一九七〇年のことである[75]。すなわち古代ローマにおいては、「自権者」としての女性は、男性のように他の人間を支配する権力を持てなかったが、自分〈個人〉の財産については、自分の判断によりその権利を行使することができた。「ファミリア」は、財産と人から構成されていたが、自分の生活に関わる財産は男女にかかわらず保障された。それに対し、人を支配する権力は、男性だけのものと考えられていたのであろう。

この考え方が、「ファミリア」と国家に関して父権制という観点から見た時わかりにくいもう一つの問題を説明すると思われる。それは、国家の支配には、家父だけでなくすべての男性が参与するという点である。「ファミリア」において家父が権力を握り、成人男性といえどもその支配下にいるという構造から考えると、国家の支配に関われるのも、家父だけのように思われる。しかし、家子である男性も国家の支配に関与した。これはおそらく、男性だけが人に対する支配を行なえるという考え方があり、すべての男性が将来は家父になることから、国家の支配に関与する体制となっていたのであろう。なぜ男性だけなのかといえば、それはおそらくローマが軍事国家であり、「共同体戦士[76]」こそが国家にとり重要だったからだと考えられるのである。

国家や法に関して女性は男性より権利を認められていなかったとはいえ、事実上女性が尊重されていなかったわけではない。そもそもローマ人は、キリスト教とは異なり、性欲を動物としての自然の原因であると認めており[77]、女性と男性の結びつきを自然的なものと理解していた。そして、男女の間に権力的な関係を想定していなかったのである。たとえば、「結婚は男性と女性が結合することであり、人生全体にわたるパートナーシップである」「(すべての生物に共通な自然の法から）男性と女性の結合が生ずる。それを私たちは結婚という。ここから子どもを産み、育てるということが続く[78]」というように、男女の関係はパートナーシップだと考えられていたのである。このようにして生まれた生命を引き受ける制度として「ファミリア」が存在したといえよう。

前述したように、「ファミリア」における「家母」は、事実上名誉ある地位を与えられ尊重されていたし、「ファミリア」の継承が認められなかったとしても、女性の葬儀においては彼女を悼む演説がなされた。また、ローマ人の墓碑銘には妻や母の生涯を称えたものが数多いという。[79] こうして古代ローマ人は、「ファミリア」において生存と継続が保障されることで、「自分たちの男女の子どもの子孫から、永遠に続く自分たちの記憶を残す」ことができると考えたのであった。[80]

以上のように古代ローマの「ファミリア」をめぐる構造は、非常に明快であった。その目的は、軍事国家ローマを存続させることだった。それゆえ「ファミリア」の基本原則は現実的な力に基づいていた。父権制はそのような考え方にたって作られた制度である。そしてその制度は、国家の法により保障された。しかし、家父権に関して町田実秀は、「ローマ人は、法律というものが、もともと一面的なものであって、法律だけで社会生活の全部をことごとく規制しつくすなどということは到底できるものではない、ということをはじめから明白に意識していたのである」と述べている。[81] そもそも現実を重視するローマ人であれば、現実の生活において女性の果たす役割が重要であると当然認識したであろう。それゆえ父権制が法律上確立されていても、「ファミリア」において女性は尊重されたし、「ファミリア」の外では女性は〈個人〉として独立して生活していたのであった。この法と現実のバランスが、古代ローマ国家の特徴である。それによって、表面的には非常に抑圧されているような女性も、実際はかなり独立した生活を送ることができたのであった。

第五節　ローマ法とホッブズの「ファミリー」

1　「母権」に基づく議論の困難性

ここからは、以上みてきたローマ法の構造が、ホッブズの「ファミリー」に関する議論にどのように影響しているのかを、詳しく検証したい。

まず気が付くのは、ホッブズの論じた支配の三形態が、人間の法的地位に変動を引き起こすローマ法の三種の基準に類似していることである。ローマ法上の基準とは、自由人と奴隷を分ける「自由（libertas）」、市民と外国人とを分ける「市民権（civitas）」、そして「ファミリアにおける地位（familia）」である。ホッブズは一貫して、人間の間に支配関係が生じるのは三つの方法によるとして、戦争の勝者が敗者を従わせることで主人として持つ「専制的支配」と、親が子に対して持つ「父権的支配」、そして任意に従うことにより成立する「主権的支配」をあげている。これらがそれぞれローマ法上の「自由」、「ファミリア」、「市民権」に対応することは明らかであろう。このような枠組みをふまえた上で、ホッブズの「母権」と「ファミリー」に関わる議論とローマ法との関連をみてみよう。

女性に関わるホッブズの議論において最も問題となるのは、『市民論』と『法の原理』において「ファミリー」の定義が異なり、前者の「ファミリー」のメンバーから母が消えてしまうという点である。この理由を解明するために、『法の原理』と『市民論』において「ファミリー」形成に至るプロセスがどのように説明されているかを詳しく見ることにしたい。

まず『法の原理』においては、次のように議論が展開されている。ホッブズは、「自然状態」において生まれた子どもの生死は母が握っているので、子どもに対する支配権を母が持つと論じた上で、その「母権」がどのように他の人に移るのかを記述する。
まず母が子を遺棄することで「母権」を自発的に放棄する場合である。この時は、子に対する母の権利は子どもを拾った人に移る。その後、母に対して他の人が子に対する権利を移譲するよう要求するいくつかの場合が論じられる。その一つは強制による。これは、母を支配した主人が子どもに対する支配権も持つことである。もう一つは任意の契約による。すなわち、男女の性を介した関係において、どのように子どもに対する支配権が移譲されるのかという議論である。それには三つの場合がある。まず最初に、単に性交だけをするという契約を結んだ場合。次に、共に生活するとしても、ベッドだけを共にするという契約を結んだ場合。この時「女性は妾と呼ばれる」とホッブズは述べる。この二つの場合には、「母権」は契約によってのみ移譲される。最後に、すべてのものを共同にするという最も強固な結合として婚姻関係が成立した場合。この時にも、基本的に子どもに対する支配権は、母父どちらが持ってもかまわないとホッブズは論じている。そして、ここから生じる「ファミリー」の定義は、「父または母、もしくはその両方と……」と述べられる。すなわち、『法の原理』における説明は、一貫して男女の対等性に基づき論じられている。しかし「ファミリー」の支配権は、父または主人が持つとされている。[82] この点だけが、議論の他の部分と整合的でない。[83]
この『法の原理』における説明は、全体が「自然状態」という法の縛りがない状態を前提として論じられている。そして、現実に母が子どもに対する権力を持っている時、母がどのように行動したら、「母権」が具体的に他の人にいかに移譲され得るのかという観点から考えられている。そのプロセスは、主として男女を軸とした契約関係として考えられている。また、男女関係に関する検討も具体的で詳細である。男女関係が契約により結ばれることで、実際どのようなことが起こるのかという議論である。基本的には「夫と妻」という婚姻関係も含め、子に対する権利は男女どちらにも属し得るという考えが貫かれている。さらに「ファミリー」の定義に母も含まれ、その点から見ると、現実の家族関係を反映したものとなっている。このような現実に基づく議論の中で違和感があるのが、「ファミリー」の支配権を父が持つとされる部分である。

次に、『市民論』ではどのように議論が展開されているか。ホッブズはまず、子どもははじめ母の権力下にあると述べる。それゆえ母は主人でもあるという。ホッブズはここで、男性が性として優れているがゆえに男性がこの時点で子どもに対する主人としての権力を持つという議論には根拠がないと、一蹴している。なぜなら、男性と女性の自然的な強さはほとんど同等だからだというのである。そして、母の子に対する支配権力がどのように他の人に移譲されるかを論じる。一つめが、母が子を遺棄した場合。二つめが母が捕虜になった場合。三番目に、母がコモンウェルスの市民である場合も、母の持つものすべてが主権者に属するので、当然子どもも主権者の支配下にあると論じられる。

『法の原理』と微妙に異なり、「コモンウェルス」における市民である場合が付け加わったこの説明は、実はホッブズの議論の展開における大きな変化を示している。母に関して論じられているこの三種の子どもの地位の変動は、先に論じたローマ法の枠組みにおいて、人間の法的地位に変動を引き起こす三種の基準に当てはまる。すなわち、順に「ファミリア」、「自由」、「市民権」である。「ファミリア」について見るとローマでは「父権的支配」が確立していたので、権力の観点からすれば母が子どもを遺棄することはありえないが、子どもに対する本源的権力として「母権」を設定していたホッブズは、父を母に置き換えて論じたと考えられるのである。

続く男女の関係に関する説明は、一読すると非常に混乱しているように見える。ホッブズはまず、上の三つの場合に続く第四の場合として、もし女性が、男性が権力を握るという条件において、その男性と自分の人生を分け合うことにするとしたら、彼らの共通の子どもは、父が母に対して権力を持っているがゆえに、父に属する。しかし、もし母が権力を持てば、臣下との間にできた子どもは、母に属すると述べる。その上で、一般には、もし男性と女性の関係が、一方が他方の権力下にあるような「ユニオン（union）」ならば、子どもは権力を持つほうに属すると論じる。

彼はさらに項を改めて、「自然状態」において、男性と女性がどちらも互いの権力下にないような「パートナーシップ」の関係になったなら、子どもは基本的に母に属し、契約によってのみそれは移譲されると論じる。しかし「コモンウェルス」で男女がともに生活するという契約をしたなら、生まれた子どもは父に属する。なぜなら、「ファミリー」の父たちが「コモンウェルス」を建てたので、家庭での権力は男性に属するからだと論じるのである。その時男女の契約が国家法に従っているならそれは「婚姻」と呼ばれるが、もし「共棲」だけであるなら、子どもの帰属は国家法の規定に従うと述べるのである。(84)

すなわちホッブズは、男女の関係について、「ユニオン」「パートナーシップ」「共棲」に分けているが、ここでは、「自然状態」と「コモンウェルス」、正統な婚姻か否か、また子どもに対する権力が父と母のどちらにあるとするのかという点において、ホッブズとしては珍しく議論が混乱しているように見える。しかしこれに関しても、ローマ法の概念を当てはめてみると、彼の意図が読み解けるのである。

ホッブズは、「母権」の存在から議論を始めているので、すべてが男女の権利の対等性を前提としているが、まず、「ユニオン」はローマ法の「手権婚」を前提にしていると考えられる。ローマ法では、婚姻後女性が男性の「ファミリア」に帰属し「父権的権力」のもとに入ると、自分自身の人格も含め女性の所有していたすべての物が夫の物となった。そのような一体性を、ホッブズは「ユニオン」と呼んだのである。そして、女性がこのように「ファミリア」に属すことは、国家法による地位の変動を引き起こす。それゆえ、ホッブズは、この場合を国家法による法的地位に変動を与える「第四の場合」として論じたのであろう。

項を改めて論じられる「パートナーシップ」と「共棲」は、それぞれローマ法における「自由婚」と正統な婚姻として認められない「共棲」関係を意味すると考えられる。現代の我々からみても理解が難しいローマ法上の婚姻関係については、さすがのホッブズもうまく整理できなかったように思われる。前述したような国家法によって婚姻の正統性を認めるというホッブズの立場からすると、国家法からまったく独立した「自由婚」は、正統性を持たない（すなわち『法の原理』で論じられた「妾」の状態にあたる）が、ローマ法上は正統な婚姻である。それゆえ彼は、このような婚姻を国家法の範囲外の「自然状態」におけるものとして議論することにした。そうすればどのような契約も許され、正統性を持つ。そして、子どもに対する権力は母が持つ。しかし実際は、ローマ「国家」においてそれは正統な婚姻として認められ、子どもは父の「ファミリア」に帰属するとされていた。それゆえホッブズは続いてその状態を説明するために、ローマ国家のように父たちがコモンウェルスを建てて父たちに「家庭での統治」の権力が属するならば、子どもが父に属するのだと述べた。すなわちホッブズ独自の論理に基づく母権の可能性は、議論をローマ国家の現実にあわせることで消えてしまったのである。実際マンテによれば、ローマ国家は、古くから定住していた市民が、この都市の「父たち（patres）」として権力を掌握したことから始まるというのだから。[85]

そのうえでホッブズは、「自由婚」的「パートナーシップ」が（ローマにおけるように）国家法に従ったものなら正統な婚姻になり、そうでなければ「共棲」となると論じたのである。「共棲」という概念も、『法の原理』において共同関係の中でベッドだけを共にする女性を「妾と呼ぶ」と述べた時の使い方とは異なっている。『市民論』はラテン語で書かれていたので、ローマ法上の用語と同様な言葉を使い表現されているのである。さらに、『法の原理』で述べられていた単に性交をするだけの関係が省かれている。これは、考察が現実の男女関係に焦点をあてたものから、ローマ法を前提とした子どもに対する法的権利に絞られたからであろう。

ホッブズは『市民論』において、ローマ法の概念枠組みを使って婚姻関係を説明しようと考えた。しかし、彼が婚姻や家族の関係を国家法により正統化しようとしたこと、そして「母権」の存在から議論を始め、男性と女性の権力の帰属について対等に論じようとしたことは、婚姻を完全に当人同士の意志のみにより成立すると考え、「ファミリア」に関する法的権力を父権的権力で統一しているローマ法を下敷きにした場合、大きな混乱を引き起こした。それゆえホッブズは、国家においては常に「父権」が成立することにしてしまったのである。そして、「ファミリー」の定義についてもローマ法的なものに変更した。前述したように、ローマにおける婚姻は事実行為だったので、ローマ法上の「ファミリア」において女性が「妻」として法的地位を持つことはない。夫の「ファミリア」にまったく属さないか、「娘」として属すかなのである。それゆえ『市民論』では母は「ファミリー」から姿を消し、父と子ども、そして奴隷が、「父権的権力」のもとで一つの「公人格」として結合すると、それは「ファミリー」と呼ばれると述べられる。これがローマ法における「ファミリア」の構造であり、ラテン語で書かれていれば、読者がそのことを容易に連想できたであろうことは、前述したとおりである。

おそらくホッブズは、彼自身このような概念の混乱と論理の矛盾に気が付いたのだろう。『リヴァイアサン』では、「ファミリー」に関連する「専制的支配」と「父権的支配」についての論述が大幅に削られ、一つの章にまとめられてしまう。そして、後述するフィルマーの議論に代表されるような当時「父権的支配」の根拠とされていた、子どもに対する支配権は父が「産ませる」ことにあるという主張に対し、男性と女性の共同であるので両者に属するという点と、「自然状態」においては婚姻に関する法がないので原初的な権力は「母権」であるという二点が述べられる。しかし、婚姻関係がどのような形態において、どのように成立するかについての分析はなく、すべて「コモンウェルス」における国家法によるものとされてしまう。そして、いつのまにか君主の継承の問題に話が展開していくのである。

ホッブズが、『法の原理』の時点から子どもに対する親の権力の考察を行なう際にローマ法を念頭においていたことは、さまざまな叙述からうかがえる。たとえば彼は、「それゆえ子どもは、父または母もしくは誰であれ、育て保護してくれた人に対して最も絶対的に従属する。そしてその人々は、自然法によって、彼または彼女の良心において必要だと考える時には、子どもを売ったり、養子に出したり、奉公に出したりして、彼らの支配を移譲する。もしくは人質に出したり、反逆を理由に殺したり、平和のために犠牲に供したりする[86]」と述べているのだが、この内容はまさに、ローマにおいて家父権力により行なうことのできたさまざまなことであることがわかるであろう。他にも、家父権力の行使において問題となる奇形児が生まれた時の「ファミリア」への帰属の承認についても、国家法が決める問題として触れている[87]。しかし『法の原理』では、婚姻と家族に関しては、ローマ法には完全に基づいてはいなかった。

ホッブズは、『市民論』において初めて完全にローマ法的な枠組みで議論を展開しようとしたのだと思われる。しかし、家族に関してはその試みは失敗におわったと考え、『リヴァイアサン』においてはそれについて議論することをやめてしまったのであろう。男性中心の「父権的権力」が貫徹しているローマ法の構造で、男女の対等な権力を前提にし、「母権」に発する議論を展開するのは無理であった。しかし、最終的にホッブズが『リヴァイアサン』においてそのような可能性についての議論を放棄してしまったとしても、彼がその経過を書き残すことで、「母権」が「父権」に転換されるのは、「ユニオン」としての婚姻関係の中で男性が統治の権利を持ち、国家が父権的な法によりそれを固定化することによるのだということを、明らかに示してみせたのであった。

2　「父権的権力」の本質と生命の継続性

前述したように、ホッブズは『リヴァイアサン』において「母権」の「父権」への転換に関する議論を省略し、君主の継承の議論につなげてしまった。しかしそのことは、単なるローマ法的枠組の放棄と考えられるべきではない。彼の議論の展開において、このような変化は重要な意味を持っていた。彼は、ローマ法上の「父権的権力」を論じる中で権力の本質をつかみ、『リヴァイアサン』において国家権力の問題として展開したと考えられるのである。先にローマ法上の家父は、家子の生存と自分の継承を確保することがその任務であったと述べた。女性が「ファミリア」において自分の財産を所有することはできても、家子に対する権力を持ちえないのは、自分の生存は保障されるが、自分を継承させる権利を認められていなかったという意味であることも前述した。おそらくホッブズが「ファミリア」における「父権的権力」を分析することで理解した権力の本質も、「父権的権力」が権力下にある人々の生存を保障すると共に、人間の継承をも保障するという点であったと思われる。「自然状態」からコモンウェルスへの移動は、人々が生存をめざすためであることは彼の議論の出発点であった。しかし継承の問題については、徐々に考えが明確になり、『リヴァイアサン』において十全に展開されたと考えられるのである。

継承に関して『法の原理』では、君主の持つ主権を継承させる権利として論じられている。そして、基本的には主権者の意志に従うべきであると述べられる。その後は通常の君主の継承の議論である。『市民論』でホッブズは、家父権力の二つの意味、すなわち人々の現在の生を保障するために持つ「所有権（the right of possession）」と並んで「継承の権利（the right of succession）[88]」を君主の権利として記述し、それゆえ君主には後継者を指名する決定権があると論じている。通常「継承権」とは、自分が誰かを正統に継承し得ることを主張する権利であるが、ホッブズが君主に関して述べた「継承の権利」とは、自分を誰かに引き継がせることができる権利なので、「継承させる権利」と呼ぶのがふさわしいだろう。しかし実際の継承の仕方に関しては、君主の遺言が第一に挙げられているとはいえ、以下『法の原理』と同様の継承の議論が展開されている。

これに対し『リヴァイアサン』では、「コモンウェルス」の継続性が明確に示され、同書の執筆において彼がめざした議論に関して重要な論点を提示する。彼は第一九章の「継承の権利について」という注記のついた箇所で、次のように論じる。「人間の平和の保持のために、人工的人格という秩序を作ったように、人工的な永遠の生命のための秩序も作る必要がある。……この人工的な永遠性は、人々が継承の権利と呼ぶものである」[89]。すなわちホッブズは、ローマにおける「父権的権力」を学ぶ中で、婚姻や家族のあり方については整合的に説明できなかったのだが、「父権的権力」の本質である現在の生の保障と、将来への生の継続性を保障することで国家の継続性を保障するという任務の必要性を理解し、それを『リヴァイアサン』において国家権力に関して論じたのである。ホッブズがそもそも『リヴァイアサン』を執筆したのは、キリスト教の教説を解体し、死に対する無用な恐怖から人々を解放し人々の生を保障するためであった。そのために地上の権力として「人工的人格」である「リヴァイアサン」の創設を論じたのであった。

しかし、現在の人間の生存を保障するだけでは、キリスト教の教義にある「永遠の生命」を保障することはできない。それゆえ彼は、世代の継続がそれに代わるものだと考え、男女の関係もそのために必要だと論じたのであった。すなわち、「個々の人格における不死性」ではなく「人類という種の不死性」[90]をめざすのである。それはもちろん個々の男女が子どもを産むことによるのだが、ホッブズはそれを国家権力の問題として考えた。すなわち、個々の男女が生存を保障され、子どもを育て生命を継続していくためには、国家による平和が必要となる。それを保障するのが「コモンウェルス」の権力なのであった。そしてその権力が順調に継承されていくことが、「コモンウェルス」の継続を保障する。それにより人間の生命は「種として」継承されるのだとホッブズは考えたのである。それが先に引用した「人工的人格」と「人工的な永遠の生命」の意味である。これが、キリスト教のめざしていた「自然的人格」の「永遠の生命」に対抗する概念であるのは明らかであろう（図1参照）[91]。

この「生命の継承」という問題について、ホッブズはかなり早い段階から考えていたと思われる。近年になってホッブズの著作であろうとみなされるようになった『ローマ論（A Discourse of Rome）』[92]の中で、ホッブズは興味深い議論を展開している。『ローマ論』そのものは、タックによれば「旅行案内」のような内容なのだが、その中でホッブズは、ローマにおける彫像などの記念碑は、ローマ人が自分の死後の「不死性」を知らなかったので、自分たちの記憶を残すために作ったのだと述べる。前述したように、ローマ人は「永遠に続く自分たちの記憶を残す」ことを重要だと考えていた。ホッブズはそれについて的確に理解していたといえよう。そして、ローマにおいて彫像としてその姿を残されている人々は、その徳や勇気によりいわば神格化されている。もし人々が（キリスト教の教えのような）「死後の永遠性」を知らないのであれば、こうしたことは人々に対する徳や勇気に関する影響において、宗教よりもよい効果を生むだろうと述べるのである。(93) そのうえでホッブズは、ここから生じる無神論の例として、鋭い判断力や理解力で知られていたローマ人が、彫像による外面的尊敬が主たる死後の幸福であると考えたことをあげ、彼らより知性の豊かな人の少ない衰退する今の世界において、それに代わる「不死性」を考える必要があるのだろうかと、キリスト教の「生命の永遠性」という教義を暗に批判する。(94)

科学的推論を第一と考えるホッブズにおいて、キリスト教の教義の根幹をなす「生命の永遠性」は、受け入れられないものであった。しかし、人々をとらえているその問題について回答を与えないわけにはいかない。そして、長年の考察の結果彼の出した答えが、「人工的人格」としての「リヴァイアサン」を作り、「人工的な永遠の生命」を保障することだったのである。

こうしてホッブズは、現世に生きる人間にとって必要な人間の生の保障すなわち自己保存と、人類としての永続性の確保を前提として、そのための秩序を作るのに必要な権力の問題を考えた。そして、「ファミリー」からコモンウェルスに至る権力の形成過程を詳しく論じたのであった。彼は、革命に至る当時のイングランドにおける緊迫した政治状況の中でそれらを考察した。次章では、その時代にはどのような政治理論が論じられていたのかを見た上で、ホッブズに対抗する理論ともいえるフィルマーの「父権論」について詳しく分析することにしたい。

第六章　王権の起源と形態

第一節　王権と父権との関係

1　王権をめぐる論争の文脈

これまで見たように、ホッブズはローマ法を参考として、キリスト教による世界の秩序構造に対抗する人間の秩序を、コモンウェルスという形で構想した。そこには彼がローマの権力論の中に見出した、権力の二つの本質が含まれていたのである。しかし彼がこのような構想を提出したのは、当時の政治的闘争を解決するという現実の必要に対応するためであった。それゆえ本章では、当時の政治状況においてどのような議論が唱えられ、その中でホッブズの議論がどのような意味を持つのかを検証してみたい。

ホッブズの生きた一七世紀のイングランドでは、王権をめぐってさまざまな立場から激しい論争が繰り広げられた。そこでは王権の起源と王権の性質とについてさまざまな組合せの議論が展開されたが、主要な論点は、王権の起源は人民にあるのか神から与えられたのかという点、そして、王権は絶対的であるのか制限されるものなのかという点にあったといえよう。女性の観点から政治理論を再検討する時、王権の起源がどこに求められ、父権との関係がどのように論じられたかを見ることが重要である。

本章では、当時の政治理論が権力の構造をどのように考えていたかについて、分析を行なう。まずはじめに、一七世紀の前半に王権をめぐってどのような説が展開されていたかを、父権との関係に注目しながら見ていく。その中心は、王権の起源は神の与えた父権にあると唱える父権論者と、それに対抗して王権の起源を人民の共同体に求める論者である。ここでは父権論の代表的論者であったフィルマーの議論を考察する。彼の「父権論」において神の秩序との関係、権力の起源などがどのように論じられているのかを検討し、それをホッブズの権力論そして家族の中の支配関係と対比して考察することで、ホッブズの議論の特徴が明らかになるであろう。

一七世紀初頭のイングランドにおける内乱前の政治状況とイデオロギーとを詳しく分析したサマヴィルによれば、当時王権をめぐっては、神授権説、王権は人民からの移譲に基づくとする説、そして法によりそれを説明しようとする説の三つがあった。しかもそれらをめぐっては、王、国教会派、カトリック、カルヴァン派、コモン・ロー学者などが、時と状況に応じて意見を変えながら論争を繰り広げていた。コモン・ロー学者の議論に関しては後に詳しく論じるので、ここでは政治理論としての神授権説ならびに人民からの移譲論を考察する。その論争の内容の検討に入る前に、当時のヨーロッパにおける思想的潮流がどのようになっていたかを見ておきたい。

中世初期の人々は、アウグスティヌスの教説の影響により、人間性は腐敗しきっているため、この世において正しい政治社会は成立しえないと考えていた。この考え方は「政治的アウグスティヌス主義」と呼ばれる。しかし一三世紀のアリストテレスの発見は、ヨーロッパにおける知的革命をもたらした。そして、人間は生来政治的動物であるという彼の主張が、政治的アウグスティヌス主義への攻撃に使われるようになったという(1)。

この一三世紀における論争において最も影響力を持ったのが、トマス・アキナスである。女性に関わる彼の議論については第七章で考察するが、アキナスはアリストテレスを翻訳し、アウグスティヌスの見解との折衷を試みた。人間に関する議論において彼は、神は人間に目標を与え、その目標を認識し達成できるような手段すなわち理性を、人間性の中に植え付けたと主張した。そのうちの一つの目標が、この世の生における健康と幸福である。人間は神がすべての人に植え付けた理性に従うことで、この世の幸福を得ることができる。この理性の教えは「自然の法」と呼ばれ得るものであり、「自然の法」は神の法である。なぜならそれは、創造の時に神が人間の自然の性質の中に刻印した司令の束からなっているからである。この中に、人間が共に政治社会において生きるべきだという指示が含まれるとされる。なぜなら、それにより人類の物質的福祉が確保されるからである。それゆえ統治は、すべての人間にとって「自然」のことだとされた。これが、神と人間のこの世の生活におけるあり方についてのアキナスの説明である。

こうして中世後期には、このようなアキナスの理論がヨーロッパ中の大学の正統な教えとなり、政治社会は、神による「自然の法」に基礎を持つと考えられるようになった。それゆえ、神による「自然の法」は人間の法に優越するとされた。第八章で分析するように、このような「自然法」の考え方は、一七世紀初頭のイングランドにも影響を与え、政治思想の中心を占めた。(2) それゆえ、当時論争を闘わせた人々の間では、論争の前提としていくつかの点が共通理解とされていた。第一に「自然法」は人間の法より優先すること。第二に、政治社会は「原罪」後の人間にとり当然のものとしてあるということである。それゆえ、統治（government）も当然必要だと考えられた。これに関しては、すべての宗派が合意していた。(3) すなわち、統治は「自然の作者」である神の定めたものであり、自然的なもので、人工的に作るものではないと考えられていたのである。(4)

このように人間にとって統治が神の定めた自然のものとしてあるなら、次の問題は、神が統治権力を誰に与えたのかである。それについてイングランドでは、さまざまな立場からさまざまな主張がなされたが、それらを類型化すると次のようになると思われる[5]。まず、立場の違いは三つに分かれる。一つめは、王権の絶対性を主張する立場である。これは教皇権に対抗し、王に対する人民の抵抗権を否定することを主眼とする立場である。次に、カトリックの側から教皇権の絶対性を主張し、王に対する抵抗、王の廃位は可能であることを主張する立場があった。そして最後が、人民は王の暴政に抵抗できるとする立場である。これら三つの立場から政治権力の起源が論じられたが、その争点は、現在の王の権力が、直接神からきているのか（神授権説）、もしくは直接人民からきているのか（人民からの移譲説）、あるいは何らかの仲介を経て神からきているのか（指名説）にあった[6]。先の三つの立場が単純に特定の議論に対応するのではなく、立場の違いをこえてこれらが争われたが、ここでは、キリスト教と家族の父権に注目し、議論の整理を試みたい。

そもそもこうした論争が始まったのは、一六世紀の終わり頃、宗教改革後のヨーロッパ大陸で、盛んに王の宗教弾圧に対する抵抗論が唱えられたことによる。抵抗論の主要な論点は、原初的政治権力は神の「自然法」により人民の共同体全体に与えられ、人民が条件を付して王に移譲したというものであった[7]。この議論は、カトリック、プロテスタント両方の論者によって唱えられた。

カトリックの代表的な論者が、イエズス会のメンバーで枢機卿だったベラルミーネである。彼が属していたトマス主義者といわれる人々の議論については後述するが、彼は、父の権力と王の権力はまったく異なるものであり、また、家族は国家ではないと主張した。彼によれば、父の家族に対する権利は神から直接与えられ、子どもの合意によるものではないが、王の権力ははじめ共同体全体にあり、条件を付して王に移譲された。代々の王はその移譲の条件を引き継ぐ形で王となるがゆえに、王がその条件を果たさないならば、抵抗することができると論じたのである。王権に関する同様の議論は、プロテスタントからも唱えられた。その代表がスコットランドのブキャナンである。[8] すなわちこれらの論者は、家族における父の権力と国家における王の権力の起源は異なり、王の権力は人民から移譲されたがゆえに限定的であり、王権に対する抵抗権は認められると主張したのであった。

このような議論の影響がイングランドにも及ぶようになり、王の側はそれに対抗する論理が必要となった。そこで登場したのが、神授権説である。[9] 王権の絶対性を擁護し、その根拠を神の授権におく論者たちは、一つは人民の共同体は王を指名するだけで、王権は神から直接与えられたという議論（指名説）を展開した。また、父権と王権を同一のものであると主張し、父権の拡大が王権をもたらしたとする主張も存在した。それが父権論である。

その代表的な論者が国教会の牧師であったサラヴィアである。彼は聖書を引用し、人間はもともと自由に生まれついていない。人間はみな家族の中に生まれ、家父に従ってきた。人間の最初の共同体は、平等な権利を持つ市民の作る共同体ではなく、家父の支配する家族なのであると論じた。そして彼は、「創世記」にあるように、初期の父たちは家族を王として支配したが、何世紀もかけてその家族が拡大し、父たちの支配権は長子相続により引き継がれてきたのだと主張する。家族が拡大し国家になってしまうと、王は臣民の直接の系統ではなくなるかもしれないが、その権力は最初の父であるアダムが神から授けられたものを引き継いでいると論じた。王権の起源と継承がこのように考えられたため、王権は絶対的で不可分であり、神に対してのみ責任があると、サラヴィアは主張したのであった。

サマヴィルによれば、エリザベス一世統治下の一五九三年に書かれたこのサラヴィアの本は、女王の印刷局で印刷された。これは女王の公的な認可があったことを示唆するという。そして、王の権力は神のみに由来するという教義は、初期スチュアート朝の正統な教えとなった。[10] この本は、政治的権威の起源と性質についての論争が最高潮に達していた一六一一年に再版され、王権の起源を父であることにより説明しようとする論者たちに影響を与えたという。[11] フィルマーもそのひとりである。彼の主張の多くは、当時の論争においてすでに提示されていた内容であった[12]。このように王権の絶対性の根拠を神に求める議論は、それゆえ、王は神に対してのみ責任を負い、人民は王に対して抵抗できないという主張を含んでいたのである。

しかし本書の関心から注目すべきは、これらすべての議論において、先述したアリストテレスとアキナスの思想が反映されていたことである。すなわち王権の目的は公共の善を確保することであり、「自然法」による縛りがかかっていると考えられていた[13]。サマヴィルは、絶対主義者の議論における聖書とのアナロジーや引用が一七世紀を通じて減っていくのは事実だが、この傾向を過大評価すべきではないと述べて、聖書と理性は両立すると考えられていたと書いている。それは、プロテスタントも同様であった[14]。そして、一七世紀を通じて神は大きな存在であり、「自然の法」は神の法であった。また、神が自然と理性の作者であり、理性は神の恩寵の光なしにはつまずくことがあると考えられていたと述べている[15]。

また、すべての議論において、家族における父の支配が当然のものとして、また神の定めたものとして認められていたことも重要である。これには、当時の父の立場に関する一般的理解も関わっている。サマヴィルによれば、一七世紀のイングランドにおいて、基本的な社会単位は家族であり、その頭《かしら》は父であった。社会は家族の集まりであり、その頭である父たちだけが政治的権力に与れたのである。女性、子どもそして召使は、彼らの父であり主人である人の人格に包摂された。

こうした背景があったため、当時の権力をめぐる論争に関わったすべての論者は、「人間（man）」や「人民（people, multitude）」という語を使った時にも、それらは家族の頭である父たちを当然意味すると考えていた。それは、王権の絶対性を主張した論者だけでなく、ピューリタンたちも「人民（people）」とは家政の頭のことであると考えていたし、最も民主主義的な主張を展開したと考えられている「水平派（Levellers）」でも、召使や徒弟たちは主人の人格に含まれるとみなしていた。そして、このような家族における男性の権威は、神から与えられたと一般に考えられていたのである。[16] ホッブズの議論との関係において、ここでは、人民が原初的権力を持っていたと主張する当時の論者の議論も、すべて家族の父である男性から出発していたのであり、王に権力を移譲する主体は家父たちであったということを押さえておきたい。

以上のような文脈を理解した上で、王権と父権をめぐる議論においてホッブズの対極にあると思われるフィルマーが、具体的にどのような議論を展開したかを見ていくことにする。[17]

2　フィルマーの「父権論」

フィルマーは、ホッブズと同じ一五八八年に生まれ、ホッブズと同時代を生きた人物である。彼の「父権論」は、近代国家の基礎をなす契約説に対抗する代表的な議論と考えられている。しかし、王権の性質についてはホッブズと類似しており、それにもかかわらずその起源に関しては、ホッブズと正反対の根拠に基づき展開されている。このような奇妙な対称ともいえる二人の議論はどのように理解されるべきなのであろうか。

フィルマーの考えは複雑なものではない。彼は、すべての議論は聖書に基づき導きだされるべきだと考える。聖書には「創造の歴史の真実」が書かれている。そして、政体についての議論は、聖書の記述を証拠として示すべきだと主張する。[18] 彼は、聖書の「創世記」において、神がアダムに対してイヴを支配するよう命じたことこそが、すべての人類の「父」に与えられた全権力の源泉であると考える。

アダムが「妻」であるイヴに対する支配権を持つことが、なぜすべての人類の「父」としての権力の源泉となるのであろうか。[19] フィルマーは、「創世記」において「原罪」を犯したあとに神がイヴに対してアダムへの服従を命じたことを述べ、その神の命令から三つのことが導きだされると解釈する。すなわち、その命令によって権力が与えられること、権力の形態は君主制に限られること、またアダムの系統が継承していくことである。[20] アダムは「人類最初の父として、単に権力を持っただけでなく、神から直接授権された父として君主的権力を持った。なぜなら、ひとりも臣民がいなくても、彼は創造されるやいなや神の任命により世界の王になったからである」[21]。アダムは、「行為」においてではなく「潜在性」により、創造された時から王であったとフィルマーは述べる[22]。「潜在性」とはすなわち、アダムからすべての人類が産み出されるという可能性である。その子どもを「産み出す（generation）」という行為において、男性は「より高貴で主要な動因であるがゆえに」[23]神は女性ではなく男性に、子どもに対する「父」としての主権を与えたと論じられる。この主張は聖書に根拠を持たないが[24]、フィルマーは、アダムが「父」という資格による支配を授権されたと解釈するのである。

フィルマーは、このように権力の起源を「創世記」に書かれたアダムに対する神による授権におく。さらにその「父」としての権力がどのように継承されていったかを、聖書におけるユダヤ民族の系譜に基づき論じる。アダムが神から与えられた権力とは、神が秩序を創る力すなわち法を創る権力である。それは、はじめ家族に対する権力であったのだが、家族が拡大することで王国ができ、それにより、直接の親族だけでなく同胞を支配する者として、アダムからの継承者が権力を引き継いでいったと論じたのである[25]。

フィルマーも認識していたように、権力の根拠は異にしても、彼の議論の内容にはホッブズとの類似点が多い。まず、アナーキーを防ぐために、法の判定者としての絶対的王権の必要性が主張され[26]、民主政における反乱の危険性が述べられる[27]。また、君主政を他の政体と比較した時、臣民の生命と富の保障という点からみて、君主政が優れていると主張する点も似ている[28]。そして、人々が政治に参加することからどのような混乱が引き起こされるかを論じ、民主政が望ましくないとする点も同様である[29]。フィルマーはこうした点から、ホッブズに向かって、自分の書いた覚え書きによって、ホッブズが、聖書からも理性によっても、設立した政府ではなく「父系相続による王国」の原則の上に、彼の構築物がもっと堅固なものとして建てられるだろうと考えてくれるよう願うと述べている[30]。

そしてフィルマーは、『リヴァイアサン』の「自然状態」における権力の発生に関する議論に対して詳細に反論した。彼は、ホッブズが「人間が茸のように突然生じる」と述べたことに対し、聖書はすべての人間がひとりの男から生まれ、継続してきたことを教える、「我々は、創造の歴史の真実を否定するべきではない」[31]と反論したのである。また、ホッブズの論じた「自然状態」が悲惨な状態として描かれているのに対して、神が人間を獣よりひどい状態の中に創造したと考えるべきではないと主張する。人間が創造された時の自然の状態は、平和で、人間が自己を保存するのに必要なものは十分に保障されていたのだと考えるのである。

問題は権力の根拠をどこにおくかである。フィルマーは支配権が父にあるとした。男性が最初に女性に対する権力を神から授けられ、そのあと子どもを産み出すことにより、全人類に対する支配権を持つとしたのである。それに対しホッブズが子どもを支配する原初的権力を母においたのは、フィルマーの父権論に対抗するためであると考えられる。これまで見たように、ホッブズの権力論においては、自然的な権力は征服と生殖という異なる二つの起源を持つとされたが、フィルマーの考える権力の起源は、人間を産み出すことによる「父権」のみの一元的なものである。彼は、ホッブズの征服に基づく権力についても批判している[32]。

このようにフィルマーは、権力の起源とその継承に関しては「創世記」に依拠しているが、彼の基本的な主張には宗教性がなく、政治的な観点から論じられている。彼は、人間の自然的自由を主張する論者に対して、自由への欲望がアダムの堕落の原因であることを忘れていると警告するが[33]、彼の論じる「原罪」はまったく宗教的含意を持たない。イヴに対しても、第二章で見たような教会により行なわれてきた道徳的な非難をすることはない。彼は、イヴが「原罪」を犯したのは無知だったからであり、悪魔のようにそれについての憎むべき知識を以て行なったのではない。それゆえ、単なる間違いだと解釈する。彼女は憎むべき存在というより哀れむべき存在なのである。女性は父と子を媒介するためにあり、夫を補完する存在として位置づけられる[34]。フィルマーは聖書に依拠して権力の問題を論じたが、彼の関心は、もっぱら現実の国家における支配権力に向けられているのである(35)。

サマヴィルによれば、フィルマーの権力論は、主としてボダンに依拠しているという。それゆえ、絶対的権力を擁護するという意味でホッブズとの類似も見られる。そして、権力の起源については異なっていても、最終的に父による支配を認めるという点でもホッブズと共通するのである。次に、フィルマーとホッブズの「父権的支配」を、詳しく比較考察することにしたい。

第二節　権力論の構造

1 「父権論」と「父系相続による王国」

『法の原理』の「父権」に関する章のタイトルは、「父権および父系相続による王国について」と書かれている（『市民論』では「父権」の部分が「両親の子どもに対する権利」と変わっている）。ホッブズは、母権の移譲後に父としての権力が「ファミリー」において確立されることを論じ、それが自己を防衛できるほど大きくなることで、「父系相続による王国」が成立すると論じている。すなわち「父系相続による王国」においては、その王の権力は父としての権力と同質であり、またファミリーは国家と同質だと論じているのである。王の権力を父としての権力と同じものとみなし、ファミリーの父としての支配が王の支配につながると考える点で、ホッブズの「父系相続による王国」の議論は、フィルマーの「父権論」と同じ構造を持つ。

しかし、その論拠はまったく異なる。フィルマーの場合は、アダムがイヴを支配し、彼らに続く人類を「産み出す（generation）」ことが、人間に対する「父」としての権力の根拠とされていた。それに対してホッブズは、「産み出す」ことを根拠にすることを何度も批判する。親の子どもに対する支配は、まず女性が子どもを産むことから始まるが、「産み出す」ことは権力のもとにはならないとホッブズは何度も確認している。母の権力は、「生命を保護する」ことを根拠として成立する。そのあと子どもが母の支配に合意するという手続きを経て、女性が合意して夫の支配下に入ることにより、母の子どもに対する権利も、「父」としての夫に移譲される。それにより、子どもも父に従うことになると論じたのであった。

「父権」の根拠だけでなく、その継承（succession）に関しても、ホッブズはフィルマーとまったく異なる議論を展開した。フィルマーは、アダムが神から与えられた父としての権力がそのまま長子相続で継承され、家族が国家として発展していくことで、現在の王権に至るとする。ホッブズの論じる「父系相続による王国」とは、「ファミリー」が大きく多数になって自己を防衛できるようになった国家を意味する。[36] すなわちファミリーから国家への発展においてはフィルマーと同様である。しかし継承に関する議論は重要な違いを見せる。

ホッブズは、この「父系相続による王国」の議論のあとに、どのように主権が継承されていくのかについて「継承の権利」として論じている。『法の原理』では、まず「継承」の問題が起こるのは君主制の場合だけであると述べられる。そして、王は絶対的な支配権を持つので、彼自身の「意志（will）」により後継者を定めることができると論じる。この部分は、『市民論』ではやや明確さを欠く表現になっている。そこでは、継承の問題が起こるのは絶対君主制の場合だけであり、君主が「遺言（will）」により後継者を「任命（institute）」した時には「その者が継承する」と書かれる。その後、人々が契約することで権力を王に移譲した「設立による王国」でも「父系相続による王国」でも王は同様の権利を持つので、すべての王が「意志（will）」により後継者を定めることができると述べられる。続いて、王の意志が明確でない場合の継承の順位が検討される。自分の子ども、またその中では男子が優先され、長子や直系が優先されるという。この部分は通常の王位継承の議論である。

しかし、ホッブズがこれらを一般的な主権の継承の議論であるかのように論じているにもかかわらず、それが

『法の原理』および『市民論』ともに父または両親の支配および父系相続による王国を論じる章にあり、「父系相続による王国」の議論に続いて述べられていること、また、継承に関して最初に、継承は王の「意志」によるとしたことは重要である。なぜならフィルマーに代表される神授権説の目的は、当時の王権が神による授権から続いていると主張することにあったからである。それはすなわち、王権の根拠は神の「意志」によりアダムに権力が与えられたことにあると考えるものである。それに対しホッブズは、代々続いてきた王国でも、その権力のはじめは母が子どもを産み養育するという事実にあり、母が合意することで権力が父に移譲され、「父権」が拡大して王権になった場合、その権力の継承は、王の「意志」によると主張したからである。それは人間を「産み出し」秩序を創り出すという、聖書に書かれた神の「意志」を起源とする神授権説に対して人間の「意志」を対置させ、神授権説を真っ向から否定するものであったといえよう。

ちなみに『リヴァイアサン』では、継承の問題は、「設立によるコモンウェルス」の政体の種類を検討する第一九章に収められている。そして、「人工的人格」として作られた「設立によるコモンウェルス」が、「人工的な永遠の生命」を続けるための問題として、詳しく検討されている。継承の優先順位自体は、それまでの議論と変わらない。また、『リヴァイアサン』には「父系相続による王国」に関する叙述がない。それゆえここでの議論の主眼は、「父系相続による王国」ではなく「設立によるコモンウェルス」の継続に移ったと考えられるのである。

このように見た時、フィルマーもホッブズも、「父権」の議論そのものは同様の構造を持ちながら、その根拠と継承の点に関してはまったく異なる議論を展開していたことがわかる。「父系相続による王国」の議論は、現代の我々が一読すると普通の国家の歴史を扱っているかのように見えるが、実は神授権説に対抗する主張だったと考えられる。そのような目的を持っていたからこそ、ホッブズは、「母権」から出発した議論を少々の論理的無理をおかしてでも「父権」の議論へと展開し、「ファミリー」で「父権」が成立し、それが国家へと発展していく「父系相続による王国」を論じたのであろう。当時の政治論は、すべて家族の父を出発点としていたことは、述べたとおりである。通常は、神授権説に対抗するためにホッブズは契約論を唱えたとされている。それゆえ彼の議論においては、「設立によるコモンウェルス」だけが注目される。しかし、神による授権と契約による設立という対比では二つの議論に溝がありすぎるであろう。人々にとり、ホッブズの契約論は単なる思考実験以上の意味は持たないことになる。その溝をうめるのが「獲得によるコモンウェルス」における「父系相続による王国」の議論である。ホッブズは、現に目の前に代々継続してきた王国がある以上、それがどのように成立したかについても、フィルマーと異なる説を展開する必要があった。その根拠と継承において、神に与えられた権力を否定し母を起源とすること、そして人間の意志により続くことを示したのが「父系相続による王国」の議論である。[37] すなわち同じく父系により続く国家を論じながら、フィルマーとホッブズの説は根拠と継承について正反対の内容であった。それゆえフィルマーは、「ホッブズの構築物は称賛するが、その基礎には反対だ」と述べたのである。[38]

2　「専制的支配」と「主権的支配」

以上のように、ホッブズの論じた三種の支配形態のうち、男女が惹かれあう関係から生じた「父権的支配」は、同様に男女の関係から出発する神授権説に対抗するものだと考えると、残りの「専制的支配」と「主権的支配」に関して、次のような解釈ができるように思われる。以下、これら二つの支配の成立に関するホッブズの議論を確認してみよう。

まずホッブズの述べる「自然状態」における敵対関係が、「専制的支配」および「主権的支配」の前提にあることは確かである。それゆえ男女が惹かれあう関係から始まる「父権的支配」とは前提が異なっている。そしてホッブズは、「専制的支配」すなわち主人の奴隷に対する支配は、戦闘における勝利により獲得されると述べ、「主権的支配」は、人々が意図し合意することにより成立すると論じる。『市民論』に書かれる「獲得によるコモンウェルス」と「設立によるコモンウェルス」の成立における違いは、敗北したあと勝者に対して服従するか、または征服を避けるために服従の道を選択するのかであると説明されている。

すなわちこの二つの支配関係は、敵対的な人間関係のある「自然状態」において、人間がどちらを選べばよいのかという選択肢を示していると考えられる。勝負をかけて敗北するか、その前に誰かの支配下に入ることを選ぶのかということである。人々は、生命を脅かす恐怖によってその選択を迫られる。そのことは『リヴァイアサン』において、前者は相手に対する恐怖から服従し、後者は人間相互の恐怖から誰かに服従することを選ぶと、端的に説明されている[39]。こうしてみると、この二つの支配関係は、ひと組みとして見ることのできる議論だと考えられる。それゆえ「設立によるコモンウェルス」と王権の内容に論点を移した『リヴァイアサン』では、「父権的支配」はほとんど言及されていない。

ここでの対立点は、戦争において、人間が戦闘という事実状態の結果として合意を強いられる状況に追い込まれるのか、それとも自らの意志により状況を先取りしようとするのかにある。すなわち、前者は戦争を実際に行ない敗北するという事実を突き付けられ、生命を支配される状況が生じることで、初めて人間が相手に服従することに合意する場合である。それが「専制的支配」の議論である。後者は、そうしたことを予測し実際の危険を回避するために、人間が自らの「意図」により権力を打ち建てその権力に従うことをめざすのである。そして、そのために合意し契約する。こうして「コモンウェルス」は「設立」される。しかし、そのような決断を迫られるのは、誰とも関係を持たない個々人なのだろうか。孤立した個々の人間が、「コモンウェルス」を設立するのであろうか。

以上の支配権力に関する議論をフィルマーも含めて整理すると、表1のようになる。このように全体を見渡しながら、ホッブズの権力論を構成し直してみたい。

表1　フィルマーとホッブズの権力論の構造

	フィルマー	獲得によるコモンウェルス 父権的支配	獲得によるコモンウェルス 専制的支配	設立によるコモンウェルス 主権的支配
人間の発生	神による創造 →男→女	きのこのように生じる ‖ 男女の平等		
楽園の状態／自然状態	神による平和 永遠の生命	自然状態における混乱 ↓ 男女が惹かれあう	個人同士が敵対	
権力の発生事由	神による アダムへの授権	人間の自然的力 ↓ 母が子を産み出す	征服による勝利	人間の意志
支配の成立	父が子を産み出す	生命の保障 ↓ 子の生命の保障	敗者の生命の保障	契約による設立
合意		子の合意 ⇒ 母権 母の合意	敗者の合意	意志による合意
権力の内容	アダムの 父としての権力	⇒ 母権の移譲 父　権 ‖ ファミリー	主人	コモンウェルスの主権
権力の継承	長男子相続	主権者の意志による継承 ↓ 父系相続による王国		主権者の意志による継承 ↓ 設立によるコモンウェルスの継続

まずホッブズは、「父権的支配」を神授権説に対抗するために論じた。そして、聖書に書かれフィルマーが主張する、人間は神が創ったという説に対して、人間が「茸のように」生まれてくるとした。そこで生まれた男性と女性の関係をフィルマーは支配関係としたが、ホッブズは平等な関係であると主張した。その上でフィルマーは、人間社会の秩序は、アダムが神から授権した権力により保たれると論じたのである。その権力は神が持っていた世界の秩序を創るための権力であるから、法を創る権力である。それに対しホッブズは、権力に関して詳細な分析を行なった。その権力の根拠としてフィルマーは、神が人間を産み、秩序を産む力をアダムに授けたと考えた。前述したように、人間と秩序を「産み出す（generation）」という考え方は、ホッブズにおいても権力論の骨格をなしている。その内容を詳しく見るために、ホッブズの議論を順追って確認してみよう。

人間が「茸のように」生じた後、何の拘束もない「自然状態」において考えられる人間同士の関係は、次の三つである。まず、誰とも関係を作らずひとりでいる状態。そして第二に、男女が惹かれあい関係を結ぶ状態。三番目として、個人同士が敵対し戦闘を行なう状態である。二番目の関係が結ばれると、そこから母が子どもを産み出すことが起こる。しかし、母が子どもを「産み出す」ことは権力の根拠にならないとホッブズは主張した。それはフィルマーの説を否定する議論である。それに代わり彼は、権力の根拠を「生命の保持」においた。母は「産み出す」ことではなく、子どもの「生命を保持」することによって権力を持つ。

「生命の保持」という点において、母の権力は三番目の人間同士の戦闘状態から生じる専制的権力と同質である。個人同士の戦闘で勝利した者は、敗北した者の生命を左右する力を握る。それにより相手を支配するのである。サマヴィルによれば、実はこの征服を根拠とする議論は、権力が共同体から移譲されたという主張を否定する意味を持つという。権力の根拠が征服にあるなら、それが共同体から移譲されたという説は成り立たないからである[40]。このように、母権の議論と主人による専制的支配の議論は、アウグスティヌスとの比較において述べたように、人間を産み、秩序を創るという神の二つの力を、人間の「自然的な力」によって置き換えると同時に、当時権力の根拠として対立して主張されていた父権論と人民からの移譲という議論を、共に粉砕しようとする重層的な構造を持っていたといいえよう。しかしこれらの権力は、「生命の保持」という事実状態が持続する間だけしか存在しえない。それゆえどちらも権力を持続させるために、服従している者から服従についての合意を調達し、持続的な支配を獲得するのである。こうして「獲得によるコモンウェルス」の原初的形態である「ファミリー」が成立する。

さて、この時ひとりでいる人間はどうなるであろうか。「自然状態」において、「父権的支配」または「専制的支配」による「ファミリー」ができてくると、ひとりでいるのは難しいであろう。ひとりの人間は、どちらかの形で「ファミリー」に吸収されていくことになると思われる。なぜなら、ある個人が男女の関係も作らずひとりのままで、戦争状態において「ファミリー」を構成する集団に勝利するのは難しいからである。すると理論的には、そうした状況を克服するために、「自然状態」においてひとりでいた個人が多数集まり、契約により「設立によるコモンウェルス」を設立するという道筋が考えられるであろう。しかし、「ファミリー」の形成にいたる「父権的支配」と「専制的支配」と並んで、個々人が集まって契約により「コモンウェルス」を設立するということは考えにくい。なぜなら、もし「ファミリー」の形成が同時平行的に進むなら、ひとりの個人のままでいる人は、非常に少数でしかありえないからである。男女の関係から、また戦闘の勝利によって「ファミリー」が形成される中、それに対抗して個人として生きていくことは至難の業である。それゆえ初めは個々の人間として存在した「自然状態」で、人間が個人としてひとりで生きる状態はすぐに消えてしまい、人々は「ファミリー」に組み込まれると考えるべきであろう。

すると「自然状態」は、多数の「ファミリー」が並存するという形になる。(41) この時戦闘に勝利し続けながら、または子孫を増やすことで「ファミリー」が拡大し自己を防衛するような安定した集団として確立されることで、

「父系相続による王国」または「獲得による王政」が成立するのである。しかし他方で、「ファミリー」としてある程度安定した集団を作った後で、人々は、そのような安定を保つ方法はないかと考える。そしてその安定を「意図」して、自らの「意志」で主権を設立し、その支配に服することを選択するのである。それが「設立によるコモンウェルス」である。それゆえ、このような推論からも、以前論じたように、「コモンウェルス」を「設立する」契約は個々人ではなく「ファミリー」の「父」たちにより結ばれ、「コモンウェルスは父たちにより建てられる」と考えることができる。[42] また、当時の政治論の前提からいっても、国家権力に関わる行為に与るのは、家族の父たちであるとするのが妥当であろう。

　このように考えると、ホッブズの議論は二段階論であると理解すべきだと思われる。まず彼は、「獲得によるコモンウェルス」としての「ファミリー」の形成に関して論じた。その上で、国家の形成について、「ファミリー」が征服および生殖により持続的に拡大していく「父系相続による王国」と、父たちが合意という手続きにより作る「設立によるコモンウェルス」を論じたのである。[43]

　ホッブズが国家の設立に関する契約は父たちにより行なわれるとすることで、フィルマーからの重大な批判をかわすことができた。フィルマーの説は聖書に基づくため議論としては単純なのだが、論敵に対する批判には鋭いものがある。契約論に対する最も重大な批判は、「自然状態」において自由な個々人が契約を結ぶとすると、二つの問題が生じるというものだ。一つは、すべての人類が同時に集まり、契約を結ぶことなどできないという点。もう一つは、もしそのような契約をしたとしても、契約の当事者が死んだ後に生まれた人を、その契約によりなぜ縛ることができるのかという点である。後者についてフィルマーは、「もし両親の行為が子どもを縛ることが許されるなら、人類の自然的自由という教義には、さようならだ」[44] と述べる。しかしホッブズが「父」たちによりコモンウェルスが「設立された」と論じれば、「父」たちが契約のために集まるのは比較的容易であろう。そして、「父」たちの契約により設立された国家は子どもたちに引き継がれるのである。

3　出生・保存そして継承

以上のようにフィルマーとホッブズの権力論をあわせて概観すると、二人とも人間の生のプロセスである「出生(generation)」、「生命の保持(preservation)」そして「生の継承(succession)」と、権力の問題を重ねて論じたことがわかる。これが、神が人間を創造し、「永遠の生命」を保障したというキリスト教の教説を下敷きにしていることは明らかであろう。

フィルマーは、「創世記」によってアダムが神から支配権を授けられたあと、子どもを「産み出す」ことで、すべての人間に対する支配権を獲得すると主張した。王の支配権の目的は、人々の生存を保持することにある(45)。そして王の権力は長子により継承される。それにより、国家の公共の福祉(common weal)は確保されるのである。出発点は神による授権という言説によりながら、その後のプロセスにおいては、生物としての現実の人間の生の連続性が権力の継承を保障し、国家の安定性を守ると論じられているのである。

それに対しホッブズは、人間の生の現実から出発した。彼の論じる原初的な権力は、女性が子どもを「産み出す」という現実の人間における事実から始まる。しかしその事実は、子どもに対する継続的な支配権力の根拠にはならない。子どもに対する権力は、あくまでも「生命の保持」という観点から論じられる。その点において、戦争での勝者が敗北した者の「生命の保持」のために持つ権力と共通する。その上でホッブズは、子どもや奴隷に対する「生命の保持」という人間の生における事実を、「合意」という手続きを経ることで権利という概念に転換した(46)。

ホッブズは、こうして人間の生の現実から出発しながら、それを超えて人間の意志と言語による生の構築をめざした。それが「設立によるコモンウェルス」の意味である。合意により「コモンウェルス」を設立することは、言葉による契約によって、事実としての人間の状態を克服することを目的としていた。すなわち、人間の最も優れた能力である言語により、野獣のような「自然の自由」の存在する「自然の状態」[47]を超えるということである。彼は、フィルマーのようなキリスト教の教説に基づく議論に対しては、人間の生の現実に基づく「父権的支配」を対置し、そこから「専制的支配」を梃子として、人間が言語により権力を創設する「主権的支配」へとつなげたのである。

すなわち、キリスト教イデオロギーを生の現実によって無意味化し、新しい言説による秩序を作ることをめざしたのであった。それは、人間が自分の「意志」により合意し、自分たちが服従する主権を創設することで成立する秩序である。そのことにより、神が「自然的人格」を「産み出す」という教説に対し、人間が自分たちで「人工的人格」を「産み出し」、神による「永遠の生命」の代わりに「人工的な生命の永遠性」を獲得するのである。そのためには「コモンウェルス」の継続が重要となる。それに関してもホッブズは、あくまでも人間の「意志」すなわち君主の「遺言」により後継が定められるべきだと論じたのであった。

このようにホッブズのコモンウェルス論は、入れ子のような構造になっている。人間の自然において出生した子に対する母の支配を、彼は、まず同質的な支配である戦争の勝利によって成立する「専制的支配」へとつなげることで、「ファミリー」が成立するとした。そこから国家に関する一つの可能性として、「父系相続による王国」を描くことができた。さらにホッブズは、もう一つの段階として、「ファミリー」を基礎として、人間の言語による「コモンウェルス」の出生の物語を論じたのである。このように彼の議論は、最終的に人間の意志による「人工的人格」の誕生と継続の物語となった。前述したように、一七世紀初期のイングランドでは社会や政府は人間にとり自然なことで、政府が人工的に作られたものだということは、まったく論じられていなかったという[48]。その点に関して、人間の社会と政府の起源を根底から論じたホッブズの議論は画期的なものだったのである。しかしその過程で、原初的権力だった「母権」は移譲され、父たちによる「コモンウェルス」の設立が論じられたのであった。

　ここまで一七世紀の政治思想の文脈の中で、家族内の権力がどのように論じられたのかを見てきた。そこではさまざまな思想が存在したが、一七世紀の政治革命において最終的に勝利を収めたのは、個人の自由と平等という前提に立ったロックの社会契約の議論であった。その後の政治体制はロックの唱えた自由の主張に基づき形作られていったのだが、その陰で、イングランドの家族において妻は、一二世紀から一九世紀の終わりまで（一部は二〇世紀に至るまで）、一貫した法理論により無権利状態におかれてきた。妻の無権利状態を説明した法理が「カヴァチャー」である。なぜ自由と平等を標榜する政治体制が成立しながら、妻はそのような無権利状態におかれたままだったのであろうか。次にその問題を考察することにしたい。

第七章　コモン・ロー上の夫の権力とその起源

第一節　「カヴァチャー」の法理

これまで見たような議論がかわされるなか一七世紀の革命は進行し、最終的にはロックの論じたような社会契約説に基づき個人の自由と生命、そして財産を保障する自由主義国家が成立することになった。しかしその自由主義国家においては、一九世紀の後半になっても、女性が自分たちの権利を獲得するために闘っていた。参政権とともに大きな問題だったのは、妻の婚姻上の無権利状態の克服であった。なぜなら、コモン・ローにおける「カヴァチャー（coverture）」という法理により、彼女たちは結婚によって自分の法的権利をとりあげられ、夫に従属することになっていたからである。コモン・ローにおける妻の無権利状態を当然とする「カヴァチャー」（日本語では「庇護された妻の身分」と訳される）の考え方は、夫と妻は一体であるという聖書の概念を根拠として、一二世紀のノルマン人による征服とともにイングランドに導入された。そして、それ以来一九世紀後半まで（一部の権利に関しては二〇世紀に至るまで）、夫婦間の権利が問題となる事件において、妻は法律上一貫して夫に従属するとされてきたの

であった。(1)

すなわち、国家において王の専制的権力が政治的革命によって否定された後も、夫婦間の権力関係は革命による変化をまったく被らず、自由と平等を標榜した自由主義国家においても、一貫して夫が権力を持つ状態が続いてきたのである。ここではそのようなコモン・ローにおける夫婦間の権力に関する論理を、まず著名な法学者であったフォーテスキューの議論において考察し、そこで参考にされているアリストテレスとアキナスの思想を検討する。次章では、近代の自由主義国家の理論的基礎を提供したロックに至る流れとして、宗教改革におけるプロテスタントの女性や家族に関する議論と、それに対して論陣をはった対抗宗教改革におけるトマス主義者と呼ばれる論者たちの主張を検討する。その上でロックの議論、特に「自然状態」において男性と女性の関係がどのように考えられ、そこからどのように国家が設立されると論じられているのかを検討する。そこでわかるのは、ロックの議論においては、「自然状態」が神の支配する領域として考えられており、国家を形成する際には男性の個人が契約を結ぶという構造とされていたということである。それでは以下順に検討することにしよう。

イギリスにはさまざまな法の系統が存在したが、コモン・ローとは、通常明文化されていない法で、個別的な事件を扱う判決によって発展してきた判例法の集積を意味する。それは、国王の法廷の判事たちによって積み重ねられ、尊重されてきた原則からなる。コモン・ローを学び法律家になろうとする人は、大学ではなく四つある法曹学院（Inn）のどれかに属し、少なくとも七年間は判例や先人の議論を学ぶという形で教育された。彼らは先例に倣う必要はなかったが、先達の決定は真剣な学習の対象であり、判例をしっかり学び、判例集の知識を持つことで、法の論理を習得したのである。こうしてコモン・ローの法律家は、書かれてはいない原則が、記憶にないほど前の時代から続いてきたことによって慣習法となっており、専門家の伝統の知恵がイングランドの状況にあわせて適用してきたのだから合理的であると考えていたのである。[2]すなわちコモン・ローは、歴史的継続性と前例の尊重をその特徴としていたといえよう。[3]妻の権利に関するその内容は、以下のようなものである。

コモン・ローにおいて女性は結婚し妻になると、自分で財産を所有または処分することができなくなった。すなわち結婚後は、それまで女性が持っていた動産は夫の所有に移された。結婚前から所有していた不動産の所有権は持ち続けたが、結婚後はその管理権を夫が持ち、自由に使用できた。そして、その不動産を売買したり投資のために使うには、夫の同意が必要とされた。妻の持参金や妻が夫と別の仕事をすることで稼いだ収入も、夫の管理下に置かれた。つまり妻は所有するだけで、その処分を自分ではできないことになったのである。そして、妻の衣服やその他の細々した物を、夫は妻の同意なしに売ることができた。また妻は契約を結ぶことも訴訟を起こす能力も否定されており、自らの遺言による財産相続もできなかったのである。また、財産権が否定されていたので、それを前提として子どもへの親権も否定されることになった。このような所有に関する夫の絶大な権力はイングランドに特有で、他のヨーロッパ諸国の法と大きく異なったといわれる。[4]

なぜ妻たちがこのような状態に置かれるかを、統一的な法概念として説明したことで有名なのがブラックストン(William Blackstone, 1723–1780) である。彼は一八世紀半ばに著した著名な『イングランド法評釈 (Commentaries on the Laws of England)』において、「カヴァチャー」を次のように説明した。

「婚姻により、夫と妻は法的に一つの人格となる。すなわち女性の人格と法的存在は、婚姻中は一時的に停止される。もしくは、少なくとも夫の人格に組み込まれ、合併される。夫の翼、保護、そして庇護 (カヴァー) のもとで、彼女はすべてのことを行なうのである[5]」。

すなわち、夫が妻の人格を覆い (カヴァーして)、夫婦間の決定をすべて行なうのである。ブラックストンのこの定式化によって、これ以後も法律上妻の婚姻関係における無権利状態が続くことになった。それゆえ彼は、一九世紀の女性運動において最も憎むべき存在とされた。しかしブラックストンは、コモン・ローの判例の中で歴史的に示されてきた妻の無権利状態を、統一的な法理論として説明したにすぎない。コモン・ローにおける個々の事件を裁判官が判断するにあたって、妻が夫に服従していることは当たり前のことであり、「カヴァチャー」の法理は、常に当然の説明として使われてきた。ブラックストンはそれを前提として、定式化を行なったのである。

これらは妻の従属状態の説明であって、その起源を説明するものではない。個別の判例において一貫して結婚関係における妻の従属を認めてきたコモン・ローであるが、法理としてはどのような起源を持つと考えられていたのだろうか。体系的な法の原理を叙述しないコモン・ローにおいて、珍しく男性と女性の関係の起源を体系的に論じた法律家がいた。それがフォーテスキューである。どのような根拠によって、コモン・ローでは女性は男性に従属すべきだと論じられたのか、彼の著作を通じて探ることにする。

第二節　フォーテスキューの議論

1　二つの「自然」による女性の従属

ジョン・フォーテスキュー（John Fortescue, c. 1395–c. 1477）は、一五世紀に活躍した法律家である。彼の著作を編集したロックウッドによれば、さまざまな華麗な経歴を持ち、ヘンリー六世の側近として活躍したフォーテスキューは、この頃新たに台頭してきた専門家集団のひとりであったという。しかし彼の時代は、「ばら戦争」と呼ばれる動乱の時代であり、彼は王室とともに、亡命や投獄などの困難を経験している。[(6)] 当時問題となっていたのは、エドワード三世からヘンリー六世へと続くランカスター朝の系統と、二度女性による相続を経由して続いてきたヨーク朝のどちらが正統な継承者として王位を継承しうるのかという点であった。ランカスター朝の王であるヘンリー六世に仕えていたフォーテスキューは、ランカスター朝の正統性を主張するために、自然法に基づき、女性も女系の子孫も、王位を継承することはできないと主張した。それが『自然法論』という著作である。『自然法論』では女性が男性の上にたつ支配そのものが争点とされており、後のコモン・ローにおいて女性の従属を正当化する根拠となる主張を明確に読み取ることができる。それゆえここでは、『自然法論』における議論を詳しく検討していくことにする。

『自然法論』は、二部構成となっている。第一部では、王位継承の主張が依拠すべき自然法の本質について論じられる。フォーテスキューは、自然法のみが王の権力の根拠なので、まず王位継承に関する議論の前に自然法の本質について検討すると述べる。(7) 彼によれば、自然法は理性的被造物すなわち人間が創造された最初から存在し、決して人から取り去ることができないほど人に埋め込まれ、生得的なものであり、それゆえ永遠不変なのである。(8) そしてアキナスに言及して、すべての人定法は自然法に従属するが、自然法自体も神法から発していると論じる。すなわち法律家フォーテスキューにとっても、世界は階層構造を持つ法により支配されていて、人間がめざすものは徳であり、最終的には神に祝福されることなのであった。(9) 法の働きの中で、自然法は正しい理性によって啓示されうる正義の真理を示していると述べられる。

このような自然法の議論を展開した上で、第二部において、王位継承に関して具体的に考察される。ここでは、イングランドの状況に模した架空の王国の王位継承をめぐって、亡き王の弟と、亡き王の娘およびその息子（すなわち亡き王の女系の孫）が登場し、裁判の場においてそれぞれの継承の正統性について主張をくりひろげる。王の娘は女性が至高の王権を持つことができると主張し、その息子はそれに対し、女性は王権を持てないが女系の子孫が持つことはできると主張する。そして亡き王の弟は、両者を否定して自分が王位に就くべきだと主張するのである。女性による相続を二度経ているヨーク家の継承権を否定するためにこの本を著したフォーテスキューは、王の弟の継承権を認めるという結論を導くのだが、ここでの争点が、まさに女性が権力を持つことができるのか、または女性は常に男性に従属する存在なのかにあるため、これ以上ないほど明確に女性の従属の根拠が論じられる。

第二部を通じてその根拠をまとめると、次の二つになる。一つめは、自然的な身体の形態から見て女性は男性に劣っており、それゆえ男性に従属すべきであるという主としてアリストテレスに依拠したとされる議論である。[10]たとえばフォーテスキューは、王の弟の主張として次のように記述する。

「子の発生、監護、養育の行為に向けて秩序付けられている女の身体の部位、例えば腹部、臀部、乳房は男のそれよりも大きくできている。しかし、それ以外の女の身体の部位、例えば手、足、腕、脚は男のそれよりも小さい。……アリストテレスはさらに、女は「不完全な男」であり、[11]したがって女は骨格において欠けていると同様、理性においても欠けており、また情熱と骨格の欠如の故に女は臆病であり、過度に死を恐れるのであるとも述べている。……かくして、腹部、臀部、胸部を除いた女の身体の残りの部位が、男のそれと比べてより小さく、より力が弱い以上、女が男よりも小さく、より劣った義務に向けて造られているということを、女の身体の器官と力が明白に証明していることになる[12]」。

続いてアキナスを引いて、女は自然な形で男に服せしめられており、女の義務は、家政に関することなのだと述べるのである。

その上で、王の義務とは戦うことと裁くことであるとし、女がこれらをすることはできないと主張する。なぜなら、「戦うことは人間の身体が行なう最大のことであり、また裁くことは人間の精神が果たす最高のこと」なのだが、自然は男の身体の部位をその義務を果たせるように大きく力強くし、また、精神の最大の働きに向けて、男に完全な理性を与えて、女をより劣ったものにし、それを果たすようにはしなかったからだというのである。[13]

このような身体的形態に基づく議論に対し、娘は、子どもや老人なども身体的に見れば完全な男のように戦ったり裁きを行なうことができないにしても、統治権から排除されないと反論し、また、王の職務は、そのような行為を自ら行なうことを求められているのではなく代理人を指名すればよいのであって、善く行動すれば十分であると反論する。そして、そのような行為を行なったさまざまな歴史上の女性やアマゾネスの例を引証して見せるのである。

しかしそれに対して、女性の従属の二つめの根拠として神による自然の秩序が持ち出される。息子は母の主張に対して、聖書の「創世記」を根拠として次のように論じる。神が男を創った後にそのあばら骨から女を創ったということは、男の肉体において服していたと同様の服従を、異なる形で続けることが意味されていた。さらに、女が男の助けとなるように創られたことは、女が重要な勤めを果たすことを予定していない。なぜなら、他人の助けとなるように創られた者は、その他人にとって善きこと、役立つことを行なうように方向づけられた存在だからである。それは、従属する者の義務に固有のことである(14)。

また、世界に対する支配権についても、次のように論じられる。男は神の似姿として創られ、そこからすべての人間が発生するものとされた。そして男は、すべての人間とこの世を、神の代理人として支配することになっていたのである。それに対し、神の似姿ではない女は、人間を産み出すこともできないし、支配する力も与えられていない。それゆえ王国を支配することはできない(15)。すなわち、「女が男に服従するよう自然が強制する」以上、女が男を支配することは、自然自体により禁止されているというのである(16)。このような根源的な服従の構造は、次のような言葉でまとめられる。

「神の本性は、人間本性を立てるにあたって、二つの性に組み合わせた。すなわち、男の性と女の性である。神の本性は、常に男の本性が支配するように立て、それ故にまた女の性に対しては服従することをもたらした。神の本性は男の性をこのような重荷によって永遠に賞賛したのである。したがってまた、このことが女の自然の法であるように思われる」。それゆえ、女が男に服従しないことは、自然が立てた秩序を覆すことになるのである。つまり、女が支配することは、女の自然の本性の秩序を捨てたことになり、これは、罪を犯すことなのである。なぜなら罪とは、自然の秩序に反することなのだから[17]。

このような身体的形態における「自然」と、神の創った「自然」の秩序という主張は、そのまま結論的判決においても認められ、女性の男性に対する服従は人間が創造された時から定められたことであり、「男と女の自然の階層」であるとされる。そしてこの秩序を捨てることは、世界の秩序そのものを捨てることなのだと結論されるのである[18]。

2 「自然」の権力の二つの類型

このような二つの「自然」を根拠として、女性の男性に対する服従は世界秩序の一部として制定されたものであり、その調和した世界の秩序は、下位の者が上位の者に優位したり、完全さの劣る者が完全な者を支配することを許さないと主張される[19]。その中で、神の定めた二種類の権力概念が説明される。これはアキナスから影響を受けた内容である。

王の弟が、「原罪」により神が女に対して服従を命じたことを神法という概念によって論じたのに対し、王の娘は、そうであれば、「原罪」以前には女は服従していなかったことになると反論する。そして、女が自分の頭《かしら》である男を僭越にも支配しようとしたことが罪ならば、結婚していない女が男に服従することはないとも論じるのである。しかし、これに対して王の弟も、娘の息子も、次のような論法で彼女の主張を一蹴する。

「女が最初に男に服しているのが見出されるのは、女が前述の神の判決によって男に服従するように命じられたが故にではなく、その判決が下される以前に自然法の定めによって男に従うように命じられていたからである[20]」。

「神の判決によって女が男に服したのではなく、すでに男に服していた女が男の優越に抗ったことを理由として、それまでの彼女の服従が神の判決によって通常以上に彼女に対して厳しく命じられ、重いものとされたということである。しかし、それは彼女に対して新たな服従が命じられたというのではなく、今や古い〔服従の〕性質が変えられ、その結果、最初の自由で自発的意思に基づいており、女の自由意思によって統制されていたものが、今やある種必然的なものとして〔守らなかった場合に〕罰を伴うものとなり、男の自由意思によって統制されるものとなったということである(21)」。

すなわちここで主張されているのは、女性の男性に対する服従は、「原罪」を犯したがゆえに命じられたことではなく、創造のはじめからそのようなものとして女性は創られているということであり、しかし、「原罪」を契機として、その服従の態様すなわち権力の性質が変化したのだということである。これに関してフォーテスキューは、自然法を論じる第一部第三四章で次のように述べる。

「創世記」において神は世界を創るに際し、人を創り人により世界を支配させようと決意した。そこから「地上を支配するこの義務が一人の男にのみ与えられたのである(22)」。フォーテスキューは、この義務は「支配権(dominium)」ではなく「司宰的地位(prelature)(23)」と呼ばれるとし、アキナスの『神学大全』第一部第九六巻第四項における支配権力の区別に基づき、次のように説明する。

「聖トマスは、……支配権は二様に解されうると述べている。すなわち、一方においては、誰かが他人に対して奴隷に対するごとくに支配するというように。このことは支配している者自身の利益と善のために他人を利用するときに生ずる。そして、この支配権は原罪によって導入されたのであり、したがって堕罪以前の状態においては人間が人間に対してこのような支配権を有してはいなかったはずのものである。他方において支配権は、自由人をその善あるいは共通善に向けて統治し方向付ける義務のごとくに解されうる。そして、この支配権は自然的なものであり、人間は堕罪以前の状態においてこのような支配権を有していたはずである。と言うのも、アリストテレスが『政治学』第一巻において伝えているように、人間は社会的かつ政治的動物であって、誰か先導し（presideo）支配する者なしには社会において生きていけないからである」[24]。

そして息子にこう語らせる。

「人間の堕罪以前の時代に、聖トマスが支配権と呼び、助言を与え、方向付ける義務を意味する司宰的地位が存在していたということ、同様にまた、服従が存在していたということである。しかし、その時代には一人の男〔アダム〕と一人の女〔エバ〕以外には人間は存在していなかったのであるから、その女がそのような司宰的地位をその時もっていなかった以上、男の方がそのときその地位をもっていたということを我々は疑うことができない」[25]。そして、女性の男性に対するそのような服従は、「女が獲得したいと願った服従なのである。……その服従は女にとって喜ばしいものであった」。なぜなら、「あらゆることにおいて他人の熱意と働きによって安全に導かれたり、あるいは何か疑わしいことによって悩まされないことよりも望ましいことは存在しないからである。……女の〔男に対する〕自然的な服従は、堕罪以前に女においてこれらすべてのことをおこなっていた」[26]。すなわち「原罪」を犯す前にも女性は男性に服従しており、しかもその服従は女性が望み、また女性のために存在する服従だったと述べられるのである。

その上で、女性が「原罪」を犯すことで、罰としての服従が神の判決として女性に課せられたと論じられる。それは、「原罪」以前に女性が喜んで自発的に行ない快適なものだった服従を、必然的で他人の意志に服する不快なものに変えることを意味した。このことにより、男は女の支配者として、女を脅し罰を課すことができるのである[27]。この服従は、「最初の女が厚かましくも男を導こうとした時、彼女は普遍的秩序における自分の地位を自ら踏み外したために」神の判決によって起こったものである。「女の性」が秩序違反の罪を犯したのであるから、すべての女の性が罪を償うべきなのである。

こうして女性一般が男性に服従することが定められていると断じた上で、婚姻関係に関して次のように述べる。「婚姻は女を服従によって貶めるというよりはむしろ自由によって豊かにする」「すべての女は婚姻すると仲間（socia）として受け入れられるのであって、決して女奴隷（ancilla）として受け入れられるのではない」。すなわち女は婚姻によって、男の奴隷から男の仲間（consors）になる。「もし妻が仲間的（socialis）――それは同胞的（civilis）と呼ばれる――服従以外の服従によってその夫の下に服していたとするなら」妻の地位の不平等と卑しさによって、婚姻は秘蹟（サクラメント）にふさわしくないものとなるというのだ。(28) フォーテスキューによれば、基本的に結婚は女性を男性の仲間に引き上げ、女性のために男性が統治するというものであった。

このような論理によって、最終的に女性である娘が王位に就くことも、女系である孫が王位に就くことも否定される。

第三節　アリストテレスとアキナスの議論

1　家の支配に関するアリストテレスの議論

以上見たように、フォーテスキューは主としてアリストテレスとアキナスを引用して、女性は常に男性に服従すべきであると主張した。それではアリストテレスおよびアキナスは、実際どのように女性の服従を論じているのであろうか。順に検討していくことにしたい。

まずアリストテレスである。彼の膨大な著作の中で夫婦間の支配関係だけに絞ってみると、次のような点が重要になると思われる。彼の考察は、今ある現状を「自然」と呼んで肯定し、それを非常に詳細に観察、検討するという形をとる。そして、すべてのものはその「自然」の中で、それぞれの機能を持っているると考えるのである。[29] その上で、それぞれの存在についての機能とそれらの関係について考察する。

男性と女性のあり方についても、こうした形で分析される。その考察においては、一貫して、男性が上位に立つという位置づけがされている。まず、彼の考える世界の根本的な構造に関わる説明として、男性は形相であり、女性は質料であるとされる。それこそが「雄」であり、「雌」であることを意味するという。それゆえ男性のほうが本質であり、より良く、神的である。[30] また、男性は原理を体現し、何かをすることが「できる」能力を持つがゆえに「雄」なのであり、女性は「できない」という無能力のゆえに「雌」なのであるとされる。[31] つまり、男性という存在は、その定義からして人間という生物の完全な姿なのであり、女性はいわば「発育不全」の男性なのである。[32]

このような前提の上で、家における男女の関係について考察される。アリストテレスは、家を構成する人間関係の原理として、二つの異なる類型を提示する。一つは、相手がいなくては生きられない一対の関係である。これが男女の関係である。彼は、男女は子を産むために一対となるが、それは自然における必然であって、人間の選択的な意志には依存していないと述べる。[33] もう一つの関係は、生活の保全のために、支配する者と支配される者が一対となる主人と奴隷の関係である。アリストテレスは、生命を持つ存在の間にこのような支配関係があるのは、自然全体の仕組みに由来するとし、支配する者と支配される者とは生まれた時から区別されていると考える。[34] そして、支配関係は人間にとり不可欠であるばかりか、有益でもあると述べる。[35] さらに彼は、こうした支配関係は敵対的なものではなく、両者の間には常に何らかの共同の働きがあるというのである。[36]

こうして家における二種類の支配関係について並べて論じてはいるが、アリストテレスにとって、それらは根本的に異なる関係であった。なぜなら、奴隷という存在は完全に奴隷になるべく生まれついた人間であり、主人にとっては「物」でしかないと考えていたからである。アリストテレスは、ホッブズが論じたような戦争の捕虜を奴隷にすること(「法による奴隷」)に反対している。なぜなら彼らは本来奴隷として生まれついた人間ではないからである。それゆえ「法による奴隷」は、自然に反する悪しき支配となる。[37]それに対して男女の支配関係は、次のように説明される。

先に示したような男性と女性の位置づけから、当然彼は、男性と女性の仕事は生まれつき異なると考える。しかし、それは相互に必要な関係であり、共通の善のために、それぞれが固有の働きをして助け合うというのである。[38]そのような共同性の要素を認めながら、彼はあくまでも「自然によって」男性は勝り、女性は劣るがゆえに、[39]また、男性は「自然によって」女性より指導的素質があるがゆえに、[40]常に支配する者であると主張する。

このように家が二つの対関係によって構成されることを論じた上でアリストテレスは、家族における支配関係を、国家の支配類型になぞらえて説明する。その説明は『政治学』と『ニコマコス倫理学』に見られるが、夫婦の関係に関する説明の仕方には微妙な違いがある。『政治学』においては、奴隷に関する説明の後に、夫の支配と父の支配が並べて論じられている。そこでは、妻への支配は「国家指導者の支配」に準ずるのに対し、子どもへの支配は「王の支配」に準ずるとされる。[41]その上で、奴隷・妻・子どもに対する支配が異なる理由を、知的な徳と倫理的徳の観点から比較説明している。この両方の徳について支配者は完全であるのに対し、支配される者たちは劣っている。知的な徳に関しては、奴隷はまったく所有せず、女性は所有するが権威あるものとしてではない。子どもは不完全にしか所有しないのである。また倫理的徳についても、それぞれがそれぞれの働きに応じた徳を持つと論じる。[42]子どもへの支配が「王の支配」と同じであることに問題はない。なぜなら、年齢や徳、情愛などすべての点において父は絶対的に優越しているからである。[43]「実際、王制とは「父性的支配」を意図しているのである」。[44]

それに対して、夫婦の関係に関する支配類型の説明には問題が多い。『政治学』で論じられる「国家指導者の支配」は、国家における多数者の支配を意味する。つまり平等な自由人の支配である。それゆえアリストテレスは、妻に対する支配をこう規定した後、次のように説明する。「支配する者と支配される者は互いに交替する。というのは彼らは自然的に平等で、まったく差別なくあろうとするからである」。ここでは自分が支配する間は、さまざまな点で他方より勝ることを求めようとするという。それゆえ「国家指導者の支配」においては、平等と交替が、その原則となるであろう。しかしアリストテレスはこれに続けて、「男性は女性に対して常にこのような関係を維持する」[45]と述べる。つまり「国家指導者の支配」における平等と交代の原則は、男女間ではまったく適用されないという矛盾した説明をしているのである。

このような『政治学』における説明に対し、『ニコマコス倫理学』では、夫婦の関係は貴族制的であるとされている。「男は自分の価値に応じて、また男が支配すべき事柄に関して支配するからである。そして男は、女に対しては、女にふさわしいことを任せるのである」。そして、男がすべてを主人として支配するなら、その共同関係が寡頭制に変わってしまうという。しかもそれは「男女それぞれの価値」に反することだというのである。[46]さらに続けて、女性が支配する場合もあると述べている。男性と女性の存在そのものについて、圧倒的な差別的な位置づけをしているアリストテレスの見解からすれば、こちらはかなり平等な分業体制としての説明であるといえよう。

このように、アリストテレスの説明はゆれている。ここから読み取れるのは、男性と女性というそれぞれの集団を別々に論じる際には容赦ない価値づけを行なったアリストテレスであるが、実際男女の関係を考えた時には、それほど簡単ではなかったのであろう。現実の夫婦関係において、両者はそれぞれの機能によって共に家を運営し、子どもを産むために相互を必要とする存在であったろうし、彼自身そのように論じていた。彼の考察において、女性は平等なものとして扱うことはできないが、完全に支配すべき存在ではないという微妙な位置にあり、奴隷や子どもに対する支配のように、はっきりと割りきることができない存在だったのではないかと思われるのである。

家は、男女と、主人と奴隷という二つの人間関係によって、日常的な必要性を満たすため、すなわち生きるために運営される。そこからいくつかの家が統合された村となり、そして最終的に「あらゆる自足の要件を満たした、終局の共同体」として国家が成立する。それは最高善をめざすための共同体である[47]。アリストテレスにおいて、国家が家の発展形態であるというだけでなく、家の支配が国家のあり方と深く関連していることは、明確に認識されている。彼は、『政治学』の第一巻の終わりに、次のように書き記している。すなわち、家における支配に関するさまざまなことは国制との関わりにおいて検討される必要がある。なぜなら家は国家の部分であり、子どもや妻が優れた者になることは、国家の優秀性に相違をもたらすからである。それゆえ国制を視野に入れながら、子どもや妻の教育がなされる必要があるのだ。これが国家に相違をもたらすことは必然であると述べた上で、彼は次のような言葉で家に関する議論を終わらせる。「なぜなら妻は自由人の半分に相当し、子供からは国制に参与するものが生じるからである[48]」。

このようにアリストテレスにおいては、国家は家から連続的に規模を拡大するだけでなく、その性質を、人間の生に関わる必要を満たすための集団から最高善をめざす集団へと変化させると論じられていた。そしてそこでは、女性や奴隷と異なり、人間として知的および倫理的な徳を完全に所有する男性（すなわち市民）が、最高善の実現をめざして活動するのであった。

フォーテスキューと比較してみると、アリストテレスの引用だとされている部分で原典が見つからない部分が多いと述べた（注10参照）ように、実はアリストテレスは、フォーテスキューのような女性の具体的な肉体的構造に基づく男女の価値づけを行なってはいないと思われる。彼は、人間存在そのものを根拠として男性と女性の違いについて論じたのである。それでは、フォーテスキューが根拠にしたもう一人の人物、アキナスについてはどのようなことがいえるのであろうか。次に彼の『神学大全』によって、その議論を検討することにする。

2　アキナスにおける人間存在論と二つの権力論

『神学大全』におけるアキナスの議論においては、彼の人間に対する見方が、アリストテレスの生物に関する観察から大きな影響を受けていることが読み取れる。本書の関心から特に重要なのは、アキナスのいう「無垢の状態」すなわち「原罪」前の「楽園」でも、人間は今と同じような動物としての生を生きていたと説明されている点である。

まずアキナスが、「楽園」において創造された人間がどのような状態であったと説明していたのかを見てみよう。彼は、『神学大全』第一部第九七問題の中で、アウグスティヌスが、神の創造により現世のような動物性をまったく持たない完璧な状態として存在するとした「無垢の状態」の人間について考察している。アキナスは、人間は「無垢の状態」においても動物性を持っており、死ぬものであったと論じる。アウグスティヌスが強調した「楽園」における「不死」は、アキナスによれば人間の本性として備わっているものではなかった。そこで人間が死ななかったのは、「生命の木」から継続的に実を摂取していたからで、それをやめれば死ぬという存在だったというのである。それゆえこの時、人間は食べ物を食べ生命を持続させていたと考える。ここからアキナスは、食べ物を食べないことは人間にとって罪であり、それに伴うさまざまな生理的作用も行なっていたであろうと主張する。このような動物の生理的作用を肯定することにおいても、性欲と並んで食欲を敵視したアウグスティヌスとの違いが明らかであり、アリストテレスの影響が大きいといえよう。

続いて、このような人間から女性が創造された点については、どのように解釈されているだろうか。第一部第九二問題においてアキナスは、女性の位置づけを行なっている。最初に、アリストテレスによれば男性に比して出来損ない、または劣るべき存在であり、「原罪」の原因ともなった女性がなぜ創造されるべきであったのかという疑問に対し、次のように論じる。女性は、「産み」において男性を助けるために創られた。なぜなら人間のように完全な動物は、「能動的な産みの力」と「受動的な産みの力」が男性・女性のそれぞれに分かれて与えられているが、人間は「産み」に関わる行為よりも高貴な営みとしての知的認識を行なうよう秩序づけられているため、常に結合しているわけにはいかない。それゆえ男性と女性は別々に存在した上で、「産み」のために結合して一体になる必要があったからだ。それが「自然の普遍的作者」の神が意図したことだったというのである。(49)

次にアキナスは、女性が男性から創られたことについて、次のように説明する。女性が男性から創られたことは適切であった。なぜなら、まず男性はすべての人間の根源であるべきだったからである。さらにそのようにすると男性は女性をいとしく感じ、生涯にわたって共に暮らすことを促すからである。また、人間の男女の結合は、単に産みのためだけではなく、家を運営するためでもある。そこでは男女それぞれに異なる仕事があるからである。(50)その上で彼は、男性と女性の結合関係の性質について言及している。女性が男性の肋骨から創られたことは、男女の間に「社会共同体的結合（socialis coniunctio）」が存在すべきであることを意味するという。そこで、女性が男性を支配することがないように女性が頭から創られることはなかったし、また、奴隷のように従属することがないように足から創られることがなかったというのである。

このように男女の存在の意味について論じた上でアキナスは、第一部第九八問題において、男女の性関係から生じる出生に関して論じている。彼は、アウグスティヌスによってあれほど激しく攻撃された現世における性関係と子どもの出生に関してはまったく言及せず、淡々と、先に述べたような男女の存在論から必然的に性関係や出生が、「無垢の状態」においても存在したはずであったろうと論じる。なぜなら人間の魂は自然本性的に不滅であるが、身体は滅びるものとして創られているからである。それゆえ人類の多数化のために、「自然の作者」である神が「無垢の状態」においても性関係による人間の出生を定めたのであるという。(51)そして、人間にとり自然本性的なことは、罪によって人間から取り除かれることも加えられることもない。それゆえ「無垢の状態」においても、性関係によって子どもを産むことは人間にとり自然本性的なことだったのであると述べる。そしてそのことは、そのために定められた肢体の部分（つまり性器）があることからも示されるというのである。このように述べてアキナスは、「楽園」の状態における性関係の存在を否定するグレゴリウスを批判している[52]。

すなわちアキナスは、男性と女性という性の存在と、その二人による性関係を神の意図として肯定し、そこから子どもが生まれることをも自然本性に基づくとした。人間が罪を犯さなくても、「楽園」において、現世と同様の家族関係が現世と同様の性関係により成立するはずだったというのである。ただし、さすがに彼も欲情の問題については肯定することができなかった。「節度なき欲情」の醜さは「無垢の状態」には存在しなかっただろうとし、アウグスティヌスの教説を引用している[53]。そして、このような「無垢の状態」における性関係に基づく出生の可能性を論じた上で、それがなぜ「楽園」において起こらなかったかというと、女性の創造後そのような行為をするための神の指令を受ける前に、アダムとイヴが罪を犯して「楽園」を追放されたからであると説明した[54]。

このように男女の性と性関係による出生を肯定し、男女の間の「社会共同体的結合」を論じても、アキナスがアリストテレスに倣っていることから、男女の関係は平等ではありえなかった。彼は、生殖において男性が形相、女性が質料であるという議論を継承し、「能動的な産みの力」は男性に、「受動的な力」が女性にあると論じる[55]。すなわち発生において主な原理となるのは父であり、母は質料なのであるから、子どもの形質は父が形作ると述べる[56]。そこから「原罪」も、アダムから人類全体に引き継がれたのだという説を展開している。もしアダムが罪を犯さなかったら、「原罪」は彼の子孫には引き継がれなかったというのである[57]（だとすると、現在の人間にとってアダムが「原罪」の元凶として非難されるべきだということになりはしないだろうか⁉）。

さて、「無垢の状態」において人間がこのように現世とあまり変わらない生を生きると論じたアキナスにとって、「原罪」はどのような意味を持つことになるのであろうか。それについて論じたのが第二―二部第一六三問題である。アキナスによれば、人間の最初の罪は、肉体を統制していた精神における善を自分の分を超えて欲求したことであると説明される。すなわち神に類似することを不当に欲した点にあるとされるのである。つまり、他に従属せずに自らの意志で行動しようと欲し、自らの能力において神に類似することを望んだことが罪とされるのである。(58)この説明においてはアウグスティヌスが頻繁に引用されていることから、彼の議論が基本的にはアウグスティヌスの教義の内容を踏襲しようとしていることが伺える。

次に彼は、「原罪」に関わる責任について論じる。まず、罪の軽重を計るときに、罪を犯す状況について考慮すべきか、罪の種類で判断すべきなのかという問いがたてられる。状況を考えると、イヴの罪は無知から生じたのだとか、男が女の主人なのだから、または男のほうが女より完全なのだから正しく行為すべき責任があり、それゆえ男のほうが罪が重いという判断がありうる。しかしアキナスは、状況ではなく罪の種類から考えるべきだと述べる。その点から考えると、女性のほうが罪が重いというのである。なぜなら、女性は神の意志に逆らって、神への類似を欲したこと。また、自分が罪を犯した上に、男性も罪を犯すようにしたことは、神に対してだけでなく、同胞に対しても罪を負っているのだということ。さらに、男性が妻への愛から妻に従ったことを考えると、イヴの罪のほうが重大であると主張するのである。(59)アキナスはこのように、女性の責任を主張する点ではアウグスティヌスと同様であるが、それが女性に対する道徳的な非難に結びついていない点が、重要な相違であるといえよう。

続いて第一六四問題において、「原罪」に対する罰に関して論じられる。彼はまず、「原罪」前の人間は、神に従うことで身体が理性に従属しており、神の恩恵が与えられていたのだと述べる。それに対して人間が罪を犯すことは、神への従属をやめることであり、それによって、身体や感能の欲求が理性に従属することをやめたのである。するとと魂が身体を支配することもなくなり、体の衰えや死が罪に対する罰として、人間の生に入ることになった。すなわち罪を犯すことにより、神の恩寵を失うことになったというのである。(60)

このように人間は、自然本性の完全な状態を保つための神の恩寵を失うことで、罰としての災いを与えられた。これが「罪」の意味である。その具体的な内容としては、まず「楽園」が失われた。これによって「楽園」で行なわれていたことが禁じられた。すなわち「生命の木」から食べることができなくなったのである。さらにそれに加えて、神の恩寵の喪失にふさわしい状態が与えられた。アキナスはそれを肉体面と精神面に分けて論じるが、アウグスティヌスとの比較において重要なのは、肉体に関することである。彼はそれに関して男女は性が異なるので、異なる罰が与えられたと述べる。女性については二つの点が述べられる。一つは出産に関して、「原罪」前にはなかったつわりと陣痛という苦しみが罰として与えられたといわれる。もう一つは、家庭での共同生活において、女性は男性に支配されることになったというのである。「原罪」前においても男性は「女性の上に立つ者」であり、女性の指導者であったが、罪を犯すことで、女性は強制的に男性の意志に従わなければならないという罰を与えられたと論じられる。[61]「原罪」に対する罰についての女性の服従関係の主張は、アキナスの権力論と関係がある。フォーテスキューの議論はこの権力論に倣っている。次にその点について検討する。

アウグスティヌスとは異なり、「原罪」の前後で人間存在そのものをそれほど異なるものとして考えなかったアキナスだが、「原罪」は、権力の類型論において重要な意味を持つ。「原罪」の前にも「産み」により子どもが出生し、人間が多数になるという可能性を考えたアキナスは、そこで成立する人間社会における権力の形態についても考察した。そして、「原罪」後の権力と対比して論じたのである。

アキナスは、人間が「原罪」を犯さずそのまま生きて子どもを産み人類が多数になったとしたなら、そこで成立する人間社会においては、支配者が自由人を導くような支配が成立したであろうと論じる。それは導かれる人の善または共通善に向かうような支配である。[62]それをアキナスは「家族的・市民的服従」と呼ぶ。[63]彼は、こうした支配が成立する理由として、人間は本性的に社会的動物であり、多数が一つに秩序づけられている場合には、必ずそこに指導者が存在するというアリストテレスの議論を援用している。そしてアキナスは、国家統治について考察した『君主の統治について』においても、次のように統治の必要性を論じている。人間はそれぞれ理性を自然本性的に付与されているので、単独で生きる可能性もある。その際は、神のもとに自分自身が王となるが、人間は自然本性的に「社会的および政治的動物」であるので、社会の中で生きる。それゆえ人間は言語を持っている。そして、社会的に生きるのであれば、当然集団の共通善に配慮する者が必要となるという。そこから支配関係が考察されることになろう。(64)そして、ある人が他を凌ぐような知性や正しさを持つなら、それを他人の効益のために使うべきだと論じるのである。(65)

それに対して「原罪」後に成立する支配は、「奴隷的服従」と呼ばれる。これは、支配者が相手を自己自身の効益のために奴隷として使用する支配である。アキナスは、このような支配は「原罪」により人間社会に存在することになったのだと述べる。(66)

アキナスの権力論を詳しく解説した柴田平三郎によれば、この権力の二つの類型論は西洋中世における「政治観のパラダイム転換」であったという。すなわちこれにより、西洋中世はアウグスティヌスの論じたような罪を犯すことによる政治の成立ではなく、人間の自然な営みとしての「政治」の観念を手に入れたというのである。(67)ここではこのようなアキナスの権力論における女性と男性の関係に注目して、その構造を検討してみよう。

アキナスの二つの権力論を政治学的な観点から読む時には、柴田のように「原罪」前に成立しえた社会における権力と「原罪」後に成立した権力を、権力の類型の対比として読むことになろう。すなわち人間社会にありうる権力の二つの類型である。しかし、人間社会の権力を論じたこの議論には、注意すべき違いがある。「原罪」前の権力は、もし人類が「原罪」を犯さずに多数になったらという仮定のもと、存在したかもしれない人間社会における権力の類型である。いわば「無垢の状態」における権力の可能性を考えた議論とも言えよう。それに対し「原罪」

後の権力は、現に存在する権力の形である。

ここで注意すべきは、「創世記」によれば、「原罪」前の「楽園」には、多くの人間から構成される国家的な人間集団は存在しなかったが、そこにもすでに複数の人間すなわちアダムとイヴが存在するとされていたことである。それゆえこのふたりの関係を考える必要がある。アキナスは、「無垢の状態」における支配を論じる第一部第九六問題だけではなく、女性の服従を論じる第九二問題でも、この二つの権力について述べている。そこでは「原罪」前にも女性は本性的に男性のもとにあるように創られていること、また、理性的分別が男性に豊かに存在することにより、不平等が存在することを認めている。すなわち「楽園」にいた男性と女性の間には、男性が理性的に優れているがゆえに男性による指導者的な支配が存在し、それは神が創造において定めたものだったとされているのである。彼が論じた一般的な人間社会における権力の問題は、「もし人間が「原罪」を犯さなければこのような権力が成立しえたであろう」という仮定の問題であるのに対し、男性と女性の問題は聖書に書かれた事実であり、キリスト教徒であれば、そのような支配関係が現に存在したと考えるのが当然だということになる(68)。

このように「無垢の状態」における人間社会の成立と国家の支配に関するアキナスの議論は、聖書の中では起こらなかった仮定の話なのに対し、アダムとイヴの関係は、現に存在したものと考えられるのである。しかしアキナスの議論を読むかぎりでは、家族における支配関係と一般的な人間社会の支配関係がどのようにつながるのかは判断しにくい。アウグスティヌスの議論を参考にすれば、「無垢の状態」では、家族や国家という区切りは存在しないと考えるべきであろう。

フォーテスキューはこのようなアキナスの議論を読んだ上で、法律家らしい厳密さを持って、男性の女性に対する支配については、「原罪」前から現に存在したものとして論じた。そして「原罪」後にもその権力は継続したが、その性質が変化したのだと主張したのである。もう一つフォーテスキューの議論とアキナスの議論との違いが存在する。それは、婚姻関係についての議論である。男女の婚姻関係についてアキナスは、男女の結合は家を運営するためであるとして、その関係を「社会共同的結合（socialis coniunctio）」と表現する。それは神の創造から当然のことであり、その関係においても極端な抑圧状態が成立しないように女性は足から創られなかったと述べているのである。そこに人間の意志は介在しない。それに対しフォーテスキューの議論では、「原罪」前の男女間の支配は、「女が獲得したいと願った服従」であり、「女にとって喜ばしいもの」であって、女性のために存在すると主張される。それにより女はさまざまなことに煩わせられないで男に従っていればいいだけだからである。「婚姻は女を……むしろ自由によって豊かにする」。すべての女は婚姻により男に対して「仲間的（sosialis）」服従をすることになるのだと述べる。すなわちイングランドの女性は、婚姻関係に入ることで「カヴァチャー」により何の決定権も持たなくなるのであるが、それは気楽で自由な状況であり、女が望むことだろうというのである。このようなパターナリスティックな発想は、イングランドのコモン・ローにおける特徴であり、妻たちの独立した財産権を検討する一九世紀に至るまで続く。その時主張されたのも、女性を保護するという「名誉ある」男性の義務であったという。(69)

フォーテスキューは、このように男女関係については女性が男性の上に立つことを神の制定を根拠として否定したが、国家の支配については、イングランドの伝統的な統治を擁護した。彼は『イングランド法の礼賛について』において、ローマ法に対するコモン・ローの連続性と優秀性を論じ、イングランド国家は力ではなく合意によって起こったとして、ローマ法に依拠するフランスと対比する。イングランドの王たちが統治のために依拠する法は自然法だけでなく慣習法や議会法であるが、慣習法はそれが続いてきたことにより、その優秀性が主張される。なぜなら、それがイングランドの統治に最適だったから、変更の必要なく続いてきたということだからである。(70)そして議会法は、立法時にすべてのイングランド人が代表されているという点から擁護されるのである。[71]

スキナーによれば、このフォーテスキューの主張は、後のコモン・ロー学者にも引き継がれた。その代表としてのセント・ジャーマンは、教会権力に対する批判書の中でイングランドの慣習法を最高のものとみなすべきだという議論を展開したが、この作品は、フォーテスキューの法理学の評釈のような内容を持ち、ブラックストンの時代までイングランドの法理論における標準的教科書とされたという。[72] また、この本は、革命前の一六一六年に、セルデン（Selden）の編集により再版され、大きな影響を与えることになった。[73] そうであれば、フォーテスキューの論じた男女関係における支配についての議論も引き継がれていくのは当然であろう。実際、外国女性と結婚したイングランド人男性の外国生まれの子が、父がイングランドに所有する土地を相続できるかが争われた一七世紀の裁判において、フォーテスキューの『イングランド法の礼賛について』が引用され、相続は完全に父系で行なわれるべきであり、それこそがイングランド法の原則であることが主張されたという。[74] これに関してトッドは、『イングランド法の礼賛について』について、「すべての一七世紀の法律家、そして多くの一般人がこの作品を知っていたはずだし、その議論が「カヴァチャー」と外国籍の母の地位の問題についての彼らの見解を形成していたはずだ」と述べている。[75]

イングランドにおけるコモン・ロー上の「カヴァチャー」という女性の地位は、このように主要な権利に関しては一九世紀終わりまで、一部は二〇世紀まで変わらず続くことになる。一五世紀におけるこうしたフォーテスキューの議論の後、宗教改革およびイングランドの政治革命という自由主義的近代国家に向けての動きがあるにもかかわらず、なぜイングランドの女性の立場は二〇世紀になるまで変化することがなかったのであろうか。個人の自由と平等を標榜したはずの社会契約に基づく国家においても、女性が自由と平等を享受できなかったのはなぜなのであろうか。その点を次に検討することにしたい。

第八章　自由主義国家の構造と政治理論

第一節　宗教改革と対抗宗教改革

1　ルターの教説における結婚と家族

一七世紀におけるロックの社会契約論への流れとして、まず一六世紀に宗教改革を遂行したルターと、それに対抗して論陣を張ったトマス主義者といわれる人々について検討する。彼らの男女関係に関する議論には、当然のことながら、アウグスティヌスとアキナスが大きな影響を与えている。まずルターの教説において、女性や結婚関係における男女の関係がどのように論じられているかを見ることにしたい。宗教改革の政治思想に対する影響を詳細に分析したスキナーの名著『近代政治思想の基礎』を参考にしながら、特に男女関係に宗教改革がどのように関連するかを見ていこう。

ルターの教説が、教皇権力や教会のあり方を批判することで、世俗の支配者たちの権力の拡大を助けたという大きな流れを、スキナーはさまざまな潮流と関連づけて分析するが、本書の関心からみて重要なのは、ルターによる人間と神との関係に関する議論である。ここでは、その中で女性がどのように論じられたのかに絞って検討することにしたい。

スキナーによれば、ルターの神学は、人間と神との関係に関する中世後期の二つの大きな潮流を引き継いでいるという。一つは一四世紀の神秘主義的な運動で、そこではアウグスティヌスの主張した人間の堕落と、それゆえに神の恩寵を個人的に求める信仰が強調された。もう一つは、理性を重視するアキナスの教えに対して、信仰を重視する中世スコラ学の主張である。これはオッカムに代表され、一五世紀には多くの後継者によって発展したものである。彼らにとって、神はアキナスの主張するように自然法の作者として人間の理性により理解できる存在ではなく、全能で測り知れない意志を持って世界を動かす存在であった。スキナーは、ルターが直接こうした潮流を引き継ぐわけではないが、彼の思想は間違いなくこれらの伝統から生まれたのだと論じている(1)。

このような思想を受け継いだルターの人間観は次のようなものである。すなわちルターは、人間はまったく無意味な存在であり、人間の意志は常に罪と結びつくと考えていた。それはそもそもアダムが罪を犯したからであり、人間は肉体に関わる罪へ走りがちなのである。ルターは、そうした人間存在に対する神の命令の絶対性を主張した(2)。そして、既存のカトリック教会のあり方を批判したのである(3)。神の命令を絶対とするがゆえに、彼はカノン法や自然法さえ無視する態度をとり、神の言葉のみを信じようとした(4)。スキナーは、ルターの基本的な立場を要約して、反人文主義および超アウグスティヌス主義という特徴を挙げている。このようにルターはアウグスティヌスの流れを受け継ぐ教説を展開したのだが、女性や男女の関係をどのように論じたのであろうか。

本書の関心と関連して重要なのは、まずホッブズも言語論の中で批判していたように、カトリック教会が聖書の記述にはないさまざまな教義を付け加え、自らの組織の重要性を保持しようとしてきたことに対する批判がある。そこから、ルターの教義の核心にある「恩寵のみ、信仰のみ」という主張がでてくる。そして彼は、聖書に書かれた内容のみに基づく信仰をめざした。これとの関連において、プロテスタントにとっても「原罪」に関わる「創世記」の話は重要だった。なぜなら「彼らの神学は、原罪の再解釈と、それが神と人間との関係において持つ含意に大きく関わっていたからである」[5]。ルターは、「楽園」におけるアダムとイヴの神に対する反抗が人間を完全に腐敗させたので、人間はキリストの恩寵によってしか救われないと説いた。これは、現世での人間の行為により神の恵みを回復できるとする、中世カトリックにおいて主流となった主張に対抗するものだったという[6]。またルター派は、カトリックの独身主義に対して家族生活の重要性を主張した。これは、「創世記」の記述における「産めよ、増えよ」という神の言葉を重視したからであった[7]。

プロテスタントは、聖書を字義どおりに読むことを主張した。これは、聖書に書かれたことは真実であると理解することであり、それゆえアダムとイヴの物語は歴史であると理解された[8]。そのような読み方からすれば、イヴが「楽園」において蛇に唆され「原罪」のもとをつくったこと、その結果夫に従うよう神が命令したことは、歴史的事実となる。それゆえルターは、このような神の命令ゆえに、女性は自分の意志に従って生きてはいけない、すべて夫に従いなさいと教える[9]。また、神が女性をアダムの肋骨から創ったのは、女性が彼の上に立つべきではないということであって、男性も女性も神が創られたようにあるべきだと述べる。そして、男性と女性の関係を太陽と月になぞらえ、太陽が優れているのは当然で、それは神がそのように創ったからである。それを人間が変えることなどできないというのである（これは東洋において女性を抑圧する教説として批判される儒教の陰陽説と同じ主張ではないか！）[10]。すなわちプロテスタントの教義でも、女性に対する男性の支配は、神の定めたものとして当然のこととみなされていたのである。このような点からみて、女性の本性や役割についての見解は、カトリックとプロテスタントを比較した時、相違よりも類似性のほうが多いと分析されている[11]。

人間と神との関係についてはアウグスティヌスの影響を受けているルターであるが、男女関係および家族の位置づけに関しては、両者に違いがある。第二章で見たように、アウグスティヌスの教義においては、男女の性関係そして結婚は否定すべきものと考えられていた。それに対しルターは、神がイヴを創りアダムに与えたことこそ、男女が結婚することを神が意図したという意味であると述べる。そして、女性は生殖の「助け手」として創られた。「原罪」の後にはそこに邪悪な欲情が混じることになったが、結婚の本来の目的は今でも変わっていない。神は男女間の愛こそ、最も偉大で純粋な愛であるとしたと述べるのである。それゆえ結婚は、子どもを産み、欲情を一つの回路に誘導するシステムとして存在するとされた。結婚により二人は、相互に相手の「囚われの身」となり、欲情をそこに囲いこむ。(12) このようにルターは、アウグスティヌスと同様「原罪」と欲情を結びつけそれを否定するという原則を取りながら、結婚という制度においてはそれが許されると教えたのである。

ルターは、結婚の目的そして主要な義務は子どもを産むことだと述べるが、キリスト教徒にとっては単に子どもが生まれるだけでは十分ではないともいう。なぜなら、異教徒にも子どもは生まれるからである。キリスト教徒は、子どもが神に奉仕し、神を讃え、神を崇拝するよう育てる必要がある。それこそが、彼らが天国へ至ることのできるまっすぐな道なのだと教えるのである。(13) そのような義務を果たす父と母は、子どもに対しては使徒であり、司教であり、また司祭である。なぜなら彼らが子どもたちに福音を教えるからだ。(14)

子どもに対してはこのように父と母が同列に置かれていても、先に述べたように、男女の間では、女性が男性に従うべきだと考えられていたことはいうまでもない。ルターは、女性の天職は子どもを産むことであり、夫に従って家政を受け持つことであると教えた。女性は神によりそのように創られている。そして彼は、これを肉体の形態と結びつけて弁証した。「男性は広い胸と小さな腰を持つ。それゆえ彼らは知恵を持つ。女性は家にいるべきなのだ。なぜなら女性は大きな腰と尻を持つがゆえに、静かに座っているべきであるのだから」「(女性は言葉を持っているが、) 彼女たちはばかげたやり方で脈絡もなく話す。穏健さというものなしにすべてをごちゃ混ぜにし、乱暴に話す。ここから、女性は家政のために創られ、男性は秩序を保ち、世界の物事について統治し、戦い、そして正義に関わることを扱うことがわかる」「女性が賢くなろうとすることほど、彼女に似つかわしくないことはない[15]」。このようにルターは、男女の性別役割が神により創られ、男性は統治を受け持ち、女性は無秩序の世界にいるということを肉体的形態に関連づけて主張した。すなわち、神の定めた「自然」に加えて、アリストテレスの論じたような生まれつきの生物としての「自然」をも、男女の支配関係の根拠として使ったのであった[16]。

こうしてルターは結婚生活を肯定しても、そこにおける男性支配は神の定めたものであるとした。クローザーによれば、ルター派は、社会的不平等は神の意志によると確信しており、統治する人はそのように生まれついていると考えていたという[17]。そして結婚における男女の関係は、社会秩序の基礎として重要だとされた。きちんとした結婚関係がなければ、真の統治はありえない。それゆえ、悪魔に唆されやすいイヴの子孫である女性たちは、しっかり押さえつけられなければならなかった[18]。ルターの考えた家族において、男性の権力はそれほど強調されない。結婚生活における愛情の重要性が強調され[19]、男性は妻を「棍棒」などの武器ではなく、優しい言葉によって統治しなければならないと述べられる[20]。しかし、男性による支配が神の定めたものであるなら、これらは単なるパターナリズムでしかない。

一般にプロテスタントの家族において男性が主人として支配するようになっていく状況を、クロフォードは次のように説明する。宗教改革は、教会の持っていた権力を男性が自分たちの手に握ることを可能にしたが、それは、家族において男性の女性に対する抑圧を増すという状況を生み出した。なぜなら、教会に代わって男性が、自分の家族における「司祭であり、司教でさえあったからである。……男性は、彼の統治下にある家族の敬虔な行動に責任があった」。こうして「宗教改革は、男性が女性をコントロールする必要性を増し、そのための権力を高めたのであった[21]」。

以上みたように、ルターの教えは、結婚や家族を重視することで女性に一定の価値を与えたが、家族における男性支配を神の定めたものと規定し、さらにそこでの性別役割分業を、肉体的形態の違いと関連させて主張することで、女性のあり方を固定化したのであった。

カルヴァン派の女性に関する教えを考察したダグラスによれば、プロテスタントは、カトリックの教えにあるような結婚に関する縛りを、非人間的で、生殖という神の与えてくれた贈り物に反すると批判し、結婚とは男女双方にとり有益なものであると考えていた。こうした主張は一般に信徒に自由を与えたと思われるが、女性に関してみると、状況は従来とあまり変わらなかったという。宗教改革者たちは、家父長制的な結婚を神の与えたものと考えており、それを単に愛情と尊敬によって人間的なものにするべきだとした。女性は子どもを教えたり、家政の管理をするのは自由だが、家庭の主人である夫に従うべきであり、夫の暴力行為さえ、重大な怪我や信仰の放棄という危険がなければ、辛抱すべきだとされていたのである。カルヴァン自身は結婚における相互性を重視して、婚姻における夫の権力は、「王国におけるものというより社会におけるそれである」と述べた。彼の「創世記」解釈では、アダムとイヴが伴侶であることが強調されているという[22]。

ダグラスは、プロテスタントの解釈で最も重要なのは、結婚の目的が生殖や欲情の回避ではなく、相互に愛し合い助け合うというものに変わっていった点であろうと述べている。このようなプロテスタントの結婚および家族に関する教えが、男女が愛情で結びつき、性別分業により家庭を運営していくという「近代家族」のモデルを提供することになると思われるのである。しかしその家族においても、家父長制が当然のこととされていたのである。先に述べたように、アダムとイヴの創造がキリスト教の核心として聖書に記述されており、その間の支配関係が定められているのであれば、それを変更することは、キリスト教の教義においてはありえないことだった。しかしなぜ、近代の国家にまでそれが引き継がれることになるのであろうか。キリスト教の男女関係に関する教義の内容は一六世紀のトマス主義者たちを経て、ロックの思想へと流入していくのである。

2　トマス主義者の「自然の状態」

スキナーは、ルターの政治思想が、神のみに従うという教義とともに世俗における君主への服従という主張も伴ったことにより、統一的で絶対的な君主制の出現を助け正統化したことは間違いないと論じている[23]。しかし一六世紀には、それに対抗して、政治的権威は人民に由来するので、支配者は臣民の見解に従うべきだとする理論も登場した。スキナーによれば、その背景には二つの要素があるという。一つは、中世後期にかなり過激な政治思想がすでに構築され、一六世紀はじめにはそれが発展の新しい段階に入っていたことである。具体的には、公会議運動の伝統とローマ法の影響である。そして二つめは、カトリックヨーロッパにおいて生まれた立憲主義的な政治理論がある。具体的にはトマス主義者といわれるイエズス会の理論家たちの議論である。彼らは、カルヴァン派と同じくらい人民主権を擁護しようとしていたという[24]。このトマス主義者の主張は、先述したアキナスの議論を引き継ぎ、ロックへとつなぐような内容を持っていた。その中で、近代社会における女性の位置に関わるであろう重要な社会構造が論じられている。まず彼らの議論を、スキナーの分析により見ることにしたい。

一六世紀におけるトマス主義といわれる動きは、パリ大学を中心とし、ドミニコ会のメンバーであった人々の間で始まった。その中心は、ヴィトリア（Francisco de Vitoria, c. 1485–1546）である。彼はアキナスも一員であったドミニコ会に入りアキナスの研究を行なったが、そこから近代自然法論の多くの学者が生まれたという。一六世紀後半になり、この成果をイエズス会が取り入れ、ルター派に対抗する議論を構築することになった。イエズス会の論者として有名なのは、枢機卿であったベラルミーネ（Cardinal Robert Bellarmine, 1542–1611）やスアレス（Francesco Suares, 1548–1617）である[25]。

彼らの関心は、「この時代のすべての異端」に反駁することにあった。[26] もちろんその主要な敵はルター派である。トマス主義者は、ルター派の教会概念だけでなく、福音主義的改革の政治生活に関する構想全体に対して反論することをめざした。

まずはじめは、ルター派の教会論についてである。トマス主義者からすると、ルター派は「信仰のみ」という教義を唱えることでカトリックの伝統を破棄し、また「真の教会は単なる信者の集まり」だとして教会の階層的秩序と教皇の裁定権を否定した。これらはまったくの誤りだと、トマス主義者は論じる。さらにルターの唱える人間と神との関係についても、反駁する必要があった。それは、人間は罪深いため神の意志が理解できず、自分たちの生を神の意志に従わせる能力をまったく持たないとするものだからである。このような主張は、自然法を基礎とする政治的行為の努力を無にするものである。これに対してトマス主義者たちは、人間には「内在する恩寵がある」と主張して反対した。[27] また人間はまったくの無力だと考えるルター派は、それゆえ政治権力は、人間の倫理的欠陥を正すために神から直接授けられたとする。すなわち世俗の支配権力の成立は神の恩寵によると考えるのである。そのように考えると、支配者の神性が支配の条件となってしまい、反神的な支配者の命令に従わなくても良いことになってしまう。この点についても、すべてのトマス主義者が拒否していた。[28]

トマス主義者たちは、こうした教会に関するルター派の主張の誤りについて論じるとともに、そのような異端に対する反論として、同じように体系的な政治社会論を発展させた。そして、人間は政治生活の倫理的基礎を築くために、自分の理性を使う能力を持っているという、アキナス的な「古い道」（オッカムが発展させルター派と類似する「新しい道」というスコラ学の議論に対抗する主張）に還ろうとした。彼らはそのために、階層的な法によって支配される宇宙というアキナスの世界観に立ち戻る。すなわち、神自身が行為するための「永久法」、聖書に示され、それを基礎として教会が作られる法としての「神法」、そして次に、神が人間に埋め込み、神の世界計画や意図を人間が理解できるようにした「自然法」という概念を使うのである。最後に、人間が設立した国家を統治するために人間が作る人定法があるとした[29]。この中で、自然法は人定法の道徳的枠組みを提供し、人間の精神に刻印されているから誰でもが理解できると考えられたのであった[30]。

このように人間が自然法を理解する能力を持つと強調することで、トマス主義者は、政治社会が神により直接創られたというルター派の議論に反撃しようとした。彼らは、世俗国家は本来世俗的目的を果たすために、市民により作られたと主張した。しかしそれを論証するには、人間の精神に書き込まれた自然法を使う能力を擁護するだけでは不十分であって、人間が国家を作り、また人定法を作ることの必要性を述べなければならなかった。これをトマス主義者たちは、「物事の自然」における人間の状態がどのような状況であったのかを考察することで行なおうとした。つまり、想像された「自然」の状態から、政治社会の必要性を演繹しようというのである。スキナーは、トマス主義者たちが後に社会契約論者において「自然状態」と呼ばれることになる概念を、間違いなく持っており、その概念の価値を認識していたと論じている。実際「自然の状態」という表現を使った論者もいた。モリナ（Luis de Molina, 1535–1600）である。彼はその状態を、「原罪を犯した後で、政治社会が設立される前」の状態とした[31]。

トマス主義者たちは、そうした状態における人間は、自由で平等で独立していると仮定した。すなわち、国家における従属状態が成立する前には、人間は自由な状態として創られていたというのである。そこでは、誰も他に対して優越的な地位を占めず、誰も人定法の縛りを受けない。すなわち支配が存在しないのである[32]。こうした主張により、彼らは国家権力を父権から導く論者を攻撃した。その際彼らは、一世紀後のロックのように、父権による支配と政治的支配とを完全に分離する必要性を感じていた。そして、スアレスは次のように主張した。すべての人類はアダムから創られたので、それにより一人の支配者に対する原初的服従が成立した。しかし、アダムが持っていたのは家庭内の権力で、政治的権力ではなかった。彼は、妻や子どもが依存する限りにおいて、彼らに対する権力を持っていたが、そのことと人類が自然的自由を持っていたこととは両立する。なぜなら、政治的至高性は祖先として子孫に対して持つ権利ではなく、自然法の力によるものなのであるから、と。[33]

トマス主義者たちは、「自然の状態」では自然法が支配しており、また、人間は孤立していないと考えた。彼らはアリストテレスの「社会的動物」という見解を取っており、人間性の中には社会的共同体的生が引き継がれていると考えていた。スアレスは、人間にとってありうる自然の形の共同体概念は、政治的なものではなく、家庭的な組織の形態であると述べている。[34] このようにトマス主義者は、人類の自然的状態について、自然的共同体すなわち家族があること、自然法によって統治されていること、すべての成員の自由・平等・独立があるという特徴を強調して、ここから国家を作る必要が説明できるようになったと、スキナーは述べている。

しかしなぜ人間は、自然法があり自由な状態から、人定法により拘束される国家へと入ることに合意するのであろうか。ここでトマス主義者は、アウグスティヌス的人間観を導入し、人間の悲惨な状態を想定する。例えばスアレスは、そこでは人間の生は初歩的な段階に留まり、人生は短いと述べる。そしていくつもの家族が相互に分断されて、人類が平和を保てないような調和のない状態が生じるというのである。権力がない場合に生じるこのような混乱を避けるために、人間は権力を作り人定法に従うことを選択する。そのために国家を設立することに合意するというのである。このときスアレスは、自然の状態の人間の様子を、個人個人の集まりとしてではなく、成員があるる種の単一的結びつきをなす「一つの神秘体」と考え、一つの意志を持つがゆえに、全体としての合意が可能であると論じたのであった。[35]

スキナーがまとめているように、後にロックによって述べられる社会契約論は、トマス主義者のこのような主張を多く繰り返しているという。すなわちロックは、彼らの自然法分析に同意し、理性は自然法であり、その法はまた「神の意志」とみなさなければならないと宣言する。また、どのような政治社会も自然法に基づくべきであることにも同意する。そして、この法に基づく政治社会はどのように作られるのかを考えるには、人々がもともといた状態を想像してみる必要があるとし、それが完全に自由な状態だっただろうと認めるのである。そして、この自然的自由の状態から国家による拘束へ転換するただ一つの道は、一つの共同体に参加し結合することに同意するという、「合意」というメカニズムを通じてであることを受け入れるのである。(36)

このように、ロックとトマス主義者たちの議論が同様の構造を持つのならば、ロックの社会契約論において、なぜ国家の政治的領域から女性が排除されていくのかを理解するために、トマス主義者の議論を分析することが有効であろう。後に詳しく論じるが、現代のフェミニズムにおいて問題とされる政治的領域からの女性の排除という論理構造が、トマス主義者の「自然の状態」に関する議論の中に明確に読み取れるからである。

まず、トマス主義者がなぜ国家について論じようとしたのかを確認しておこう。彼らは、ルターが人間の政治社会は神により直接創られたと主張したのに対し、世俗国家は世俗の目的のために、市民により作られたことを論証しようとした。その時国家権力の性質が問題となるが、それを考える際アダムが神から父権を与えられたことは動かせない前提としてあった。しかし彼らは、世俗国家が神による制定ではないと主張するのだから、神から与えられた父権は、国家権力としての王権に発展することはありえない。国家権力は、父権とは異なる性質を持つ権力であることが必要なのである。これを論証するためにトマス主義者たちは、「物事の自然の状態」すなわち人間が「原罪」を犯して「楽園」から追放され、現世で生きることを始めた状態を想定した。

問題は、トマス主義者たちが初めて構想した「自然の状態」が、どのようなものとして考えられていたかという点にある。アダムとイヴがこの世で生きなければならなくなった時、二人の支配関係はどうなったか。アキナスに従うトマス主義者であれば、二人の間には、「楽園」にいた時から成立していた支配関係、つまり男性が女性のためを思って行なう指導的な支配関係が、罪を犯すことで強権的な支配関係に変化したと考えたであろう。そして人間は、神からの罰を引き受けながら生命をつなぐために生き、子どもを産むことで人類は拡大していった。この過程において、はじめアダムは妻への権力を持ち、続いて子どもに対する父としての権力を持つことになる。これは神から認められていた家族における権力である。

トマス主義者は、人間の「自然の状態」はかなりの間続くことを想定して議論を組み立てていたように思われる。なぜならこのような過程を繰り返すことで、多数の人類が「自然の状態」に存在するようになると想定されているからである。多数の人間集団をまとめる権力は父権しか存在しないのであるから、「自然の状態」においては、父権により統率された多くの家族が並存することになる。たとえばスアレスは、人間にとってありうる自然の形の共同体概念は、政治的なものではなく、家族的な組織の形態であると述べている。そして、そこではいくつもの家族が相互に分断されていると論じるのである。

トマス主義者たちは、そうした「自然の状態」における人間は、自由で平等で独立していると論じた。すなわち、国家における従属状態が成立する前には、人間は自由な状態として創られていたというのである。そして、アダムが創造された時から権力を持っていたことと、後の人類が自然的自由を持つこととは両立すると主張する。なぜならアダムに与えられたのは家族内の権力で、政治的権力ではなかった。政治的至高性は祖先として子孫に対して持つ権利ではなく、自然法の力によるものなのであるから。

ここで彼らが主張する「人類の自然的自由」こそ、女性に関してみると重大な問題をはらむ概念なのである。なぜなら、この「自由」は、家族内の権力関係の存在と両立するものと考えられているからである。つまり、家族内で父権に服する女性や子どもは、ここで「自然的自由」を謳歌する「人間」とはみなされない。女性はこうして「自然的自由」を持たず、男性に服しながら「自然の状態」に存在することとされたのである。

こうした「自然の状態」は家族ごとに分かれて存在するのであるから、彼らが考える「自然の状態」における混乱も、個々人の対立ではなく家族間の対立として考えられるだろう。そこから自然法に従って国家を設立しようとするなら、そこで合意の主体となるのは家族における父でしかありえない（もちろん、このような手続きの問題以前に、女性は自然法を認識できる理性を持たないと考えられていたであろうことは、キリスト教の伝統、アリストテレスなどの議論から推察できる）。

こうしてトマス主義者は、家族における父権と国家の支配をまったく異なる起源から弁証することでルターの議論に対抗し、また父権論者をも批判することになった。しかし父権と国家権力を分けるという議論の構造ゆえに、女性が国家の設立過程から排除されることになったのである。しかも自然法の支配する「自然の状態」において父権的支配が存在することは、人間の制定ではなく神の制定であると示すがゆえに、人間がそれを変更はできない、すなわち国家の人定法によって変更することはできないと考えられたのである。このようにトマス主義者たちの想定した「自然の状態」では、人間（実は男性）は、自由で平等で独立しており、加えて家族において女性に対する支配権を持っていたと表現することができよう。

それでは次に、このようなトマス主義者の「自然の状態」の構造を引き継いだと思われるロックの社会契約論における家族の位置づけと男女の支配関係を見ることにしよう。

第二節　ロックにおける「自然状態」の問題

1　「父権」の無力化と家族の機能

「自然の状態」から国家が形成される過程に関しては、トマス主義者と同じような構想を持っていたといえるロックであるが、彼の家族に関する議論はトマス主義者とはまったく異なる。最も注目すべき違いは、『統治二論』

におけるロックの議論では、「楽園」から現世へ移る原因となった「原罪」について、ほとんどといってよいほど言及されていないことである。彼は、一六九三年に書いた「堕落以前ト以後ノ人間」という小論において、「原罪」の意味を、生命の木の実を食べられなくなったことによる死であると解釈するが、現世の人間にはそれが常態であるから、死は罰の意味を持っていないと述べる[37]。

このように「原罪」の意味を重視しないロックの「自然状態」は、ほとんど「楽園」にいた時と変わらないような印象を与える。この点は重要である。ロックは、現世の「自然状態」で生きる人間を、神の意図によって存在すると考えた。ロックは「自然状態」の説明の最初に、次のように述べている。「人間は、唯一全能でこの上なく賢明な創造者の作品であり、主権を持つ一人の主の僕であり、主の命により、主の業をなすためこの世に送られたのである。神の作品である人間たちは、神の所有物であり、他の者ではなく、神の欲するあいだ存続するように創られている[38]」。すなわち彼のいう現世の出発点である「自然状態」における人間は、アウグスティヌスそしてトマス主義者の考えるような罪にまみれた存在ではないのである。ロックの「自然状態」は、「楽園」から遠く離れてはいるが依然として神の保護する領域として考えられているといえよう。

このように「原罪」の意味を重大だとはみなさず、「楽園」から現世に追われた人間のいる「自然状態」が神の意図のもとにあると考えるため、『統治二論』において「自然状態」はある程度豊かな状態として想定されている。ロックは、神が大地とそこにあるすべてのものを、生存を維持し快適にするために人類に与えたと述べる[39]。そしてここでは、後述するように人間の生命は神により保障され、秩序も存在すると論じられた。つまりロックが人間の現世における生活の初期段階と考えた「自然状態」では、「原罪」による秩序の喪失が想定されていない。

『統治二論』における家族に関するロックの議論は、主にフィルマーの「父権論」に対する反論として書かれているため、その中心は、政治権力と「父権」という二つの権力が「完全に別個のものであり、分離したものであって、まったく違った根拠に基づき、まったく異なった目的のために与えられた」ことを示す点にあった。フィルマーの議論においては、父は家族内で子どもを「産み出す」ことにより「父権」を持つ。そして父は、「産み出す」ことで家族を国家へと拡大させることもできるから、「父権」は「王権」と同じであり、それが継承されることで王としての支配が続くのだとされていた。ロックはこうした「父権」に関する議論を裏返す形で、『統治論』「第一篇」の議論を展開したように思われる。すなわち、「父権」の成立と、それが継承されていくことによる「王権」の成立という論理を否定しようとしたのである。そのためにロックはどのような議論を展開したのであろうか。女性と家族に注目して見ることにしよう。

ロックはまず、神がそもそも人間に対してどのような権力を与えたのかについて検討する。最初に、アダムが創造の時から「父」となることを根拠として君主になることはありえないと述べた後、他の生き物に対する支配権は、人類共通の支配権であるがゆえに、はじめは女性であるイヴもその権力を持ったのだと論じる[41]。

しかし、アダムとイヴの関係を見ると、アダムとイヴは、神の命令違反において同罪であり、しかも彼女がはじめに罪を犯しアダムを誘惑したがために、イヴはアダム以上に失墜させられ、より大きな罰を与えられることになった。そのためアダムは、偶然ではあるが彼女より優位に立つことになったというのである[42]。この関係をロックは、女性全体が夫に従属すべきだという「通常（ordinarily）」のことが述べられているにすぎないとする[43]。そして、この命令により神は女性の運命を決定し、夫への従属を命じた。人間の法や国家の慣習が女性の夫への従属を定めているのは、このような「自然に基礎を持つ（a Foundation in Nature）」、すなわち神の命令によるというのである[44]。

これ以後は現世における人間についての議論となろう。そこでの人間は、家族において子どもを産み人類を存続させる。生命の存続こそがそれまでの権力論の前提であり、それゆえ、そのために父がどのような権力を持つのかが問題となっていたのである。ロックは、父であることが統治の権力を与えるといういくつかの議論に反論し、

「生命の創造者と授与者は神」であり、神だけにおいて、我々は生き、動き、存在することができると述べる。[45] さらに神は、人類を存続させるための性欲を人間の構造の中に植え込んでおり、それは人間の意図とは無関係に、またしばしば人間の合意や意志を無視して働くのだと論じる。[46] アウグスティヌスにおいては人間の悪徳の中心であり、神からの罰であった性欲が、ロックにおいては神の指令になってしまったのである！

さらにここからロックは、このように子どもが生まれた後は、子どもに対する支配権は、父だけではなく母も共同して持つと述べる。なぜなら、父は生殖の瞬間だけ役割を持つが、母は自分の体内で胎児を長い期間養育するのであり、子どもの形質は母から受け継ぐからだという。[47] それならばホッブズ同様母権を認めてもよいはずであるが、ロックはせいぜい母が共同の支配権を持つというところまでしか論じていない。彼は、モーゼの十戒に「あなたの父母を敬え」と書かれていることなどを引用し、[48] 子どもに対する権力について、多く聖書を根拠として必ず父母の共同性を強調している。[49]

それでは子どもに対して両親は、どのような形で支配権を行使するのであろうか。ロックは、神により直接創造されたアダムは始めから完全な人間だったので、神が彼に植え付けた「理性の法」の指令によって、自己の行為を統治することができたという。アダムからすべての人類が生まれたのだが、現世の子どもたちは、完全な理性を持つように創られたアダムとは異なり、不完全な状態で生まれる。それゆえ完全に理性を行使できる状態になるまで、親による養育と教育が必要であるとロックは考える。彼は、アダムとイヴをはじめとする両親は、「自然の法」により、彼らの産んだ子どもたちを「保全し、栄養を与え、教育する義務を負っていた」と述べるのである。子どもは全能の神の作品なので、両親は神に対してこのような責任を負う。[50]「自然の法」とは神により与えられた「理性の法」であり、人間が服すべき法である。人間は、その法を認識することができて初めて自由が許される。[51] それゆえ理性の未発達な子どもは、両親の支配下にある。[52]

ロックは、人間の家族における親子関係がこのようなものであるのは神の意図によるとする。神は「両親を、人類の存続と子どもに生命を与えるという彼の偉大な計画における道具となし」、子どもたちを養育し教育することを両親の義務とした(53)。このようにロックは、親子関係において最も重要なのは、神が両親に課した、子どもを世話し教育するという義務であると論じた。そして親の権力は、この義務にともなってのみ生ずるとされる(54)。彼は、もし理性も使えない状態で子どもに自由を許してしまうと、それは子どもを野獣の群れに放り出すのと同じことになるだろうと述べる。それゆえ神が両親に対し、未成年の子どもを統治する権威を与えたのである(55)。

しかしロックは、この権力をすぐに骨抜きにしてしまう。この権力は、子どもを養育している間だけの一時的なものであるし、子どもの生命や所有権には及ばない。そして神は、子どもに対する世話（care）を行なうことを両親の仕事としたが、彼らに「適切なやさしさと、この権力を抑えよう」とする性向を与えた。「それは、彼（神）の叡知が意図したように、子どもが必要とするかぎり、子どものためにそれを使うためである(56)」。「神は子孫に対する優しさなどを人間の性質の原則の中に織り混ぜたので、両親が彼らの権力を厳しすぎるやり方で使う恐れはほとんどない(57)」。「配慮（care）」「優しさ」「愛情」という語によって、両親の子どもに対する態度が表現される。そしてそれは、神により意図されたものなのである。それゆえ彼の論じる両親の権力は、子どもを教育するという役割にとってのみ必要な権限という意味合いを持つ。

こうして家族の重大な機能は、子どもが一人前の理性を持ち自然法に従って行動できるようになるまでの教育にあると論じられる。そして一人前になった子どもは、両親の支配から脱して自分で自由に行動し(58)、神が許しているように妻と一体となる(59)。このように、ロックの論じる夫と妻の関係は、ほとんど子どもを養育し教育するためだけにあるから、子どもが独り立ちしてしまえば、それを維持する必要がなくなる。実際ロックは、男女の結合は子どもの養育に必要な限り続くべきであるとした上で、しかし、その関係が一生続く必然性はないと述べている(60)。つまり夫婦とは、子どもを育てることを目的として形成され、それが終了すれば解散してもかまわないような関係なのである。

ロックの論じる親子関係は、以上のように非常に権力性が弱い。彼が国家権力と父権との違いを主張していたのだから、これはある意味当然であろう。彼の描く親は善意に満ちている。常に子どもの生存と養育と教育を義務と心得ており、愛情深い。こうして親の子に対する関係が、権力関係ではなく世話をする義務なのであれば、ここに母親が登場するのも当然であろう。家族においては、常に母と父がともに子の養育と教育に関わると強調されているのである。

こうしてロックは、フィルマーの議論を裏返す形で論じたために、その内容は次のような構造を持つことになった。フィルマーの「父権論」の要点は、父権の起源は父が子どもを産ませる能力を持つことにあり、父権と王権は同質だということであった。ホッブズと比較したように、彼の議論は「出生」「保存」「継承」という人間の生のプロセスに関わる概念により分析できる。すなわち、父による「出生」、「父権」による生命の「保存」そして「父権」の継承である。それが王権と重なるのである。ロックはこれらに反論するために、すべての点において、父権論とは異なる主張として権力を論じた。まず人間の「出生」に関しては、父ではなく（また母でもなく！）、神をその創り手であるとした。そして子どもに対する支配権は、常に両親が持っていると主張したのである。また両親の権力は、子どもが成人すれば消滅し、「継承」されることはない。このように、ロックはフィルマーの「父権論」に反駁した。後述するように、この議論は、家族に関する機能と国家権力の性質の解釈に重大な変更をもたらすことになるのである。

2　所有権の意味

以上のように両親の権力の継承を否定したロックは、もう一つのフィルマーの論点についても反論する。それは、物に対する所有権についてである。すなわちアダムは、人間に対する支配権だけでなく、すべての被造物を独占的に利用するために大地を所有し支配する権利を持っていたとされた点である。問題は、アダムの持っていた所有権が、相続によって君主たる人物ひとりに引き継がれるかである。それについてロックは以下のように論じる。

ロックは、神が人間を創った後、人間が地上ですぐに消えてしまわないように、生活上必要なものを世界に備えたと述べる。また、人間に自己保存の欲望を植え付けた。こうして人間は、自己保存しつづけるために有益と判断した時には、被造物を利用する権利を持つ。つまり人間の所有権は、人間の生存に必要で有益なものを利用する権利に基礎づけられている[61]。これは人間の生存に必要な権利であるから、すべての人が平等に持つ。そして親の所有物は子どもたちに自然に伝えられ、子どもたちがそれらを所有する権利を引き継ぐ[62]。これは普遍的な権利であって、自然に発するものであるとロックは主張する。なぜなら、自己保存と並んで、人間には自分が産んだものを保存する義務があるからである[63]。さらに子どもたちは、単なる生存だけでなく、両親の生活条件に従って生活の便宜と安寧への権利を持つとも彼は主張する[64]。これも、王の独占的所有権に反対するために論じられている。

こうして子どもが父から要求しうるものは、養育と教育、そして生命維持のために役立つ自然物であり、子どもが政治的支配権を継承することはない[65]。それゆえ、王の統治権力がアダムから継承されることはないと主張されるのである。つまり子は親から権力を引き継ぐことはないが、私的所有権は引き継ぐことになるということである。しかし、このように権力の継承を否定するために論じられる所有の問題は、実は契約により成立するとされる国家において、親の結んだ契約が子どもに引き継がれるとするための仕掛けとなる。それは以下のような内容である。

ロックの議論では、両親が優しさをもって子どもの養育と教育という義務を果たすのは無償の愛ゆえのことだと考えられているのではない。ロックは、両親の義務に対して、子どもは両親を尊敬し、彼らの幸福のためにさまざまなことを行なう義務を負うと考える。すなわち両親の義務に対しては、子どもからの「孝行（filial duty または piety）」という見返りが、当然の義務とされているのである。しかもこの義務は、一生続く。しかし、子どもからの両親に対する敬意などの義務も無限ではなく、両親が与えてくれた配慮や費用そして親切の量に応じて増減するというのである（一見愛情に基づく家族関係の裏に、計算がある！）。[66][67][68][69]
　これに関連してロックの議論で特徴的なのが、人間関係における土地所有の重要性である。ロックが唯一父権の具体的効果としてあげているのが、土地の相続に関して、父が自分の気に入った子どもに相続させることができるという点である。子どもは相続を期待して、父の気分を損ねないようにする。「これは子どもの服従にとって、小さな拘束とはいえない」。ここでも物が人間関係を媒介する。そしてロックは、土地の相続を媒介として、親の結んだ国家との契約が子どもに引き継がれると説明する。土地の享有には、その土地のある国家の統治に従うことが条件として付随しているので、父が臣民である国家の統治に、土地を相続した子孫をも従わせることができるし、父の契約が子孫を拘束すると考えられるというのである。父の結んだ契約がなぜ子どもたちに引き継がれるのかという問題は、フィルマーも指摘するように契約論の弱点であった。ロックはそれを説明するために、ここでも土地という物を媒介として議論を展開した。子どもたちは、土地の相続を承諾することで、統治に対する服従に「暗黙の同意」を与えているとされたのである。[70][71]
　このようにロックは、フィルマーの「父権論」に反駁した。それゆえ彼の議論では、家族における「父権」はほとんど意味が無く、父は無力である。『統治二論』全体を通じて、ロックは子どもに対する父と母の対等性や共同性を主張している。それでは、男性と女性の関係である夫婦という関係については、どのように論じられているのであろうか。

3　夫婦関係と家族の意味

ロックは、政治社会を論じる前提として、人間が神によって社会的な生を生きるように創られていると述べる。そして最初の社会である婚姻関係を、生殖と種の継続を目的として、それに必要な相互の肉体の結合と権利のために、男性と女性の自発的な契約により成立すると考える。そしてそこから相互扶助と共同の利益も生じるというのである。[72] しかしこれは、あくまでも彼らの子どもを養育し自立できるようになるまで育てることが、主な目的なのである。[73]

ロックは、夫婦の関係における子育ての重要性を、他の動物と比較しつつ長々と確認する。そして、人間の夫婦が長い間夫婦という関係を続けるのは、単に、ひとりの子どもが独り立ちするまでに時間がかかり、その間に次の子どもが生まれるために、両親は彼らの養育と教育を続けてやらなければならないからだというのである（契約によって成立する割には、夫婦関係は動物的である！）。

こうして子どもに対しては両親の共同性を主張するロックであるが、夫婦間の決定権は当然男性が持つと断言する。彼は、夫婦が子どもの養育という共同作業を行なう際に、両者が異なる悟性を持つことで異なる意志を持つことがあると述べる。それゆえ、その時にはどちらかが決定権を持つ必要がある。それについては「自然により（naturally）」、「より能力があり、より強い」男性の担当となる。[74] ここでは、男性が生まれつき持つ「自然」の知的能力そして肉体的能力が理由とされているが、もちろん、女性の服従が聖書に根拠を持つことは明らかである。アダムとイヴは、神の命令違反において同罪であり、しかも彼女がアダムを誘惑に誘ったがために、より大きな罰を与えられることになった。そのためアダムは偶然彼女より優位に立つことになったと彼は述べていた。[75] そして、イヴに対する命令により神は女性の運命を決定し、夫への従属を命じた。人間の法や国家の慣習が女性の夫への従属を定めているのは、このような「自然に基礎を持つ（a Foundation in Nature）」とも述べていたのである。[76] そしてこの関係をロックは、女性全体が夫に従属すべきだという「通常（ordinarily）」のことが述べられているにすぎないとする[77]。しかし夫の権力は、夫が家族における私的な関心事について命令するためのものであり、共同のことについて、妻より自分の意志が尊重されるべきだとするような内容である。そして、生死には及ばない[78]。このように女性は、神と肉体的能力という二つの「自然」により夫に従属し、夫が「自然」により婚姻関係における決定権を握る。

とはいえ、このように男性の優位が当然とされているにもかかわらず、ロックの論じる男女の関係は、全体としてそれほど抑圧的だとはいえない。ロックは妻の従属を当然のこととするが、これは二人の共同に関わるものについてにしか及ばないのであって、妻は、契約によって自分のものは完全かつ自由にもち続けることができるとされる。また、家族が子どもの養育と教育だけに機能が限定されたことから、その仕事が終われば夫婦はその関係を続ける必要はなくなるので、他の自発的契約と同様、同意によって解消してもよいし、契約により許される場合は妻が離婚する自由を持つことも、ロックは認めている[79]。

このようにロックは女性にある程度の権利を認めていた。当時のイングランドの妻たちは「カヴァチャー」の法理によりまったくの無権利状態にいたから、それよりは少しだけ女性にとって有利な議論であるといえようか。特に離婚の権利を認めているところは、重要であろう[80]。しかしロックの議論は基本的にフィルマーの議論に反対するためなので、夫たる男性すなわち父に絶対的な権力はないことを主張するために、このような内容になったとも考えられる。その考え方をまとめると、神によって女性が夫に従属するのは当然だが、その関係は権力的というものではなく、夫が優先されるということだったのである。

4　家族の継続性の消滅

以上のようにロックの論じる家族は、非常に権力性が弱い。それがフィルマーの父権の主張に対抗するためだったのであるから、当然であろう。ロックは、父権の「産み出す」という起源、子に対する父の支配、そして父権の継承という論点のすべてに対抗して議論を展開する必要があった。ロックはそのために、次のように論じた。まず、父の持つ「産み出す」という起源の問題について、生命の問題は神の意図によるのだとした。「生命の作者と授与者は神であり、彼の中においてのみ、我々は生き、行動し、存在することができる」(81)のである。そして神は、人類が存続するために、人間に性欲を植え付けた。それは、子を作る人間の意志や同意とは無関係に働く(82)。すなわち、子どもが生まれることの起源は神にあると、ロックは主張したのであった。

さらに家族内での子どもの成長過程における支配は、父と母の両者が関わるものとした。そして男女の婚姻関係は、種の保存のために、子どもが自立するまで養育する必要があるがゆえに成立すると考える。これは「無限の賢明なる創造者（Maker）」(83)が、自身の手になる作品の中に組み込んだルールである。子どもは「全能の創造者」たる神の作品であり、両親の任務は、子どもが自然法を理解するために理性を使えるように育てることにある。それについて両親は、神に対して責任を負っているのである(84)。

このような家族関係に関するロックの叙述を見ると、人間の両親は、丸ごと神の計画の中で行動するものとされており、ほとんど神の操り人形である。神は「両親を、人類の存続と子どもに生命を与えるという彼の偉大な計画における道具となし」、子どもたちを養育し教育することを両親の義務とした(85)。フィルマーは神から権力を引き出したが、宗教的含意は薄かった。彼の議論において、神からの授権のあとの現世の人間の行動は、直接神からの影響を受けない。しかしロックの場合、王権は神を起源としないと論じたのに対し、現世の家族そのものが神の世界計画の中に位置づけられている。人間の性欲さえ、神の意図に沿ったものとなる。つまりロックは、家族の起源とそこでの支配について、フィルマーの父権に対し、母権ではなく、神の権力を対置して、父の権力を無力化したといえよう。

このことは、家族が何のために存在するかという問題を変質させることになった。つまり、それまでの権力の議論では、家族は生命の保持と継承を基本的な目的として存在すると考えられていた。そこでの権力は、その目的の遂行を確保するためのものであった。それゆえ父権と王権が同一かつ連続的なものとして論じられたのである。フィルマーは、権力の根拠として、父の「産み出す」力を主張し、そこから父権の存在を弁証しようとした。しかしロックは、人間を「産む」のは神であるとしたことで、父の権力を否定すると同時に、人間の家族における生命の保存と継承という役割を奪いとってしまったのである。それに代わって彼が家族に与えたのは、理性的人間を教育するという役割である。それに関しては、父だけでなく母も共同して関わることにした。

さらにロックは、わずかでも両親（特に父）が持つ権力が継承されるのを否定するために、家族は子どもの教育のための一時的な組織で、子育てが終われば解散するようなはかない関係であると論じた。子どもは理性を使えるようになれば、両親のもとを離れる。こうして家族は、代々継承されて続くものではなく、一世代のみの核家族となった。このようにロックは、それまでのすべての権力論が当然の前提としていた生命の保持と継承のための家族という概念を根本から変え、しかも人間の権力が関わらないものとした。そして、父が権力を持ちそれが継承されることを否定したのである。彼の「自然状態」における家族は、個別的に、必要に応じて時々存在する子育てのための集団にすぎない。いわば〈子育て機能主義的家族〉とでもいえるものになったのである。

家族が生命の問題から引き離され、継続性を持たない一時的な関係とされたことは、女性にとりどのような意味を持つであろうか。家族が生命に関わらない機能主義的な組織とされることで、そこでの目的は理性的人間を育てること、そしてそれに必要な財を確保することに限定された。女性はそこで男性と共に子どもを養育し、教育する役割を担うとされる。これを見ると女性の役割は一見中立化する。つまりロックの議論は性中立的であるようにも見える。しかし家族の機能をこのようなものにすることは、父を無化するだけでなく、女「性」を無化し、女性という存在を無意味なものにすることにつながるのである。

まず理性的人間の教育について考えてみよう。ロックは子どもを養育し教育するという神から与えられた親の任務について、常に両親という言い方をして母も関わるものとしていた。しかし、アリストテレスをはじめとして、アキナスも含め、西洋では伝統的に女性は理性的ではないと考えられてきた（アキナス『神学大全』第一部第九二問題）。ロックは理性的人間に関する性別について語ってはいないが、そのような西洋の伝統の中で、何も語られないことは、それを承認し当然だと考えていたからだと解釈すべきであろう。そうであれば、理性的人間を育てるという任務は主として男性の仕事となり、女性はそこで補助的役割を果たすだけとなる。生命の保存と継承が家族の目的ならば、女性は男性と共同して生命を産み出すことに関して役割を持つが、その目的のなくなった家族において、女性が〈女性として〉なすべき仕事はない。

これはロックが、権力の問題に関して、「永遠の生命」を失ったという「原罪」の意味をほとんど論じていないことと関連している。キリスト教の思想では、「原罪」を犯すからこそ、それにより失われた生命の永遠性と秩序とを、人間が家族と国家において確保することが必要とされたのであった。それが男性と女性への罰という形で確保されることになっていた。現世における家族の役割を果たすため、神の命令であった女性への罰である「産みの苦しみ」についても、何らかの考察がなされるべきであるが、「原罪」の意味を論じないロックが、それについて触れることはほとんどない。通常は女性が「原罪」を犯したことに対する「産みの苦しみ」という罰を神が宣告したと理解される文言についても、ロックは女性が「産みの苦しみ」を和らげることを行なってもかまわないと述べ、その影響を薄めようとしている。そしてそれは、神がアダムに統治権を与えたのではないことを主張する文脈の中で論じられている(86)。つまりロックの議論においては、女性の存在そのものに関してほとんど論じられることがないのである。しかし彼の思想の前提にあるキリスト教の教義からいって、女性が男性の下にあるべきことは動かせないことなのである。また家族における女性という観点から見た場合、彼の議論においてさらに重要なのは、所有の問題だと思われる。次にそれについて考察してみよう。

5　所有の問題と男性による国家

フィルマーの議論において、王は人間に対する支配だけでなくこの世の被造物に対する所有権もアダムから引き継ぐと主張されたのに対し、ロックは所有に関しても反論を展開した。彼は、地上の被造物の所有権は、自分を保存するためにすべての人に与えられたとする。そしてその所有権は、子どもたちに引き継がれると主張したのであった。これは『統治二論』のいくつかの箇所で論じられている。そこでは、「人類（mankind）」や「子どもたち（children）」という性中立的な語が多く使われているのだが、実はその主張の基礎となる聖書のテキスト解釈の「第一篇」第四章四〇では、地上のものの所有権は、神から「人間の息子たち（the sons of men）」の共有として与えられたと述べられているのである。(87) すなわち、地上の被造物に対する共通の所有権を持つのは、「息子たち」つまり男性に限られる。原文における「息子たち（the sons）」という語は、加藤節訳『統治二論』（岩波文庫版）でも、伊藤宏之訳『統治論』（柏書房版）でも、なぜか性中立的な「人の子ら」と訳されている。意図的なのか単なる誤訳なのか、または聖書の常套句に依拠したのかはわからないが、この違いは、ロックの所有権概念を女性の立場から分析する時、まったく異なる解釈へと導くであろう。これから述べるように、ロックの所有に関する議論は、女性が国家から除外される問題を考察する時重要であるので、翻訳におけるこの違いは重大である。(88)

ロックはこのように、地上のものは男性たちが共有すると主張した。そして、最初は共有だったものが、どのように個々人の私有財産となるかを分析した。彼は、共有財に対して個々人が自分の所有する肉体を使い労働を加えることで、自分の生存に必要な分を自分のものにできるというのである。(89) こうして男性の個々人は、自分の所有財を持つことになる。さらにロックは、このような所有を保障する労働は、現世の人間に神から命じられたとも述べる。[90] 人間が「原罪」を犯した結果男性に罰として与えられたのが、労働して日々の糧を得ることであった。それゆえ、労働が所有権を生むのであれば、それを所有するのは労働を神から命じられた男性だけとなろう。彼は、「原罪」の結果現世で生きる女性に与えられた罰については論じなかったが、男性に与えられた罰についてだけ詳しく考察したことになる。女性の罰を検討することの少なさと比較する時、大きな対照をなしているといえよう。

これまでの考察に基づき、構図を描くことができる。まず、現世におけるアダムとイヴの結合から創られる家族においては、神の意図により子どもが生まれ、神の命令に従って、両親が理性的人間として教育する。その時、主要な役割を担うのは、当然理性的な存在とされている男性であろう。また、自己保存と子どもの養育に必要な財を労働によって獲得するのも、男性の仕事である。すなわち、家族に与えられた任務は、二つとも主として男性によって果たされるべきもので、女性が女性として果たすべき役割はほとんど無い。そうであれば、家族において女性は、育児に関わる雑用と家事を果たす程度の補助的な役割だけを担うことになろう。「原罪」を重視せず、生命を産み育てるという現世での人間に与えられた役割がほとんど神の担当になれば、「原罪」による女性への罰もあまり意味がない。

さらに、このような家族により育てられた理性的な男性は、一人前になると両親から離れて独立する。そして、神の命令によりなすべきとされた労働により、自分の所有財を獲得して生きていくのである。その人生の過程で、女性と結びつき、子どもの育成のために家族を形成する。しかしこれも子育てが終われば解消してもかまわない関係であるから、男性の生において一時的に果たすべき役割という意味しか持たないことになろう。すなわち、ロックの描いた「自然状態」は、このように理性的に育てられ独立した「息子たち」が自分で所有物を持ちながら、個々人として理性により解釈した自然法に従って生きていくという構図だったと考えられる。ここでの男性は、

〈個人〉として自分自身と自分の所有物に対する権利を持つ。すなわち、フィルマーが一人の王に対してアダムからの権力の継承を認めようとしたのに対し、ロックの議論においては、個々の男性が、みな神がアダムに与えた権力の継承者になる。つまり、自分という王国の王となるのである。[91]

ロックが『統治二論』の第二篇第二章の「自然状態について」で描いたのは、このような個々人の男性の状態だった。ロックは、「自然状態」において女性がどうなるのかを論じていないが、理性と所有権という観点から考えると、女性が男性同様独立した個人として生きていくことになるという議論にはならないであろう。「自然状態」は基本的に、家族ではなく、理性的に育てられた息子たちすなわち〈男性の個人〉が並存している状態として考えられる。この点は、家族の並存状態を考えたトマス主義者たちとは異なっている。ロックの議論においては、「自然状態」において家族は時々成立し、そして消滅する。それは生命の保存や継承を主とする集合体でもないし、権力性も持たない。家族が生命に関わらないのであれば、家族では、基本的に人間の生が女性と男性に分かれているという意味、すなわち共同して生命を産み出すことは意味の無いものとなる。それゆえ性的存在としての女性は意味を失い、時々成立する家族において、子育ての補助的役割を果たすだけの存在すなわち「助け手」となるのである。

このようにロックは、生命を「産み出す」という行為を神に戻すことで、家族における父権だけでなく人間の男性と女性という「性」そのものも無意味化した。それゆえ、その議論は一見性中立的な〈個人〉を前提としているようであるが、その〈個人〉は、理性と財産という属性から見て、男性でしかありえないのである。

そして男性たちが、国家を設立する契約を結ぶ。つまりロックの社会契約は、家族を従えた父が結ぶのではなく、〈個人〉として生きる男性すなわち「息子たち」が結ぶことになる。そして結ばれた契約は、父の財産である土地の相続を承諾することで、息子に引き継がれるのである。こうしてみるとロックの政治理論は、〈男性主義的国家〉を弁証するものであるといえよう。

ロックは、フィルマーの父権の議論に対抗するために、父権の基礎となる家族における生命を産み出す力を否定し、それを神に戻すことで、権力の問題に革命的変化をもたらした。彼は、人間を生命の継続に関して努力することから解放し、それを神に預け返した。それは家族が生命と関わる組織であることをやめることであり、また国家権力の基盤であることをやめることを意味した。それによって、女性を権力の埒外に置きながら、男性だけで自分自身を含めて所有を守るために国家を作るというのがロックの社会契約論の構図なのである。それは、これまでの権力論の伝統を大きく転換するものであり、また、近代の政治革命を神からの解放ととらえるならば、ホッブズの革命性とは対照的に、反革命性を持っていたといえるのである。それはどのような意味か。本書で見た他の論者の議論とどのように異なるのかを、彼らの議論と比較し検討することにしよう。

第三節　権力論における家族と女性

1　家族と国家権力

家族と国家の権力と女性の問題を考察する本書において、最初にアウグスティヌスとホッブズの議論を対比して考察したのは、彼らの議論が、権力に関する基本的な枠組みを示していたからである。それは、人間社会において、なぜ権力が必要なのか、どのように支配が成立するのかという基本的な問題を問うものであった。第一章から第三章までで示したように、両者とも、人間の生命の保存と継承のために権力が必要であるという立場に立っていた。アウグスティヌスの場合はその前提として、人間が神に対する「原罪」を犯し、平和と「永遠の生命」を失ったという説明があり、そこから現世における生命の保存と継承のために家族や国家、そして権力の必要性が論じられた。

それに対しホッブズは、神のまったく存在しない「自然状態」を対置した。しかし、両者の現世における基本的な権力に関する議論の構造は類似していた。人間が生きるために、また生命を継承するために、家族という集団があり父権が存在する。そして、家族が拡大することで国家ができるが、国家の目的は、人間の生を保障するための平和、秩序の維持であった。そのために権力が存在する。これらを現世における人間は、自分の手で確保する必要があったのである。この権力論を基本として、その他の議論がここからどのような変化を遂げたのか検討してみる（図2参照）。

アウグスティヌスおよびホッブズは、人間の生の確保という目的が家族から国家へと貫かれ、家族が拡大することで国家が成立すると考える。ホッブズは国家のできる道筋として「父系相続による王国」と契約により設立する国家の二種類を論じたが、両者とも家族と国家の継続性については変わらない。そして、家族においても国家においても、集団をまとめるための権力が存在する。アウグスティヌスもホッブズも、ローマ国家を参考にしたため、このような構造になったと考えられる。それに対し他の論者の権力論では、この構造に比してさまざまな点が変化していくのである。

まず、アリストテレスは、家族を人間の生や生活の必要により成立する集団だと考え、村を経て国家へと拡大していくとした。家族が国家へと連続するという点ではアウグスティヌスらと同じである。しかし、国家の目的は家族とは異なると論じられる。人間集団の規模の拡大は、その目的をも変化させる。国家は、生や生活の保障ではなく、最高善を実現するための集団となる。彼は人間の知性や倫理性を重視したから、ただ生きるというだけでは、人間の生としては不十分だったのである。

アキナスはこうしたアリストテレスの人間に関する見解から影響を受け、人間が理性や言語を持つことについて考察したが、人間集団の発展について、独自の権力論を展開した。望ましい形の指導的な権力と、「原罪」後に導

図 2　家族と国家の権力

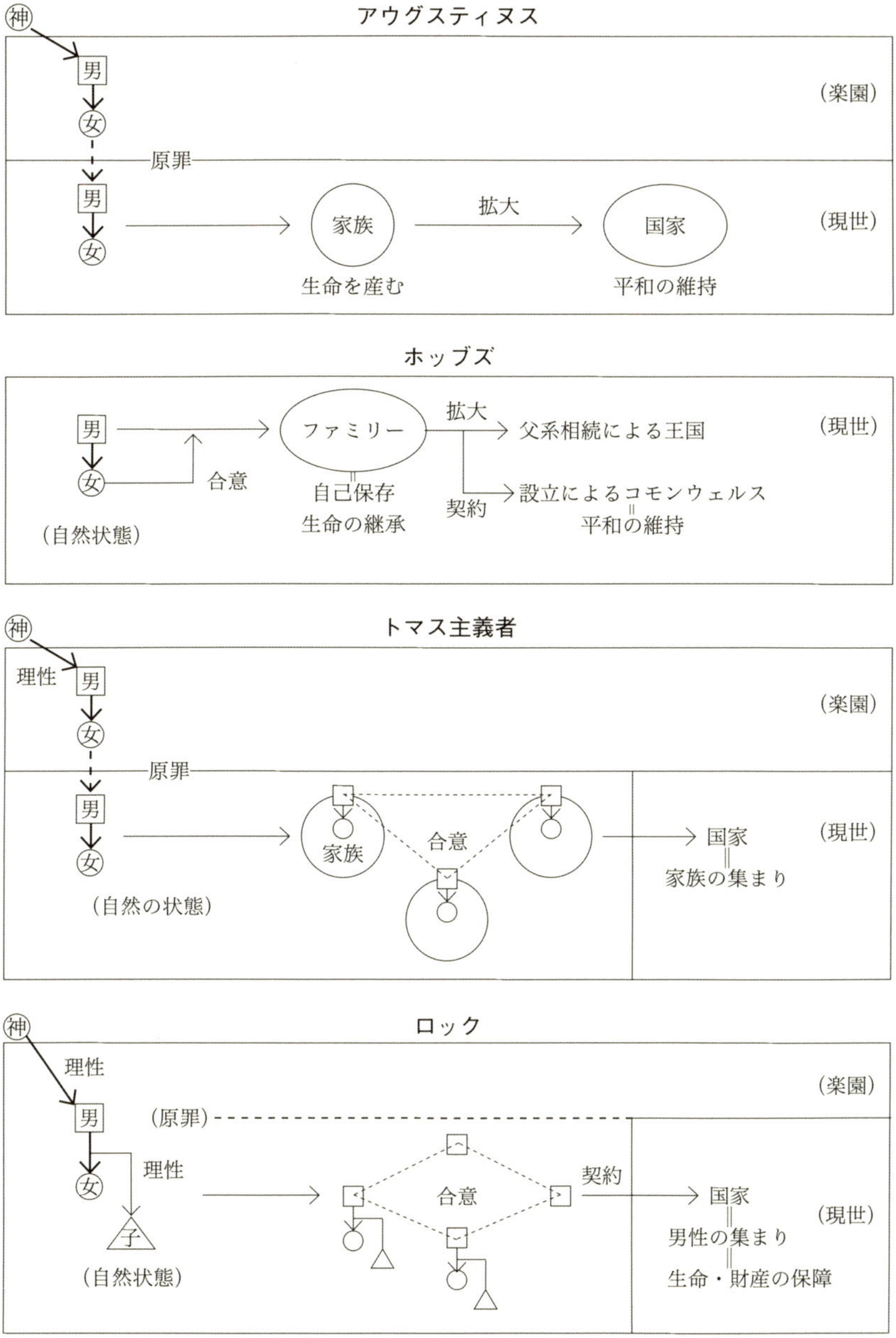
アウグスティヌス
神
男
女
(楽園)
原罪
男
女
家族
生命を産む
拡大
国家
平和の維持
(現世)
ホッブズ
男
女
合意
(自然状態)
ファミリー
自己保存
生命の継承
拡大
父系相続による王国
(現世)
契約
設立によるコモンウェルス
平和の維持
トマス主義者
神
理性
男
女
(楽園)
原罪
男
女
(自然の状態)
家族
合意
国家
家族の集まり
(現世)
ロック
神
理性
男
(原罪)
(楽園)
理性
女
子
(自然状態)
合意
契約
国家
男性の集まり
生命・財産の保障
(現世)

入された強制的権力の区別である。しかし彼にとっても、国家の目的はただ生きることの保障ではなく、共通善の実現であった。それゆえこのふたりは、人間の理性の強調と、国家が善をめざすものであると論じる点において、アウグスティヌスらの権力論とは異なるのである。

これに対してトマス主義者たちの権力論の特徴は、「原罪」後で国家設立前の状態として「自然の状態」を想定したことである。彼らも人間が理性を持っており、現世で家族を形成すると考えたが、家族における父権を持つ男性たちが、「自然の状態」において相互に平等な関係として存在するとした。そして、父たる男性たちが、相互に合意することで国家が設立されると論じたのであった。つまり、家族における権力と、国家における権力とを分離したのである。彼らによって、家族と国家とは連続性を失った。家族と国家は異なる目的を持ち、その起源も異にすることになったのである。

ロックは、彼らと同様「自然状態」を想定した。しかしその「自然状態」は、限りなく「原罪」を犯す前の状態に近い。現世の「自然状態」でも、人間は神の直接の指令下にあるのだから、「原罪」による区切りはほとんどないといえる状態である。つまりロックの「自然状態」は、トマス主義者とは異なり「原罪」前と連続している。アウグスティヌスにとっては「原罪」が重要な意味を持っていたので、それにより失われた生命の保存と継承が、現世に追放された人間の生の目的であり、そのために権力による秩序が必要であった。しかし「原罪」の意味があまり無いのであれば、現世における人間の生は、「楽園」にいた時とあまり変わらないものとなる。実際「楽園」にいた時は、何も考えずに神に従っていれば平和な秩序が存在し、安楽な生の継続が保障されていた。しかし、現世は「楽園」ではない。それゆえ、神からの命令を受け取る理性が人間には必要であり、また、自分の労働により自分の生に必要なものは保障しなければならないのである。基本的に人間の生命は神が司り、人間はその指令に基づき子どもを教育する。ロックの「自然状態」は、このように「楽園」に類似した現世の状態なのである。

ロックの「自然状態」における家族は一時的ではかない集合体である。それはアダムの子孫たる男性たちが、神の指令に基づき、理性的人間を育てるために形成される。そこには生命を引き継ぐ深刻さも、それを保障するための権力も存在しない。神が指令してくれるからである。理性的人間を教育するのであるから、家族においては理性を持つアダムの子孫である男性こそが主たる存在で、イヴの子孫たる女性は「助け手」となる。生命を産み出すための「助け手」ではなく、育児における「助け手」になるのである。これは望ましい状態なので、問題が起こらなければ、そのまま人間は生きるはずである。しかし、やはりここは現世である。神からの指令である自然法を守れない人間も存在する。それゆえ国家を作って国家権力を設定しようということになるのである。

このようにロックは、「楽園」と類似した「自然状態」を想定し、それを神の創った「楽園」とほとんど連続的なものとすることで、アウグスティヌスそしてホッブズの枠組みをすべて否定し、革命的な転換を行なった。すなわち、現世の人間が生を確保するために生きること、そのための組織として家族があること、それが拡大することで国家が成立すること、家族や国家の権力は人間の生を保障するためにあること、そして、これらのために人間自身が努力しなければならないことなどを、すべて否定した。それはロックが、人間の生を、神に預けてしまったからである。人間が自分たちの努力によって生の保障と存続を確保するために秩序を作る必要をなくしてしまったのである。かろうじて残ったのは、人間が自己の生を確保するために自身と所有物を保障する国家を作ることであった。

これらの権力論に比べると、フィルマーの議論は、神からアダムに父としての、そして王としての権力が与えられ、それが現世へと連続し、家族から国家へと拡大したという単純なものである。

こうしてロックは、家族と権力に関して革命的な転換を行なったのだが、それは女性と権力に関しても致命的な構造を作り出した。それについて、他の議論と比較しながら見ることにしよう。

2　権力論における女性

本書は、ホッブズを除くさまざまな論者の権力論において、キリスト教の教義の影響で女性は常に男性の下にあるべきだとされたことを見てきた。しかし、その論点はさまざまである。まずアウグスティヌスは、「原罪」を重視することにより、女性がそれに導いたことを非難し、女性や女性が表象する「性」に関して、道徳的な批判を行なった。そして教父であった彼の議論は、キリスト教の基本的な教えとして引き継がれていくことになった。

アリストテレスはキリスト教とは関係がないが、中世にキリスト教の思想に影響を与えることで、彼の自然的な考察における女性に関する議論が、キリスト教の思想家に引き継がれていくことになった。その一つは、女性の存在そのものが、「自然的」に男性より劣っているという主張である。アリストテレスは男性が物の本質である「形相」であり、女性はその材料である「質料」だと論じたが、これらはそのままアキナスに引き継がれた。また、人間の理性を重視して、男性が理性を持つ存在であるとした。これもロックに至るまで（そして実は現代まで）影響を持つことになった。

アキナスは、男性と女性それぞれに関してこのようなアリストテレスの議論を引き継いだが、彼はそれに加えて、「原罪」による権力論を展開し、現世における男性の女性に対する強制的な権力を肯定した。フォーテスキューについて見たように、この議論も後世まで影響を及ぼすことになるのである。

ルターは、アウグスティヌス同様「創世記」における女性の「原罪」を重視し、女性に対する道徳的非難を引き継いだが、結婚を肯定し、それを神の支配する関係の中に位置づけようとした。彼は、結婚の意味は子どもを産み育てることであるとして、その点に関しては両親を同列においた。しかし男女の関係においては、当然男性の女性に対する支配があるべきだと考えた。さらにルターは、男女の役割は異なるとして、その役割の違いを肉体的形態の違いと関連づけて論じたのであった。男女それぞれの役割の違いを、生まれつきの肉体の形態に結びつける考え方は、後の性別分業論へとつながるであろう。

トマス主義者は、アキナスの議論を引き継いだが、「自然の状態」で家族が成立すると考え、なおかつそれが人間の自由と両立すると論じることで、そこでの「人間」を家族の父であると前提した。それゆえ国家を合意によって作る時、契約を結ぶ主体は父たる男性となる。女性や子どもは、この父に支配される家族の形で、国家に統合される。

それに対してロックの議論においては、そもそも女性の影が薄い。ロックの人間（男性）は、基本的には単独で生きていて、子どもを育てる時だけ女性と関係を結ぶ。ここでの女性は「助け手」であり、子育てが終われば関係は解消してもよい。このように家族がはかない関係であり、また人間の基本的な生に関わるわけではないので、「自然状態」に不都合があるとして国家を設立する時に、人間の生の確保が問題になるわけではない。男性個人が、自分自身の肉体を含めた所有物の保障を目的として、契約を結ぶのである。女性は子育ての「助け手」としてわずかに登場するが、理性的な男性にとっては、家族も女性も重要な存在ではない。そして、女性を置き去りにして、自分個人の王国を守るために、国家を設立するのである。こうして、生命を保存するためだった家族も、それを共同して行なうはずだった女性も、ロックの社会契約によって作られた国家から排除され置き去りにされることになった。

それまでの権力論では、家族が生命の保存と継承のために存在するという基本的考え方は動かされないものであり、家族内で男性による家父長制が成立するのも、そのための統合の権力が必要だったからである。さらに家族が拡大したり家父たちの合意によって国家ができた時には、家族を支配する男性がそこに家族を引き連れて参加することになるので、家族は父に引きずられる形で国家に統合されることになる。それゆえ、家族員の生命の保障は、間接的に国家権力の目的に反映されることになろう。

しかしロックは、それまで人間にとって最も基本的な生の目的だった生命の保存と継承の問題を神に預け返すことで、人間の、生に関する責任を放棄した。彼は、人間の生も、家族も、女性もすべて置き去りにして、男性だけが自分の自由と所有を確保する形の国家を作ることにしたのである。そこでは女性も子どもの生命も、国家から除外され、国家により顧みられないことになる。ローマのファミリアを論じる中で述べたように、権力とは人を強制するものであると同時に、保護する意味合いも持つものであった。ロックは父の権力を否定するあまり、人間の生に関する人間の関与と責任を捨て去ったのである。その後彼の思想に基づき作られた自由主義国家を見る時、彼の思想があまりにも忠実に実現されているのに驚かされる。

このように見てくると、「原罪」の意味に向き合い、「楽園」という神の領域と現世を明確に分けて現世での権力を論じたアウグスティヌスよりも、現世での「自然状態」まで神の支配を認め、そこでの人間の生の問題を神に預けてしまったロックのほうが、現世の人間に対する神の影響力を広く認めていたともいえるだろう。また、同じ社会契約による国家を論じていても、この点においてロックの思想は、神の存在をまったく認めずに国家を考えたホッブズとは、まったくの対極にあるといえるのである。ホッブズの議論は、人間と神、そして女性という観点から真に革命的なものだったが、ロックの議論は、特に女性の観点から見た時、非常な反革命性を持っていたといえるだろう。

こうして男性の個人が自分の自由と所有物を守るために、女性を置き去りにして国家を設立するというロックの議論が革命において大きな影響力を持ったとすれば、革命後に成立した個人の自由を標榜する国家においても、女性が男性同様自由を享受するという状況への変化は望み得ないであろう。現実にイギリスにおいては、その後も妻の無権利状態は「カヴァチャー」によって存続することになる。しかしそれは、それまでの二つの「自然」という根拠とは異なる新しい「契約」という装いに替えられて可能になった。それゆえ一九世紀に女性たちは、権利の獲得と自らの状況の変革をめざす運動を始めたのである。次に「カヴァチャー」を契約概念により説明したブラックストンの議論とその後の動きについて検討し、最後にホッブズの議論を現代に生かす道をさぐることにしたい。

第九章　夫婦の権力・国家の権力

第一節　ブラックストンの位置

1　「カヴァチャー」の定式化

まず、妻の権利を否定した「カヴァチャー」の法理について検討する。先にも述べたように「カヴァチャー」の法理は、国家における政治革命後も、それとは無関係に一九世紀末まで（一部の権利に関しては二〇世紀まで）生き残ることになった。そこで重要な役割を果たしたのがブラックストンである。彼が『イングランド法評釈』で提示した法理論はそれまでの法理と異なる解釈によっており、その後の「カヴァチャー」の解釈にさまざまな影響を与え、その存続を可能にしたのであった。コモン・ローは法律家の間で引き継がれ、教育も大学ではなく法曹学院で行なわれていたことは述べたが、ブラックストンは、それまでローマ法およびカノン法だけを教えてきたオックスフォード大学で、初めてコモン・ローの講座の教授になった人物である。彼の著した『イングランド法評釈』は、その講義をもとに書かれた。それゆえ同書は、法律家をめざす人々に向けた本ではなく、一般人の教育を目的とするものであった。彼は、コモン・ローを統一的で調和のある一体のものとして説明しようとした。そしてこの本は、イングランド国内だけでなく、コモン・ローの体系を導入した独立後のアメリカでも非常な影響力を持ったのである。[1] 彼が定式化した「カヴァチャー」についても同様である。

ブラックストンによる「カヴァチャー」の定義をもう一度詳しく確認しておこう。

「婚姻により、夫と妻は法的に一つの人格となる。すなわち女性の人格と法的存在は、婚姻中は一時的に停止される。もしくは、少なくとも夫の人格に組み込まれ、合併される。夫の翼、保護、そして庇護のもとで、彼女はすべてのことを行なう。それゆえ我が法に使われるフランス語では「庇護された女性（feme-covert）」……という。……そして婚姻中の彼女の状態は「カヴァチャー（coverture）」と呼ばれる。婚姻によって夫または妻が取得するほとんどすべての法的権利、義務、そして無能力は、夫と妻の人格の結合（an union of person in husband and wife）というこの原則に依拠するのである[2]」。

女性が結婚することでその権利は夫がすべて行使し、妻は無権利状態になるという「カヴァチャー」の法理であるが、判例の積み重ねによって形成されてきたコモン・ローゆえに、歴史的に見ると、その内容の説明に関しては変遷がある。その点について詳しく分析しているストレットンの議論によって説明してみよう[3]。

一二世紀に論文を書いたグランヴィル（Glanville）として知られる作者[4]は、結婚生活において妻が法的制限を受ける理由は、「法的に女性は完全に夫の権力下にある」からだとして、夫が妻の財産を自由に処分することを認めた。一三世紀のブラクトン（Henry of Bracton）にとっても、妻が夫の権力や「夫の鞭」のもとで生きるのは自明のことであった。ここでは、夫と妻は別々の意志を持つが、妻が「夫の権力のもとにある」がゆえに夫が支配するという構造で、妻の身分が説明されている。

このような婚姻関係における妻の状態を「カヴァチャー（coverture）」という語で表現したのは、一五世紀のリトルトン（Thomas Littleton）である。彼は、「妻と夫は法的に一つの人格である」がゆえに、夫は妻に贈与することができないと論じた。この時彼は、ラテン語ではなく法律用のフランス語で叙述した。その中で「カヴァチャー」という語を使い、妻の身分について、「夫の権力下にある」という書き方ではなく、「庇護された女性（feme covert）」と表現した（これに対して独身女性は、feme sole と呼ばれる）。これは、このような結婚関係には権威だけでなく保護という観点も含まれることを強調できるような言い方であった。また、一七世紀を代表する著名な法律家であるヘイル（Matthew Hale）も、妻の意志は夫の意志に従うと述べている(5)。

ここからわかるように、結婚関係における妻の従属状態は、古くは「夫の権力下にある」とされ、妻の意志を夫の意志に従わせると説明されることが多かった。しかしそこに、夫と妻は結婚により聖書にあるように一体となり、法的に「一つの人格」となるので、夫がその意志を代表するという説明が混在するようになった。後者の説明が明確に述べられるようになったのが一八世紀であり、最初にそれに依拠した法律家がマシュー・ベイコン（Matthew Bacon）であったという。彼は一七三六年に次のように述べて、妻の従属状態を説明した。「結婚した時から、法は夫と妻を一つの人格とみなす。それゆえ彼らには一つの意志のみを許す。それは、家族を養い統治するのに最適で最も能力のある者としての夫が持つものとする(6)」。ここでは、「一つの人格」の法的意味として、一つの意志のみを認めるという要件が付け加わった。このような変化を背景として、ブラックストンの定式化が行なわれたのである。それは、それまでの「カヴァチャー」解釈をいくつもの点で変更するものであった。

一七世紀までのコモン・ローの法律家にとっては、婚姻関係において妻が夫に従属するのはあまりにも自明のことであった。フォーテスキューについて示したように、それは聖書に書かれているように神が定めたことであるし、また、肉体的にも男性が女性の優位に立つことは自明のことだからである。つまり二つの「自然」が根拠とされていたのである。ここではあくまでも男性と女性という二つの人格が別々の存在として考えられており、その関係においてどちらが優位に立つかという形で考察された上で、「自然」を根拠として男性の優位が論じられた。それゆえ夫婦関係における決定に関しては、夫の「意志」と妻の「意志」の存在を前提とした上で、夫の「意志」に基づき決定するとされたのである。

それに対しブラックストンは、夫と妻の関係を「人格の結合（an union of person）」という論理により説明した。これは夫と妻が別々の人格ではなく、一体化した一つの人格になるという意味である。それゆえ当然そこには一つの意志しか存在し得ない。そして、それは夫の意志なのである。このような「人格の結合」すなわち「ユニオン」に基づき夫婦間の権利関係を論じ、その結合関係（ユニオン）において、一つの意志しか存在しないという論理構造は、あたかもホッブズの権力に関する論理を思わせる。ホッブズは、国家における権力を論じる時も、男女の婚姻関係についても、人間同士の「ユニオン」という結合を重要だと考え、それにより集団の「意志（will）」が一つになることを主張した。これと類似の論理で説明されるブラックストンの「カヴァチャー」は、夫婦間に強い権力関係が成立するという意味を持つものであろう。

しかしブラックストンは、そのように考えてはいなかった。彼は革命後の個人の自由を重視する一八世紀の社会に生きており、自らの議論を、女性個人の自由を尊重するものであると考えていたのである。まず彼は、結婚は国家法に基づく契約であると考えた。それは、教会の支配する聖なる関係ではなく、男性と女性の合意により成り立つものである。(7) そして、長いこと「カヴァチャー」の根拠として使われてきた二つの「自然」、すなわち神の制定であるということと、男性の肉体的な力を根拠とすることを否定した。彼は、夫婦をあらわす際に慣例として使われてきた「主人と妻（baron and feme または man and wife）」という表現ではなく、単に「夫と妻（husband and wife）」という表現を使用した。そして「カヴァチャー」による妻の無権利状態は、女性が結婚に合意した時に受け入れたことである。すなわち契約の当事者たる女性が意図し、その能力を持つがゆえに契約を結んだのであるから、有効となる。そして妻たちは、所有されているのではなく単に依存しているだけなのだとした。[8] 合意による服従という点においても、ホッブズを連想させる。

加えて彼は、こうした状態は妻の利益になり、妻を守るためだと述べる。「カヴァチャー」のあいだ妻は保護され、責任も負う必要がない。そのような状態をブラックストンは、「イングランドの妻たちの最大の特権の一つ」と表現している。ブラックストンの「カヴァチャー」に関する議論を詳しく分析したストレットンは、ブラックストンは結婚について理想的かつ楽観的に描いており、彼の「カヴァチャー」の説明は、コモン・ローにおける温情的パターナリズムの表現であると評している。[9] こうしてブラックストンは、それまでの理論とは異なり、合意による契約という新しい時代の論理に基づき論じたがゆえに、「カヴァチャー」を時代に適合的なものに変え、その延命に手を貸すことになったといえよう。

ストレットンは、ブラックストンは啓蒙の原則に間違いなくコミットしていたと述べ、彼の議論の内容を次の三点にまとめている。一つが、夫の意志に覆われているが完全には消滅しないものとして、妻の意志を認めたこと。二つめは、夫の肉体的力の優位性を否定すること。そして三つめは、妻の従属における聖書の意味を否定することである。[10] つまり彼は、女性の従属に関して、それまで使われてきた二つの「自然」を根拠とすることを拒否したのである。

本書の関心から見て重要なのは、三点めである。西洋キリスト教世界では、男女の関係を考える際に、聖書に書かれた神の命令が基本であり、それがさまざまな形をとって女性に対する抑圧構造を正当化してきたことは、ここまで見たとおりである。しかしブラックストンにとって、イヴの犯した罪やパウロの教えは、妻の法的地位を検討する時何の意味も持たなかった。彼によれば「カヴァチャー」における夫の権利は、国家における目的のために、単に法によって作られたものである。それゆえそれは「自然に基礎を持たない（no foundation in nature）」。[11] 人間の法や国家の慣習が夫への女性の服従を定めているのは、「自然に基礎を持つ（a Foundation in Nature）」と述べたロックとの違いは明らかであろう。

なぜブラックストンがこのようにキリスト教の教えから解放されたのかについてストレットンは、彼が法を科学的で系統だったやり方で整理したいと考えたからであろうと述べている。コモン・ローにおける「カヴァチャー」の議論は、個別の事件の判例の中で示され積み上げられてきた法理であって、体系的に展開されてきたわけではない。それをブラックストンは体系化しようとした。彼にとって、「法は理性の完全な形」であり、「検討され、組織立てられ、説明されるべき科学」だったのである[12]。神に頼るのでなく、理性に基づき説明しようとするこの態度にも、ホッブズとの類似が見てとれるのではあるまいか。

ブラックストンの「カヴァチャー」に関する議論は、こうして国家を契約に基づいて説明したロックがやり残した夫婦間の権力関係について、意志に基づく完全な契約によって説明するものであった。それは、「個人の自由」という新しい考え方に基づき、力や神に頼らずに、契約という新しい原則により女性の従属を弁証することで、女性の従属の再編を行なうことになった。しかし、契約という原理にもかかわらず、彼の論じた夫婦間の権力関係は、夫がすべての権力を握るという専制的な形態をとっており、妻の権利の行使を完全に否定していた。次に見るように、ブラックストンは、国家権力に関しては個人の自由と平等を標榜し、混合政体を唱えたのであるが、この点において彼の議論は、国家権力に関する内容と大きな矛盾を示している。しかしそれはコモン・ローの伝統でもあった。次に国家権力に関するコモン・ローの伝統およびブラックストンの国家権力に関する議論を見ることにしよう。

2　国家における混合政体論

一八世紀の混合政体論とコモン・ローの関係について論じたリーバマンによれば、すでにこの頃には、イギリスの憲法体制のモデルの中に政治的自由の原則が発見されるという考え方が広く共有されていたという。つまり、革命後の国家において政治的自由を享受することができるのは、専制を防ぐ立憲制秩序の結果であるということである。さまざまな見解の相違にもかかわらず、政治的制度を複雑にすることが自由を守るという点においては、一致があった。そしてその複雑さとは、混合政体を意味したのである。(13)

王権をめぐる論争の項で、革命前の論争においては、王権の絶対性を主張する議論および人民からの移譲を主張する議論と並んで、法により王権のあり方を説明しようとする人々が存在したことに言及した。すなわちコモン・ローの法律家が法の伝統に基づき主張したのである。法の伝統と継続性を重視するコモン・ローの法律家たちは、国家の枠組みを形成する法の重要性と、その法を作る権力を王は専制的に行使できないと伝統的に論じていた。たとえばフォーテスキューは、制定法が王国全体の合意によって定められたことを主張し、また前述した『自然法論』における二つの権力概念を反映して、イングランドの王は、政治的かつ王的な（political and royal）支配を行なうので、即位の時に、王と人々が選ぶ法や慣習を守ることを誓うのだと述べる。それゆえ王は、三身分の同意なしには法を作れず、刑を科すことや課税もできないのだと論じた。(14)

一六世紀の終わり頃から法律家たちは昔の文書を実践に使うようになり、ブラクトンやフォーテスキューの著作が再び出版された。それによりコモン・ローの古さが強調され、それが社会における知恵の結晶であることが主張されるようになったという。(15)そして、革命前に政治の正統性が疑われるようになると、権力の根拠が中世に求められるようになった。王は王権を神から与えられたと主張するのに対し、コモン・ローの法律家たちは、中世の著作を引用して法の至高性を主張するようになったのである。

こうしてブラクトンの著作が再び一六四〇年に出版され、フォーテスキューの著作も、一六一六年にセルデン（John Selden, 1584-1654）の編集により、『イングランド法の礼賛について』という新しい題名を与えられた上で出版された。このフォーテスキューの著作は人々の愛国心をかきたて、当時のベストセラーとなった。そして、フォーテスキューの議会の強調、混合政体論、イングランドの自由の守護者としての陪審の主張は、スチュアート朝の専制に対抗する策と考えられ、議会派の人々がたびたび依拠するものとなったのである。[16] 一七世紀の政治文化において、コモン・ロー概念はこのように大きな影響力を持ち、当時のイングランド人は、君主の正統な権力は、判事たちの専門家としての研鑽によって定義されると考えていたという。[17]

このような流れに大きな影響力を持ったのは、ホッブズが『哲学者と法学徒の対話』において主な批判の対象としたクック（Edward Coke, 1552–1634）である。彼は、コモン・ローの伝統である法の至高性と専門家としての判事の重要性という考え方を、非常に強調して論じた。[18] クックは、コモン・ローを、記憶にないほど古くから続いてきた慣習で、専門家としての判事がイングランドの状況に適用してきたがゆえに合理的であると主張した。そしてそれを「理性」と呼んだ。コモン・ローの解釈には手続きや適用性などの知識が必要で、そのため判事たちが経験と研鑽により積み上げていくのであると論じたのであった。こうした「判事の作る法」というコモン・ローの考え方が、法を作る主権者の権力を主張するホッブズと相容れないことは明白であろう。[19]

また革命期に生き、偉大な法律家として王にも革命政府にも仕えたヘイルも、『哲学者と法学徒との対話』を批判する中で、王は主権を持つが議会の勧告と同意なしに法は作れないこと、マグナ・カルタをはじめとする憲章は王と臣民との契約であって、もともと人民に属していた自由の確認であることなどを論じた。彼は、そうした文書は臣民の自由と財産を守るためであり、歴代の王たちによって認められてきたことは、即位宣誓の文言に現れていると主張したのである。[20]

こうして、はじめは王の権力の法的根拠の問題として争われていた議論が、次第に国家の統治体制の問題、すなわち立憲体制の問題へと発展していくことになった。このような流れの中で、コモン・ローと混合政体論は、市民の自由を守るという点から重要だとみなされていった。なぜなら混合政体は、王が議会を通じなければ法を改変することができないという意味で王権を縛り、他方で王は、コモン・ローの機構を動員しない限り、専制的には臣民を罰することができないからである。そして、一六八八年の名誉革命後の国家において、スチュアート朝の絶対主義と王の神授権は強く否定され、革命後に即位したウィリアムとメアリーは、議会で合意された制定法と慣習に従って統治することを宣誓したのであった。

一八世紀に生きたブラックストンは、このようなコモン・ローの伝統を引き継いだ上で、契約という新しい考え方、また、モンテスキューの政体分析からの影響も受けながら、自由の保障という観点から混合政体論を展開した。彼は、国家権力に関して、法を作る権利すなわち立法権と法を強制する権利すなわち行政権とを分離する。そして、イギリスでは行政権は王一人が持つが、立法権は王と貴族院、庶民院の三者からなる議会が持つと論じた。いわゆる「議会の中の王（the King in Parliament）」という考え方である。ブラックストンは、立法行為は他者に対して優位さを示すための最も偉大な行為であるとして、それは至高の権力によって行なわれなければならず、それこそが、法の本質にとっての必要条件であると論じる。すなわち、主権とは立法行為を行なう権力のことなのである。「主権と立法行為は互換的な言葉であり、相互に欠いては存在不可能である」[21]。そして、その主権たる立法権は、三者が分け持つとしたのである。

彼は、行政権を立法権に従うものとし、政体のバランスをとることが非常に重要だと考える。この両権が結合して王が握ると、専制になって自由のない状態が引き起こされるからである。しかし反対に、これらを完全に分離しても、同様に専制を招くと考える。なぜなら、分離に対抗しようとして結合が生まれ、そこから行政権への侵食が始まるからである。すなわち彼は、議会の専制にも反対したのであった。重要なのは、行政権を持つ王が議会の内部に入り、その一部として拒否権を持つことであり、それによって議会による専制も防ぐことができるとブラックストンは論じたのである。

このようにイギリスの政体は、立法部の一部でありながらなおかつ完全な行政部であるという王位の混合的性質によって、人工的に関係づけられている。すべての部分が相互にチェックしあうことで政体の真の優秀さが作られ、自由と社会の幸福が実現する方向へ向かうとブラックストンは論じたのであった[22]。彼にとり最も重要だったのは、イギリス人の自由と所有権の保障であり、彼はそのためにコモン・ローにおける法概念を明確化しようとした。法とは、「イギリス人にとって無類の至福たる平等な自由の精神の純粋な成果」だったからである[23]。

このようにコモン・ローの法律家たちは、一貫して王の権力を抑えるために法の縛りをかけ、権力同士抑制しあう政体を主張してきた。その一方で、夫婦間の権力については、「カヴァチャー」の法理により夫の専制的な権力を容認してきたのであった。ブラックストンの議論もその伝統にそったものである。彼は、革命後の啓蒙の時代において、神による制定を拒否し、契約という論理を使い、自由という原則を実現するという意図を持って、夫婦間の権利関係を明確化しようとした。しかし、結果としては、現実には妻にまったく権利を与えることなく、妻たちの状況は以前と変わらなかったのである。しかも、契約の論理によりそれを近代化することで、その法理の延命に手を貸すことになった。

法律家たちは、国家権力に関しては自由を保障するための混合政体論を主張したのに対し、家族における夫婦間の権力関係については、妻を抑圧する専制を主張した点で、大きなねじれを示していたといえよう。それに対してホッブズは、夫婦の関係について「ユニオン」により成立する夫の権力と並んで、「パートナーシップ」という共同的な権力関係を示していた。国家において単一的な主権のあり方を論じたホッブズは、この点に関して法律家たちとは逆のねじれをもって、女性の権利を保障する関係を示したといえるのである。

以上のように、国家権力と夫婦間の権力の両方を見た場合、ブラックストンは、契約によって国家を説明したロックがやり残した夫婦関係についても契約に基づき解釈することで、自由主義国家の構造を完成させたといえるだろう。しかし彼の論じた夫婦関係の実態は、まったく女性の自由を保障しないものであった。これが近代の自由主義国家の構造である。しかしブラックストンが、夫婦の権利関係を神から解放したことは重要である。これにより、後述するペイトマンの「性契約」の議論に見るように、はじめて神から解放され純粋に自由主義国家における契約の問題として、夫婦間の権利関係に関する批判が可能になるからである。

このように一八世紀には、契約という論理により国家と家族内の権力関係が説明された。そこでは人々は、自由で平等であることが前提とされる。しかし、結婚した妻たちがまったくの無権利状態となることについては、夫に保護される特権として考えられたのであった。こうした自由主義国家の構造に対して、一九世紀には女性たちの権利獲得運動が開始されるのである。

3　女性たちの運動と自由の主張

ブラックストンは自由という概念に基づき妻に対する抑圧を論証したのだが、彼が活躍した一八世紀は啓蒙の時代、そしてフランス革命の時代でもあった。それゆえ、こうした世の中の動きが女性たちにも大きな影響を与えた。自由によって女性に対する抑圧を正当化するという自由主義国家の欺瞞に対して、すぐさま女性たちは疑問の声を上げたのである。たとえばメアリ・アステルは、「もし、すべての男性が自由に生まれたとしたなら、すべての女性はどのようにして奴隷状態に生まれたのでしょう」と述べる。(24) また、メアリ・ウルストンクラフトは、『女性の権利の擁護（*A Vindication of Rights of Woman*）』を書いて、文字通り「すべての人間」に権利が与えられるよう主張した。その上で彼女は、市民生活の基礎として家庭生活を位置づける必要を唱える。家庭生活における平等こそ、平等な市民生活の基礎となるはずであった。(25) しかし、そうした主張がとりあげられることはなかった。

一九世紀になるとイギリスの女性たちは、一定の権利を持っていた独身女性も、また「カヴァチャー」により無権利状態を強いられていた既婚女性も、それぞれの問題を解決するために運動を開始する。[26] 両者とも最終的な目標は選挙権の獲得であった。[27] その過程で、第一次選挙法改正の影響を受けて一八三九年に母にも親権が与えられたのをはじめとして、妻の権利が少しずつ獲得されていった。他の権利の獲得にも大きな影響を与える財産の所有に関して、妻が「カヴァチャー」の原則から解放され完全な財産所有権を持ったのは一八八二年のことである。しかし、夫と妻の離婚事由が平等になったのは一九二三年であり、また、妻が夫と同じ契約締結能力や不法行為に関する訴訟能力を認められたのは、実に一九三五年のことだったのである。

一八八二年に妻が完全な財産所有権を獲得したことにより、所有権に基づく市民としての権利である選挙権の制限撤廃の主張が可能となった。そのような時代の流れの中で、女性たちの主張を擁護したのがJ・S・ミルである。ミルは、国会議員をしていた一八六〇年代に、イギリス選挙法の第二次改正にあたって、女性も法の中に含めるよう提案したことで有名であるが、[28] その主張を『女性の隷従（*The Subjection of Women*）』で詳しく論じた。

ミルの主張は、『自由論』における議論を前提としている。彼は、「効用を、すべての倫理的問題に関する究極的な人心に対する訴えである」とするが、その効用は「進歩する存在としての人間の恒久的利益を基礎とする、最も広い意味における効用でなくてはならない」と考える。そして、他人の利益に関係ある行動に対してのみ、外からの規制が許されるのだと論じる。[29] 誰もが各自の個性を自由に発達させる権利を平等に認められることが、社会的正義にかなうのであり、個人の幸福と人類の進歩に貢献するのである。

ミルは、こうした原則を女性にも適用しようとした。現存する女性の隷従状態は、さまざまな社会的慣行により作り上げられてきた。また、そうした状態を自然だと考える感情に根ざすがゆえに、論理的反論があまり有効ではない。しかし彼は、「通常、自然ではないということは単に慣れていないという意味で、慣れていることは、自然に見えるものなのである」[30]として、女性の隷従状態の変革を訴えた。

『女性の隷従』では女性をめぐるさまざまな問題点が指摘され、特に第二章では妻の隷従状態が非難される。しかし、ミルの叙述は事実の批判にとどまり、なぜそのような状態が引き起こされ、どのような解決の処方箋があるのかについては示されない。彼は女性の隷従は男性の肉体的優位を法的権利に変えることで成立したと捉えるが[31]、その問題の解決のためには、自由を女性にも平等に認めるべきだと述べるだけである。しかも彼は、基本的には性別役割分業を認め、家族を政治と関連させて扱おうとしなかった。そうした意味で、ミルは自由主義国家の原則を貫徹しようとする自由主義者であり、男女同権論者であったといえるだろう。

このように一九世紀に展開された女性たちの運動は、自由主義が女性においても実現されることをめざした運動であった[32]。最終的に一九一八年に三〇歳以上の女性にも選挙権が与えられ、一九二八年には男子と同じ二一歳以上が資格要件となった。しかし、こうして男性と同じ権利を持つことになっても、相変わらず女性の問題は存在し続けた。権利が同じになったとしても、女性たちの生活は、相変わらず「女性である」という〈属性〉に支配され続けたからである。

それを解決するために一九七〇年代に起こったのが、フェミニズムの運動である。フェミニズムは、「女性である」という生物としての生まれつきの〈属性〉によって自分たちの生が支配されることを拒否するために、「ジェンダー（gender）」という概念を提示した。これは、生まれつきの性を意味する「セックス（sex）」に対する概念である。「女性である」という〈属性〉は、社会生活においては実質的な意味を持たない。女性に関連づけられているさまざまな役割や配置などは、社会的に構成されたものなのである。そうした区別のことを「ジェンダー」と呼び、生物としての生まれつきの〈属性〉である「セックス」による規定を断ち切ろうとしたのであった。それゆえこの概念は、性中立性をめざすものであり、フェミニズムの運動は、基本的に女性も「女性である」という〈属性〉の縛りを断ち切り、「個人」として自由に活動することをめざす自由主義の系譜に連なるものだったといえよう。

このような中で、男性としての個人が締結した社会契約によって形成される自由主義国家の構造そのものに関して、女性の立場から批判的に検討したのがキャロル・ペイトマンである。彼女は、ロックの社会契約論に基づく国家、そして、それを補完する形でブラックストンによって定式化された夫婦関係の構造に関して、さまざまな点を詳細に検討し、女性を抑圧する構造がどのように作られたのかを分析した。その上で、ホッブズが母権を論じていることに注目したのである。次にペイトマンの議論について考察しよう。

第二節　ペイトマンの自由主義批判

1　社会契約と「性契約」

キャロル・ペイトマンは、人間はみな自由で平等であるとされる自由主義国家において、なぜ依然として女性に対する不平等が存在するかについて、一貫して女性の観点から批判的に検討してきた。特に近代自由主義国家の成立を説明する社会契約論における女性の位置づけに注目した研究を行なっている。ペイトマンは、女性の問題を含めて自由主義国家を分析する時、自由で平等な個人が契約により国家を作るという社会契約論の説明だけでは、社会の構成について半分の物語だけしか語られていないと考える。実は社会契約の裏に、男性と女性が結婚関係を結ぶ「性契約」の物語があり、それと一体になって、自由で平等な「個人」が構成する政治社会における女性に対する抑圧構造が成立しえたのだというのである。本書は彼女の研究に多くを負っているが、彼女の議論の内容を、本書における分析と関連させて要約すると、以下のようになる。

本書では、ロックの議論においては、契約が男性の「個人」によって結ばれることを示した。それは、それまで国家を構成する主体として家族を支配する父たちが前提とされていたのに対し、独立した息子たちが、父にかわって互いに平等な立場で合意することにより国家を設立することを意味する。それゆえペイトマンは、ここで結ばれる契約を「兄弟的絆による契約（fraternal contract）」と呼ぶ。[33]「フラタニティー（Fraternity）」は、もちろんフランス革命の有名なスローガンの中で「自由・平等」と並んで唱えられる言葉である。日本語ではなぜか「友愛または博愛」と訳されるが、オックスフォード英語辞典を参照すると、「兄弟の関係、男性たちの組織」などという説明が並ぶ。その語源であるラテン語 fraternitas の英語訳は brotherhood である。つまり、「男性だけのつながり」を意味する言葉なのである。ペイトマンは、この語が象徴的に示すように、近代の国家を作った社会契約は、父たちではなく、息子たちの間における平等を保障する形で、つまり「兄弟的絆（brotherhood）」を持つものとして結ばれたものだと説明する。[34]

息子たちは、一人ずつの「個人」として契約により国家を作る。それゆえここには女性は含まれず、女性は自然の状態に取り残されるのである。しかし男性の「個人」だけでは社会は存続できないであろう。そこで男性は、国家外の自然の領域で女性と婚姻関係を結び、子どもが理性を使えるように育てるのである。それがロックの議論であった。こうして、国家と家族の領域が分離される。いわゆる「公的領域」と「私的領域」の分離である。[35] そして、それぞれの領域に男性と女性が配置されて考えられるようになり、それぞれの領域は、それぞれ異なるシンボルによって表象されるようになっていく。「公的領域」は、契約という作為によって作られ、自由・平等・理性・文化などによって表象される普遍的な領域であるのに対し、「私的領域」は、自然のまま存在し、自然的従属・感情・欲望・愛などにより表象される自然の領域である。このようにして、契約という〈作為〉の原理に基づく領域と自然の〈属性〉による領域からなる「家父長制構造を持つ市民社会」が成立したのだとペイトマンは論じたのであった。[36]

「家父長制」という概念は、フェミニストの運動の中で混乱を引き起こし、その使用に否定的な論者もいるが、ペイトマンは、これこそ女性に対する抑圧と従属の特殊性をつかみ、その支配関係を他の支配と区別する唯一の概念であると主張する。[37]そして、「家父長制」概念を使った分析を一貫して行なった。彼女はその概念を明確にするために、「家父長制」を三種類に分類した。すなわち、「伝統的家父長制」、「古典的家父長制」、「近代的家父長制」である。[38]

「伝統的家父長制」とは、国家における政治的支配を、家族における家父長の支配から発展したものと考える。すなわち、家族が発展して国家が作られる時、家父長が国家支配者へと移行したと考える。本書で扱った中では、ローマにモデルを採ったアウグスティヌスおよびホッブズの「父系相続による王国」の議論がそれに当たるであろう。これはある意味、歴史に根拠を持っている。

次の「古典的家父長制」とは、フィルマーにみられるように、家族の父がそのまま政治的支配者であるとする。ペイトマンによれば、これは、政治的権利と服従に関する非常に発達した理論であり、その種の最初のものであったという。そして「近代的家父長制」とは、「古典的家父長制」を打ち負かした契約論において唱えられたように、作為によって成立する家父長制を意味する。自由主義国家は、このように契約によって作られた家父長制社会であるとペイトマンはとらえ、ロックの議論に基づく自由主義を、「家父長制的自由主義（patriarchal liberalism）」と呼ぶ。[39]

このような「家父長制」概念は、二つの次元を持つことに注意すべきであるとペイトマンは述べる。一つは、父が息子を支配する「父権的」な次元、他は夫が妻を支配する「夫権的」な次元である。社会契約に基づき成立した自由主義国家は、「公・私」の分離によって男性が女性を支配する構造を持つことで、社会全体が「夫権的」家父長制構造を持つだけでなく、具体的な夫婦の関係においても、夫による支配すなわち「夫権的」な家父長制を成立させた。それがブラックストンのいう契約に基づく「カヴァチャー」という夫婦関係である。

ペイトマンは、このような夫婦関係を成立させる合意に基づく契約関係が、実は男性の「個人」たちが国家を成立させる社会契約という行為の裏にあり、これと一体になってこそ、家父長制的自由主義国家が構造として成立しえたのであると論じている。そして、社会関係を成立させる「社会契約（Social Contract）」と対をなすものとして、家父長制的な夫婦の性関係を成立させる契約を、「性契約（Sexual Contract）」と呼んだ。その上で「性契約」についての問題点を、『性契約（*The Sexual Contract*）』において考察した。

ブラックストンがはっきり示したように、夫婦関係の成立は男性と女性の意志に基づく契約による。しかしペイトマンは、この契約は、本来の契約概念とは異なる問題点を持っていると論じる。通常自由主義国家において語られる契約の概念は、対等な当事者が、自由に条件に関して交渉し、その上で合意し締結するというものである。すなわち、条件についての交渉が行なわれうることが前提となっている。しかし結婚契約は、一方の当事者が妻となり、他方の当事者が夫となることがあらかじめ決められており、そこから、それに伴う役割も前提とされるという形で結ばれる。その点において、自由な契約とは呼べないものなのである。ブラックストンの「カヴァチャー」について分析したストレットンは、「そこでの合意という概念は、教会のドアのところで突然終わり、婚姻中は交渉ができないような、狭い概念の合意なのである」と評している。(40)

「性契約」に関しては、もう一つ問題があるとペイトマンは論じる。それは、肉体の使用を対象にする契約であるという問題である。『性契約』では、契約を結ぶ当事者が、契約によって自分の肉体の使用を相手方に許可できるのかどうかに関して、さまざまな事例（たとえば労働者、売春婦、スポーツ選手や代理母など）が検討される。結婚も、夫婦が婚姻時に肉体関係を結ぶことに合意すると前提とされている。キリスト教の教義においては、それこそが結婚の目的だからである。しかしペイトマンは、人間の肉体の使用そのものを条件とする契約の有効性に疑問を投げかける。なぜなら、例えば奴隷の禁止に代表されるように、人間の肉体に対する他者による使用を認めることは、他者に対する隷属状態を作り出すからである。肉体も含めて自分の所有する財産を自由に処分させることに合意するという契約概念は、実は妻や労働者という任意の奴隷状態を作ることにつながるというのが彼女の主張である。(41) このように、夫婦関係を成立させる契約は、いくつもの点において、近代社会が前提としていると主張された対等な当事者同士が自由に結ぶ契約という概念からの逸脱を含み、それゆえに、男女の間に家父長制を成立させる「性契約」として機能するのである。

2 フェミニズムの主張

ペイトマンをはじめとして、フェミニズムの潮流の中で女性に関する政治理論の検討がなされたが、ここでフェミニズムの一般的主張がどのようなものだったのかをまとめておきたい。その中心をなしたのは、自由主義国家に形成された「公・私」の分離、すなわち、国家＝男性＝理性＝作為・文化で表象される「公的領域」と、家族＝女性＝肉体・愛情＝自然という「私的領域」を分け、「公」が「私」よりも優位にたつとする位置づけをいかに克服するかという点であった。フェミニズムの理論を整理すると、三つの思想的潮流の中の五つの理論として分類できるだろう。

まず、ロックに代表される家族と国家・市場の公私二分論の克服をめざすのが、リベラル・フェミニズムとマルクス主義フェミニズムである。リベラル・フェミニズムは、国家と家族が「公」と「私」に分離され、女性が家族という「私的領域」に押しこめられたことに対し、女性たちもその境界を超えて、「公・私」ともに自律性や個人の選択が保障されるべきだと主張する。これに対し、二分された社会構造を生命の生産と物の生産（すなわち出生の保障対生存の保障）に関わる家族対社会という構図でとらえるのがマルクス主義フェミニズムである。マルクス主義フェミニズムは、家族において女性に振り分けられたさまざまな労働（そこにはもちろん子どもの生命の生産も含まれる）が、社会における物の生産の基礎となるにもかかわらず、それらが無価値なものとして扱われることを問題視し、そのような社会構造の変革をめざす。この二つのフェミニズム理論においては、近代に成立した社会構造で家族と国家または社会が分断されたことが問題とされ、それを超越または連結することがめざされる。

他方、ロックの議論にあったような神の秩序から派生した「自然」という領域に女性が配置され、契約により成立した国家において「文化」を担う男性の下位に位置づけられる家父長制構造に対抗しようとする理論は、次の二つである。エコロジカル・フェミニズムは、「自然」＝女性、「作為」＝男性という構図において下位に位置づけられた思想概念としての「自然」を、地球や生物そして環境という現実の自然界の意味を含むものに読み替え、自然界に悪影響をもたらす男性の「作為」の原理よりも、自然と一体化し協同する女性の原理のほうが優れていると主張する。すなわち近代における「作為」という原理に対する評価を逆転し、「自然」の優位性を唱えるのである。またカルチュラル・フェミニズムは、同じく男性と女性の違いを認めながらも、そこから、女性には他者に対する思いやり（ケア）や共感というような独自の「文化」があり、それは、攻撃的で競争的な男性の「文化」より優れていると論じる。

この二つの理論は、根本的には男性と女性の違いを認めた上で、「作為」や「文化」と結びつく男性の優位に代わって、「自然」と結びつく女性の優位を主張している。すなわち、家父長制的自由主義により作られた「自然」と「文化」の分断の構造において、これまで劣位に置かれていた「自然」に付随する価値が重要であるとするものである。しかしそのことは、近代の作り出した構造を逆転させるだけであり、男性と女性の間にある家父長制の問題を解決することにはならないだろう。また、具体的な社会変革の道筋を持たずに女性の「自然」を肯定することは、女性を「自然」の存在とする近代の作り出した問題構造を温存させる危険をはらむともいえるだろう。

それに対し、神の定めた「自然」の秩序を最も先鋭的に批判したのが、ラディカル・フェミニズムである。特にその論客であったファイアストーンは、神の秩序のもとである、神が生命を産み出し、男女の性の区別を定めたという神話に対して根源的な批判を加え、それを超える対案を提示する。それは、人間を人工的に産み出す人工生殖の構想である。神による性の規定と、罰として女性に与えられた出産という行為により女性が「自然」の肉体に縛られるならば、人工生殖を使って、人間を産み出すことから女性を解放すればよい。それにより女性は、神の創った「自然」における「セックス」という性の二分法を超越し、性に関わるすべての呪縛から解放される。そのようにして女性も、近代がめざした本当の「個人」として生きていくことができるだろう。それがファイアストーンの「性の弁証法」という主張である。すなわち、神が男女を産み出し女性の従属を定めたという神話に対して、人間がそのような力を奪取することをめざしたのである。(42)

以上自然と関わる三つの理論は、いずれもこれまで女性の抑圧の根拠とされた神による「自然」や自由主義により「作為」と対比され劣位におかれた「自然」という領域に踏みとどまり、そこから構造を変えていこうとする。本書で見たように、西洋社会において女性の抑圧に大きな影響を持っていたのはキリスト教であった。神が人間を創り男性への従属を命じた上に、女性に出産という罰を課した。それに対し、生命を産む肉体を持つ女性という存在を清算してしまえば、それとともに抑圧構造も清算される。このように、神の秩序の根源に最も鋭く切り込んだのが、ファイアストーンだったといえるだろう。すなわちフェミニズムとは、究極的には、近代に至る革命によって国家支配における神の定めた家父長制が転覆されたと同じように、男女間における〈性と生殖の秩序〉においても神による秩序を転覆し、その根本にある男女の性別をも含めて、神ではなく人間がすべての秩序を作ることをめざした運動だったともいえる。これにより神の秩序の解体を目指した近代は完成するはずである。(43)

しかしペイトマンが指摘するように、そもそも男性と女性という「生態そのものは抑圧的ではない(44)」。フェミニズムが提起した問題は、男女がともに性的存在であることを否定せずに次世代の生命の育成すなわち生命の永続性を保障し、男女双方に抑圧のない人間社会の秩序を、人間がどのように作るのかという点にあるのだろう。その点から本書はホッブズの議論を評価するのだが、ホッブズについて女性を考えるという観点から最初に取り組んだのが、ペイトマンであった。次に、彼女のホッブズ分析を検討することにしたい。

3　ペイトマンによるホッブズ分析

ペイトマンは、「「神は男性を助けるべき者を定めた」――ホッブズ、家父長制そして婚姻の権利」という論考において、ホッブズの「母権」に関する議論を分析している。彼女はホッブズを、「男性の女性に対する自然的な支配は存在しないという前提から出発した唯一の契約論者」、また「西洋の政治理論の「伝統」の中にいるただ一人の論者」であると評価する。そして彼が、「自然状態」における最初の権力を「母権」であるとしながらも、最終的に家父長制構造を持つ「リヴァイアサン」の創設を論じるに至る過程を、「性契約」の概念を用いながら分析している。本書の問題関心と関わるのは、次の点である。

ペイトマンは、ホッブズの議論で、「自然状態」では最初に「母権」を持っていた女性が、なぜ「ファミリー」が形成される過程で「ファミリー」のメンバーとしてさえ数えられなくなり、その存在が消えてしまうのかに注目する。彼女の解釈によれば、「自然状態」における人間関係は、すべて「万人の万人に対する闘争」という状態にあり、そこでは永続的な関係は成立しない。それゆえ男女の性関係は一時的なものとなり、その後長い時間を経てから生まれる子どもは、母の権力のもとにある。これが「母権」であると、ホッブズの議論を理解する。

それでは、なぜこの「母権」が「父権」へと変化するのか。それをペイトマンは次のように解釈する。「自然状態」において子どもは必ず母の支配下にあり、女性は母としての権力を獲得する。しかしペイトマンは、母として権力を持つことにより、「自然状態」での闘争において女性が不利な状況におかれるというパラドックスが生じると述べる。なぜなら女性は、男性である個人との闘争の中で、自分だけでなく、幼い子どもも守らなければならないからである。こうして女性は母となり支配者となることにより、「自然状態」における止むことのない闘争の中で、征服されることになってしまう。母権は「束の間の権利以上のものにはなりえない[45]」。こうして男性たる個人は「ファミリー」を獲得し、「自然状態」は「家父長制的ファミリー」で満ちあふれる。ホッブズにおける「ファミリー」は、生殖ではなく征服により作られるとペイトマンは述べる[46]。この闘争における敗北により、女性は政治的に意味のない隷従の立場へと落とされていく。それゆえ女性は「ファミリー」のメンバーにさえ数えられないことになるのである。

ホッブズは男性と女性には能力に関して大きな違いがないと仮定していたのだから、女性が男性を打ち負かし、「ファミリー」を形成することもありうるだろう。しかし、女性は子どもを持つことで常に不利な立場におかれるので、何世代かたつ間に、いずれすべての女性が隷属的な地位におとされてしまうとペイトマンは解釈する。たとえ個人として闘いに勝利する女性がいたとしても、彼女たちは子孫を残さず死に絶えてしまうからである。そして社会契約が結ばれる時点までには、「自然状態」におけるすべての女性は、契約によって「ファミリー」に強制的に組み入れられ、男性の支配下に入る。この契約こそ、ペイトマンが「性契約」と呼ぶものである。

ここから先は、家父長制構造を持つコモンウェルスの形成の議論である。コモンウェルスが形成される前に、女性はすべて男性の支配下に入っているため、原契約は家父長制的な形で結ばれる。他の家父長制論者は、家族における家父長制を神の制定による当然のものとして前提していたのに対し、ホッブズの家父長制は、「特殊近代的」で、人間によって「制定された」ものであるとペイトマンは論じる。ペイトマンは、こうしたホッブズの議論の特殊性を初めて指摘したのである。そしてその家父長制は、「婚姻の権利、もっと正確に言えば性的権利(sex right)、すなわち男性が女性を性的に利用する権利（right of sexual access）に起源を持っている[47]」と解釈する。

こうして男性は、自然的な肉体による子どもを「産み出す」という行為を、自然の領域である「ファミリー」においで自分の支配下にある女性に割り当てた後、理性に基づく男性だけの合意によって、人工的な政治体を創設する。それは「産み出す」という行為を言語によってまねることだと、ペイトマンは考える[48]。彼女はこのような「リヴァイサン」の創出行為は、原契約への参加者が、男性として同様の肉体的形態を持つ時にだけ意味をなすことなのだと批判している[49]。そして、近代における政治社会の意味は、「女性と女性が象徴的に表すシンボル」の排除を通じて構成された。真に女性を含んだ意味で民主的な社会を作るには、近代政治社会を解体し、政治体の意味を再構成しなければならないと論じるのであった。彼女は、女性と男性という生態そのものが抑圧的なわけではないと述べ[50]、人類の二つの肉体と、女性と男性という個人のあり方が、どのように政治生活に完全に統合できるのかを考えることが必要だと主張している[51]。

以上のようなペイトマンの分析は、ホッブズの母権論について初めて女性の観点から解釈した画期的なものである。本書は彼女の考察に多くを負っているが、「自然状態」において女性が「母権」を持つ状態から「ファミリー」の成立までに女性の存在が消えてしまうことに関するペイトマンの理解を、本書の解釈と比較すると、次のようなことがいえる。

まずペイトマンは、男女の間においても、「自然状態」では常に闘争が存在すると考える。そこでの一時的な性交の合意は女性を従属関係にはおかないが、その結果子どもが生まれることが問題となる。子どもを持つことで「母権」が成立するにもかかわらず、それにより女性は不利な状況におかれ、常に征服されることになる。そのようにして、女性が男性に従属する関係が作られるとペイトマンは考えるのである。しかしホッブズは、人間の性欲を肯定し、それにより男女の間には惹き合う関係が成立すると考えていた。そのような関係の結果、子どもが生まれ、「母権」が成立することになる。それゆえ、「母権」は、征服による権力による「専制的支配」とは異なる起源を持つ。彼女はその点を見ていないといえよう。

このように女性に対する強制の契機によって男女の持続的関係が作られると解釈することから、ペイトマンは、「ファミリー」に女性が組み込まれる契約を、一方的に従属関係を作る「性契約」であるとする。そしてその内容は、「男性が女性を性的に利用する権利」を作るものであると論じる。しかし本書において詳しくみたように、ホッブズは、「父権」は、常に「母権」の移譲により成立すると述べていた。「母権」を持っていた女性が男性と持続的な結合関係を作る場合、どのように「母権」が移譲されるかについて、ホッブズは『法の原理』において、場合分けをして詳しく論じていた。そしてその結合関係の内容は、肉体の一体性というのではなく、人間の集合体として男女が結合する時の管理権を、どのような形態にするかという問題だと考えられていたのである。すなわち、夫婦関係における統合の問題として考えられており、一方の性が他方を暴力的に支配するという形で考えられていたのではない。そもそも非常に論理的な議論を展開するホッブズが、「父権的支配」と「専制的支配」を別のものとして論じていることからも、両者は異なる意味を有したと理解すべきであろう。ホッブズは、出生と生存が統治と関連すると前提していたと考えた時にも、そのように解釈できる。

このようなペイトマンのホッブズ解釈における問題は、次の二つの点に起因すると思われる。一つは、男女の結合関係に関して詳しく分析されている『法の原理』の読みがあまりなされておらず、コモンウェルスの分析に重点が移った『リヴァイアサン』を中心に考察していることである。また、家族における男女の肉体的な一体化が重要であるとするキリスト教的婚姻観に絡めとられているともいえよう。本書で論じたように、ホッブズの「ファミリー」は、ローマ法に規定されていたような政治的な集合体であって、肉体の一体化から生じる生物学的なつながりを持った家族を意味したのではなかった。婚姻関係の形成時の「性契約」という分析は、ロックとブラックストンによる議論の構成にこそ当てはまるといえよう。

この二つの問題は相互に関連している。なぜなら、『法の原理』から『リヴァイアサン』にいたるホッブズの論理構成は変遷を遂げているからである。本書ではそれを、事実上の家族関係がどのように権利関係に変化するのかを論じた『法の原理』に対し、『リヴァイアサン』では、コモンウェルスの設立に重点が移ったため「ファミリー」についての議論が捨象されたと解釈した。

『法の原理』『市民論』『リヴァイアサン』という主要な三作品に関しては、さまざまな論点に関して、その変遷が指摘されている。ホッブズとローマ法との関連を詳しく分析したブレットは、彼の自由概念は、『法の原理』では「意志」を中心においたローマ法的概念に基づくものだったが、『市民論』において、そこに他の議論が交ざり変質したと解釈する。[52]また、『リヴァイアサン』について詳しい解説を著したマルコムによれば、『法の原理』における語彙はラテン語起源のものもしくはラテン語と関連しているのに対し、『リヴァイアサン』では、英語で思考しようという努力が見られるということである。[53]スキナーがその変化を、ロジックの重視からレトリックへの変化であると指摘していることは紹介したが、彼はまた、ペイトマンとの対談の中で、女性の姿が『リヴァイアサン』では消えてしまうのは、ホッブズが『法の原理』においては服従の問題を考えていたのに対し、『リヴァイアサン』は政治的権威と代表の問題が扱われたからであると述べている。すなわち、前者においては「ファミリー」の構成とそこでの服従の態様が考察されたのに対し、後者では、誰がその集団を代表するかが考えられ、必然的に父が特権的地位を持つことになったのだと解釈しているのである。[54]

通常生物学的つながりに基づく関係としてひとくくりにされてしまう家族であるが、その始まりは、別々の他人であったひとりの女性とひとりの男性との結合関係による。それゆえその関係は、「作為」による関係である。ホッブズは「自然状態」において、男女の「作為」からどのように「ファミリー」が形成されていくのかを詳しく論じたのである。初めてその点に光をあてたペイトマンの論考は、家族を「自然」の領域として、「作為」により形成される国家と切り離した自由主義の理論に対し、家族を政治体として政治学の対象とすべきことを示した画期的な研究であった。

このようなペイトマンの問題提起を受けて、本書では最後に、ホッブズの母権に関する議論をどのように評価し、それを現代の女性の問題解決のためにどのように生かすことができるのかについて考えることにしたい。問題は、女性と男性との肉体における違いを抑圧に転化せず、二つの性が存在することの意味である生命の継続を、どのような権力の形態によって保障していくかである。

第三節　ホッブズの議論の意味

1　女性という存在の位置づけ

本書では、西洋世界においては、どのような言説によって女性に対する抑圧構造が作られてきたのかの分析を行なった。その結果、さまざまな言説によって女性という存在そのものが、はじめから劣位に位置づけられてきたことが示された。それらをまとめると次のようになるであろう。

最も大きな影響力を持ったのは、もちろんキリスト教である。キリスト教は、女性は神の創造のはじめから男性に従うものであることを、人間存在を超えた神の言葉として主張した。西洋キリスト教世界においては、これによって女性の存在のあり方が決定された。女性が男性に服従することは、神の創った「自然」の世界の秩序の一部だったのである。これに加えて、「原罪」を犯す主たる原因を作ったことから、アウグスティヌスに見られるような、女性に対する道徳的非難も行なわれることになった。

もう一つ大きな影響力を持ったのは、アリストテレスから続く、両性の生物としての生まれつきの形態から女性の劣等性を弁証する言説である。これも、「自然」の生まれつきの形態が変えられないことから、女性の劣等性を恒久的なものとする説明として大きな力を持った。アリストテレスが中世のキリスト教と結びつくことで、それは神と関連する議論ともなった。ルターの教えにも、はっきりとそれがあらわれていた。そして、「自然」に基づくこの議論は、神の存在が後方に退くことでキリスト教的「自然」の影響力が衰退しても、生き続けることになった。近代科学が進む中で、骨格やホルモンなど肉体の構造が分析され、肉体という「自然」そのものに由来する女性の劣等性が、科学的に証明されていったからである[55]。

このように、神による「自然」と生物としての「自然」という二つの「自然」の言説は、近代を形作る基礎となったロックの議論にも流れこんでいる。ロックは、理性を根拠として自由で平等な個人としての男性を論じたが、理性によって女性の劣等性を主張することはアリストテレス以来の伝統であったし、彼の論じる夫婦関係においては、「自然により」「より能力があり、より強い」男性が決定権を握るとされていた。西洋では、このように二つの「自然」とそこから派生した理性を加えた三つの根拠が、さまざまに形を変えて女性の劣等性を主張することで、女性に対する抑圧構造を正当化してきたのである。西洋社会は、いまだにここから完全に解放されたとはいえない。

ホッブズの議論を見て驚かされるのは、女性を抑圧するこれらの根拠をまったく含まないことである。彼は、神のまったくいない「自然状態」を想定した。人間は神によって創られるのではなく、「茸のように」生まれる。相互に何の関係もなく自生するのであるから、そこには何の抑圧も存在しない。男性であれ女性であれ、すべての人間が、本当に自由な状態として存在するのである。ホッブズは、そこから人間社会の構成を考えたのであった。

さらに彼は、男女の関係を考える時、男女の肉体的形態の違いをまったく抑圧関係の成立に結びつけなかった。

彼は、女性と男性が肉体として持つ自然的な力は対等であると論じた。それだけでなく、男女の肉体的形態の違いを対立の方向性を持つものとして考えるのではなく、男女という存在の本来の目的にそって、相互に惹きあう結合関係の成立を論じたのである。このような論の立て方は、徹底して現実に基づく議論を行なうのであれば当然のことであろう。しかし、自然を徹底して観察したアリストテレスは、そこから男女の優劣を評価する方向へとつなげたのである。ホッブズはそれをありのままに受けいれ、そこから男女の間の惹きあう関係を論じたのであった。

ホッブズが、このように女性に対する自然的な抑圧を論じなかった最も重要な要因は、本来的に男女が対等な個人として存在する「自然状態」において、人間が理性ではなく欲望に基づき行動すると前提したことにある。人間の理性を強調する議論は、そもそもキリスト教における欲望の排斥の思想から影響を受けている。アウグスティヌスのところで見たように、人間の生に関わる二つの欲望すなわち「食欲」と「性欲」は、キリスト教の教義において一貫して否定されてきた。そこに、アリストテレス的な理性の強調の思想が影響を与えたのである。そして近代の自由主義国家においては、理性が、女性をはじめとしてさまざまな人を政治活動から排斥する根拠となっていった。それに対しホッブズの「自然状態」の人間は、欲望をすべての行動の基準とする。これは政治社会の構成を考える際に重要である。なぜなら、理性ではなく欲望は、すべての人間に普遍的に存在するがゆえに、ホッブズの論説はすべての人間を含むことを可能にするからである。

このようにホッブズは、政治社会設立の前提となる「自然状態」において、男女が完全に対等な状態にあることを想定したのであった。それではここから人間が作っていくことになる家族や国家に関するホッブズの議論は、どのように評価できるのであろうか。

2 「意志」と「合意」に基づく権力

ホッブズの「ファミリー」の権力に関する議論は、男女の惹きあう関係と、個々人の闘争から始まる。そこから次にどのような関係が生じるかといえば、男女の関係から子どもが生まれ、母と子どもの関係が形成される。そして、個々人の「万人の万人に対する闘争」から、主人と奴隷という関係が生じる。この二つの関係は、そもそも女性が出産する能力を持つこと、そして後者は、強さにより相手を屈服させる力を持つことが原因である。通常肉体的な強さは男性が持つとされたから、それぞれ女性と男性が生物として持つ「自然的な力」を根拠として成立するといえよう。「獲得によるコモンウェルス」に関して、ホッブズは「自然的な力」が「自然的な起源」になっているると論じていた。すなわちホッブズのいう権力の始まりは、女性と男性の肉体に関わる「自然的な」能力にある。それゆえホッブズは男女の肉体的形態の違いを抑圧へとつなげなかっただけでなく、それぞれの肉体的形態から異なる権力が産み出されるとしたのである。

しかしホッブズは、「自然的な力」により始まる「獲得によるコモンウェルス」の支配の成立に関わる議論において、女性と男性がそれぞれ持つ肉体的能力により生じる母子と主人・奴隷という二つの関係における支配を、完全に生物としての性的肉体という「自然」から切り離した。はじめに成立する母の子どもに対する支配は、「産み出す」という女性の「自然」の肉体の作用ではなく、子どもの生命を守ることを根拠に成立すると論じられた。また主人としての支配も、男性の肉体における「自然」の強さが根拠なのではなく、屈服した相手の生命を守るために成立する。

女性と男性の肉体が神によって創られたとするキリスト教の教義からすれば、そこから、支配のもとになる「自然的」な力は神によって与えられ、それゆえ母や主人の支配は神の制定したものだと主張することもできるだろう。しかしホッブズは、肉体的形態から発した二種類の支配を、すべて人間の「意志」と「合意」に基づくものとして一貫して論じた。子どもは母に従い続けることで「合意」しているものと解釈され、奴隷も主人に従っている限り支配に「同意」したとされたのである。つまりこの二つの関係において最終的に成立する支配は、母や主人が持っている肉体に関わる「自然的な力」すなわち〈属性〉によるのではない。被支配者の「意志」に基づく「合意」によるのである。このように、はじめは女性と男性の性的な〈属性〉による能力により成立した支配関係を、ホッブズは、生命を基本として「意志」と「合意」に基づくものに変えたのであった。

ホッブズは、支配の継承においても、この考え方を徹底した。すなわち、王の後継者となるのが王から生まれた子どもだとしても、その子は、王である父から「生まれた」という〈属性〉により継承するのではない。王の「意志」により、そのように決められたからだと論じられた。フィルマーは、王が神から授けられた権力を王の子が代々継承するという点こそが、王権の正統性の根拠だとした。それに対しホッブズは、このように人間の生物としての能力から始まった関係から生じる支配を、人間の「意志」と「合意」に基づくとすることで、フィルマーの議論における〈神〉と〈属性〉による支配を一度に粉砕したのであった。

このような二つの支配において、奴隷は自分の現在の生を確保するために従うのであるから、主人が持つのは人間の現在の自己保存を保障する権力である。それに対し子どもの生命を保障することは、もちろん子どもの現在の生存を保障するのであるが、それは生命が将来的に継承されることを目指すものでもある。すなわち、母の権力は、生命の継承を目的とする。このようにホッブズは、女性と男性という性的存在の肉体に関わる能力に基づき、二種類の権力を設定した。彼は女性と男性という自然的な性の区別を、人間同士の関係に投影するのではなく、権力の内容に投影し、そこから権力の二つの性質を引き出したのである(56)。

その上で、このように発生した二種類の権力を統合するものとして、「ファミリー」が論じられた。「ファミリー」は男性の持つ「自然的な力」に始まる奴隷に対する主人としての支配と、女性の持つ「自然的な力」である出産に始まる子どもに対する支配を統合し、人間の生存と生命の継承という起源の異なる二つの権力をあわせ持つ集合体である。そして、その権力を統括するのが「父」であった。この時「父」たる人物は、自分では主人としての権力を持ち、なおかつ子どもに対する権力を持つ母から、母権を移譲されることで、父権を持つ。すなわち、婚姻関係を結ぶという「合意」によって、「ファミリー」における権力を「父」が統括することになる。それゆえここでいう「父」は、生物学的意味の父ではなく、「ファミリー」の統括者としての「家父」を意味する。この点を区別することは、大変重要である。それは次のような意味である。

ペイトマンは、家父長制の形態を「伝統的家父長制」、「古典的家父長制」、「近代的家父長制」の三つに分類した。そしてまた、家父長制には父の支配である「父権的」なものと、男性が夫として支配する「夫権的」なものがあり、二つを分けて考えることが重要であると指摘した。その上で、「古典的家父長制」における「父権的」支配が、「近代的家父長制」においては「夫権的」支配に変わったことを論じたのであった。

「古典的家父長制」は、フィルマーに代表されるように、「父」が子どもを「産み出す」力を根拠として家父長制支配を説明する議論であり、ここでの「父」は、生物学的な「父」を意味した。すなわち「父」は、生物としての〈属性〉である。それに対して「伝統的家父長制」とは、アウグスティヌスやホッブズが参考にしたローマ的な「家父」による支配である。ローマの「ファミリア」は、血統を基礎にするが、それ以外の人をも含む集合体であった。それゆえそこでの「家父」は、父という〈属性〉も持ってはいるが、基本的には「ファミリア」の統率者としての〈地位〉にいて、その役割を果たす者である。それゆえ、同じように「父（father）」という語で表現されることがあっても、「古典的家父長制」における支配者である「父」とは異なる存在であった。すなわち、「父」という名称で呼ばれる者の支配にも、集団の統率者としての〈地位〉にある「家父」による支配と、生物学的な「父」による支配があり、「伝統的家父長制」から「古典的家父長制」への変化は、「家父」の支配から「父」の支配への変化だったといえよう。

権力に関する議論において、「家父」による支配からフィルマーのような〈属性〉としての「父」による支配の主張へとその内容が変化したことにより、支配の根拠も変化することになった。ローマの歴史を見ればわかるように、「ファミリア」から国家へと発展していく中で支配を可能にしたのは、暴力的な強さ、すなわち肉体的な力である。つまり「伝統的家父長制」における「家父」の支配は、肉体的な力を根拠としている。それに対して「古典的家父長制」の議論において論じられた「父」の支配の根拠は、「子どもを産む」という男性の生物としての能力であった。

こうして「家父」は、生物学的な父親としての〈属性〉に基づいて支配するのではなく、「家父」という〈地位〉にあるがゆえに「ファミリア」を支配するのに対し、「父」は、まさに人間の父親であるという生物としての〈属性〉によって支配することが主張されたのである。すなわち、フィルマーが子どもを「産み出す」力を根拠に「父」の権力を論じたことは、「家父」といういわば〈地位〉に基づく支配から、「父」という〈属性〉による支配へと、権力の議論を転換したことを意味する。そしてロックは、これに対抗するために、「理性」を持った息子たち、すなわち「男性」という〈属性〉を根拠に議論を展開したことになるのである。

このようにみると、フィルマーの議論の内容そのものは非常に単純であったにもかかわらず、その思想史的意味は大きい。ローマにならったホッブズの「ファミリー」における「父」は、「合意」により成立した「父権」と「主人としての権力」をあわせもつ「家父」という地位に基づき「ファミリー」を統率する存在であったが、そのような「家父」という〈地位〉に基づく支配権力の議論に対し、フィルマーは、家族そして国家における支配を、「父」という生物としての〈属性〉を持つ者の支配として主張したのであった。それがロックの社会契約論において、「男性」という〈属性〉による支配へと引き継がれたのである。これをペイトマンの家父長制の類型にあてはめると、「伝統的家父長制」から「古典的家父長制」への変化とは、「家父」という〈地位〉にある者の支配から、

「父」という〈属性〉を持つ者の支配への転換であり、それが「近代的家父長制」において「男性」という〈属性〉を持つ者の支配へと変わったということがいえるだろう。

ペイトマンは、ホッブズの議論における「リヴァイサン」の創出行為は、原契約への参加者が、男性として同様の肉体的形態を持つ時にだけ意味をなすのだと批判している。[57] しかし実は、国家に男性という肉体を投影させたのはロックの議論であって、ホッブズの議論ではない。ホッブズの議論において国家を設立する契約を結ぶのは、「合意」により「ファミリー」の権力を持った「家父」たちであったが、ロックは、「父」という〈属性〉により国家権力を論じたフィルマーの議論に対抗するために、息子たち、すなわち個人として理性を持つ「男性」だけによる国家の設立を論じたからである。そして女性は「自然の領域」に属するとされることで、「作為」と言語による活動を行なう国家の領域とは切り離された上で、「作為」が「自然」を超える価値あるものとみなされた。こうして女性は家族においても、国家においても権力から排除されることになったのである。

性中立的な「人間」や「個人」という言葉により近代への政治的変化を考察する時には、その変化は「身分」から自由な「個人」の「契約」による社会への移行として論じられてきた。しかし、家族を含め国家における権力を担う主体の「性別」に注目して見ると、そこでは〈地位〉に基づく支配が、性別という〈属性〉による支配へと変化したことがわかる。国家において生まれつきの「身分」という〈属性〉から解放されたのは男性だけであり、家族を含め女性をも考察の対象とした時には、「性」という〈属性〉による支配の体制は、強化されたといえるだろう。近代の自由主義国家は「身分」の桎梏から男性を解放したが、「性」という〈属性〉により女性を縛ることになった。

実際イギリスでは、政治的には自由主義が確立されていく中で女性の自由の主張が大きくなっていくと、自由主義の流れに逆行するように女性の権利は制限されるという動きが起こった。たとえば、一八三二年の選挙法改正を前に独身女性にも参政権を与えるよう求める請願が出されたが、このことによって、改正案の中で「人（person）」という表記が「男性（male）」と書き換えられることになった。ほかにも女性の自由の要求が起こることで、女性の権利が制限された例がいくつもある。(58) 自由主義国家はこのように、「性」という〈属性〉に対する抑圧を内包するという大いなる矛盾を含んだ体制であった。

3 権力の意味と「パートナーシップ」

本書で論じてきたように、ホッブズの議論において、それぞれの性が持っている肉体的な特徴と関わりなく「合意」により支配が成立するならば、彼の論じた「ファミリー」の支配者たる「家父」は、実は性を問わない〈地位〉となるだろう。そしてホッブズは、他の論者の主張していた「自然」に基づく女性を抑圧する言説から自由であったから、その地位には、男性という〈属性〉を持つ者でも、女性という〈属性〉を持つ者でも、どちらがついてもよいことになる。それゆえ彼の議論では、しばしばアマゾネスによる支配が言及されていた。「ファミリー」において男性が権力を握ってそのまま国家に発展すれば「父系相続による王国」となるが、女性が支配して発展していけば、アマゾネスのような母系相続による王国になる。双方の可能性があるのである。ホッブズの権力論においては、単一の意志に基づく支配が重要だと考えられたので、どちらか一方の性が支配することが想定されたが、おそらく当時の常識を考慮することで、ホッブズは、最終的には母の持つ母権が常に男性に移譲されるという形で論じ、結局男性による支配に収斂していったのであろう。

しかしペイトマンも言うように、女性と男性という生態そのものは抑圧的ではない。それが抑圧に変化するのは、一方だけが権力を握るからである。コモン・ロー学者たちが、夫婦関係においては男性の支配を論じながら、国家の政治権力においては権力の乱用を防ぐために混合政体を論じたように、男女が共に性的存在であることを否定せずに、家族における共同の統治を行なう形態を考えることが、抑圧構造を解消するためには重要であろう。その一つの可能性を、ホッブズ自身が示していた。男女の関係における「パートナーシップ」という概念である。「自然状態」の初期に関しては性中立的な議論を展開していたホッブズが、父権的な国家へと進むようになる分岐点は、婚姻関係に関する議論である。ここで「ユニオン」という結合関係を結ぶことで、「父権的支配」へと進むことになった。しかしホッブズの議論においては、「父権的支配」へ進む道とは異なるもう一つの男女の結合関係の可能性が提示されていた。それが「パートナーシップ」という関係である。

オックスフォード英語辞典によれば、「パートナーシップ」とは、「二人またはそれ以上の人間が、出費や利潤そして損失を分け合いながらビジネスを行なうための共同の関係」と説明されている。ホッブズは、この「パートナーシップ」という男女の関係においては、女性は自分の人格を失わず、自分に関わるものすべての所有権と子どもに対する支配権を持ち続けると規定した。すなわち男女における肉体の共同だけが想定されている。しかし、ホッブズも言うように、子どもの出生が「男性と女性の共通の生殖に由来する」ならば、そして、子どもに対する権力が男女ともに帰属し得るものならば、男女が共同で行使する「パートナーシップ」という形をとることも可能であろう。これにより、家族において男性も女性も自分の人格を失わず、各々が自己保存を追求しながら、なおかつ共同して「子どもの生命の保障」という人類を継続させる役割を果たすことができるようになろう(59)。

しかしもう一つ政治思想からみた近代における大きな問題として、権力の本来の目的であった自己保存と生命の継承という内容が国家形成の過程で分離され、国家権力が「次世代への生命の継承」という目的を含まなくなってしまったことがあげられる。それゆえ近代では、それが家族における女性の分担とされてきた。女性が社会的に個人として自己保存と自己実現の活動をするためには、そして同時に、人間の生命が継承され国家の継続性が保障されるには、家族において女性だけが行使し責任を持っていた子どもに対する権力を、男性と共同の「パートナーシップ」とした上で、国家が担うべき権力として組み入れていくことが必要だろう。ホッブズがローマから学んだように、そのようにしてこそ、それぞれの人間が引き継がれ、それにより国家の永続性が保障されるのである。

このように、女性と男性の両者が家族において自己保存と子どもの生命に対する権力を持ち、それが国家権力に反映されることによってこそ、ロックの社会契約の議論に基づき作りだされ、ブラックストンによって補完されることで分断されていた国家と家族という領域が連続性を持つようになる。そして、それにより人間の生存と出生による生命の継承を保障するという権力の二つの目的が、国家の統治においても統合されることになるのである。それによって、女性と子ども、そして男性をめぐる問題構造が組み替えられることになるだろう。そのためには男性の「個人」による社会契約に代わる国家形成の理論が必要となる。ペイトマンがいうように、人類の二つの肉体と、女性と男性という個人のあり方を統合する政治体は、どのように構想することができるのであろうか。それが我々にとっての、これからの課題なのである。

注

はじめに

（1）ホッブズの「母権」の問題を最初に本格的に分析したのは、キャロル・ペイトマンである。本書は、彼女の業績に多くを負っている。特にペイトマン「「神は男性を助けるべき者を定めた」」『思想』九一〇号（二〇〇〇年四月）を参照。

（2）こうした分析の代表的なものとして、Carole Pateman, *The Disorder of Women* (Stanford University Press, 1989) 参照。

（3）これに関しては、中村敏子「政治思想史からみた「ジェンダー」の意味」『創文』五三一号（二〇一〇年六月）参照。

（4）一見普遍的に見える西洋の近代科学にも、実は背景に神の存在があるのだが、日本においては、神の問題を捨象して科学的な成果だけを受け入れてきた。その経緯については、川崎謙『神と自然の科学史』（講談社選書メチエ、二〇〇五年）がわかりやすい。

（5）キャロル・ペイトマン「「神は男性を助けるべき者を定めた」」八八頁。

（6）ホッブズが、「無神論者の父」と呼ばれ、また彼の議論が「キリストを信じる無神論」と呼ばれたことについては、J. P. Sommerville, *Thomas Hobbes: Political Ideas in Historical Context* (Macmillan, 1992) p. 24. Richard Tuck, 'The 'Christian Atheism' of Thomas Hobbes' in Michael Hunter and David Wootton (eds.), *Atheism from the Reformation to the Enlightenment* (Oxford UP, 1992) p. 111 参照。

第一章　神の概念および神の秩序

（1）ジャン・ボッテロ「最初のカップル、アダムとイヴ」『愛とセクシュアリテの歴史』（新曜社、一九八八年）一〇〇頁。

（2）イレイン・ペイゲルス『アダムとエバと蛇』（ヨルダン社、一九九三年）二三頁。

（3）以下すべて聖書からの引用は、フェデリコ・バルバロ訳『聖書』（講談社、一九八〇年）による。

（4）バルバロの注によれば、イヴの語源はシュメール語のエメであり、母を意味するという。アウグスティヌスは、イヴを「命」の意味に解釈している。アウグスティヌス「創世記注解（2）」『アウグスティヌス著作集17』（教文館、一九九九年）五〇頁。

（5）ボッテロ「最初のカップル、アダムとイヴ」一〇二頁。

（6）Derek Johnston, *A Brief History of Theology*（Continuum, 2008）p. 36.

（7）Ibid., p. 38.

（8）片柳栄一「解説」『アウグスティヌス著作集16』（教文館、一九九四年）三五五頁。

（9）Scott Macdonald, 'The divine nature' in *The Cambridge Companion to Augustine*（Cambridge UP, 2001）p. 83.

（10）William E. Mann, 'Augustine on evil and original sin' in *The Cambridge Companion to Augustine*, p. 42. 本書の中で日本語の後ろに付している英語またはラテン語の表記は、すべて引用文献における表記のままである。

（11）Augustine, *The City of God against the Pagans*（R. W. Dyson（ed.）, Cambridge UP, 1998）Book XII Chapter 2, p. 501.『神の国』からの引用は、基本的には岩波文庫版に基づくが、解釈がわかりにくい部分については、この英語版から筆者が翻訳した。

（12）アウグスティヌス『神の国（一）』（岩波文庫、一九八二年）第五巻第一一章、四一八〜四二〇頁。

（13）アウグスティヌス『神の国（三）』（岩波文庫、一九八三年）第一二巻第五章、一〇四頁。

（14）Gyula Klima, 'Natures: the problem of universals' in *The Cambridge Companion to Medieval Philosophy*（Cambridge UP, 2003）p. 197.

（15）アウグスティヌス『神の国（二）』（岩波文庫、一九八二年）第七巻第三〇章、一三五頁。

（16）Mann, 'Augustine on evil and original sin', p. 41.

（17）アウグスティヌス『神の国（三）』第一二巻第六章、一〇五頁。

（18）アウグスティヌス「創世記注解（2）」六五頁。

（19）アウグスティヌス『神の国（三）』第一一巻第三三章、八六頁。ここでは天使と悪魔が対比して述べられている。

（20）アウグスティヌス「創世記注解（2）」七四頁。

（21）同書、七五頁。

（22）アウグスティヌス『神の国（三）』第一四巻第二七章、三六一頁。

（23）同書、第一四巻第一一章、三〇七頁。

（24）同書、第一四巻第一二章、三一四頁。

（25）アウグスティヌスにおいて、「われわれの救いにとって真に障害となるのは、利己心、独立の精神、一言でいうと、高慢である」。ローラン・ゴスラン「聖アウグスティヌスの道徳の体系」『アウグスティヌス』（筑摩叢書、一九六九年）二四五頁。

（26）アウグスティヌス『神の国（三）』第一四巻第一三章、三一八頁。

（27）アウグスティヌス『神の国（五）』（岩波文庫、一九九一年）第二一巻第一二章、三〇四頁。

(28) アウグスティヌス『神の国（三）』第一三巻第一五章、二〇八頁。
(29) 聖書の中でも「高慢」が非難される箇所は多い。たとえば、イザヤ書、一〇–一二、一三–一一など。
(30) アウグスティヌス『神の国（三）』第一三巻第一章、一七七頁。
(31) Mann, 'Augustine on evil and original sin', p. 47, アウグスティヌス『神の国（五）』第二二巻第二二章、四四六頁。
(32) アウグスティヌス『神の国（五）』第一九巻第四章、二七頁。
(33) 同書、第二二巻第二二章、四四六～四五〇頁。
(34) アウグスティヌス「創世記注解（2）」六三頁。
(35) アウグスティヌス『神の国（五）』第二二巻第二二章、四五〇頁。
(36) アウグスティヌス『神の国（三）』第一四巻第一一章、三〇九頁。「神の国」という語は、「詩篇」八六–三からとられている。『神の国（一）』第二巻第二一章、注（一二）参照。
(37) アウグスティヌス『神の国（五）』第二〇巻第九章、一五五頁。
(38) 同書、第一九巻第一七章、七九頁。
(39) アウグスティヌス『神の国（四）』（岩波文庫、一九八六年）第一八巻第二章、三五一頁および「創世記注解（2）」六五頁。
(40) アウグスティヌス「創世記注解（2）」六五頁。
(41) アウグスティヌス『神の国（四）』第一八巻第一八章、三九九頁。
(42) アウグスティヌス「創世記注解（2）」六六頁。
(43) 柴田平三郎『アウグスティヌスの政治思想』（未來社、一九八五年）二一九頁。
(44) アウグスティヌス『神の国（二）』第七巻第三〇章、一三五頁。
(45) Annabel S. Brett, 'Political philosophy' in *The Cambridge Companion to Medieval Philosophy*, pp. 278–279.
(46) アウグスティヌス『神の国（五）』第二二巻第三〇章、四八九頁。James McEvoy, 'Ultimate goods: happiness, friendship, and bliss' in *The Cambridge Companion to Medieval Philosophy*, p. 256.
(47) Bonnie Kent, 'Augustine's ethics' in *The Cambridge Companion to Augustine*, p. 218.
(48) アウグスティヌス『神の国（三）』第一二巻第二二章、一六二頁および第一四巻第一章、二五九頁。
(49) 同書、第一四巻第一〇章、三〇六頁。
(50) Augustine, *The City of God against the Pagans*, Book XIX Chapter 12, p. 936.

(51) アウグスティヌス『神の国（五）』第一九巻第一三章、六七頁。
(52) 同書、第一九巻第一四章、七〇〜七一頁。
(53) 同書、第一九巻第一六章、七五頁。
(54) 同書、第一九巻第一四章、七〇〜七一頁。
(55) 同書、第一九巻第一七章、七九頁。
(56) 同書、第一九巻第一二章、六一頁。
(57) アウグスティヌスの国家に関する思想については、柴田平三郎『アウグスティヌスの政治思想』が詳しい。
(58) アウグスティヌス『神の国（五）』第一九巻第一四章、六九頁。
(59) 同書、第二二巻第一五章、四二八頁。
(60) 同書、第二二巻第一七章、四三一頁。
(61) **Kent, 'Augustine's ethics', p. 214.** アウグスティヌスは、人間は堕罪のあとには「獣のようになり、獣と同じような仕方で子を産む」と述べる。もちろん神の秩序の中での位置づけが異なるのだから、人間が動物と同じであってはいけない。アウグスティヌス『神の国（五）』第二二巻第二四章、四五七頁。

第二章　キリスト教における男女の関係と性の問題

(1) ジャック・ダララン「聖職者たちのまなざし」『女の歴史II　中世1』（藤原書店、一九九四年）四四〜四五頁。
(2) それゆえ、ローマ人において合法的だった買売春、同性愛、堕胎、嬰児殺しは、ユダヤの習慣や律法と矛盾するものであった。ペイゲルス『アダムとエバと蛇』五一頁。
(3) 同書、五九頁。
(4) ジャック・ル＝ゴフ「快楽の拒否」『愛とセクシュアリテの歴史』一五二頁。
(5) 同書、一五四頁。
(6) ペイゲルス『アダムとエバと蛇』六一〜六二頁。
(7) 同書、六七〜六八頁。
(8) 同書、八四〜八五頁。
(9) こうした独身主義の教説の歴史的展開については、ペイゲルス『アダムとエバと蛇』第四章を参照のこと。また、セクシュアリテの問題に関するキリスト教の果たした歴史的分析は、ル＝ゴフ「快楽の拒否」一四六～一六八頁。
(10) ル＝ゴフ「快楽の拒否」一四八頁。
(11) ペイゲルス『アダムとエバと蛇』八二頁。
(12) ル＝ゴフ「快楽の拒否」一五四～一五五頁。
(13) アウグスティヌス『神の国（三）』第一四巻第一五章、三二四頁。
(14) 同書、第一四巻第一七章、三二九頁。
(15) 同書、第一四巻第一六章、三二八頁。
(16) 同書、第一四巻第一六章、三二七頁。
(17) 同書、第一四巻第二三章、三四六頁。
(18) 同書、第一四巻第二六章、三五六頁。
(19) 同書、第一四巻第二三章、三四五頁。
(20) 同書、第一四巻第二一章、三四〇頁。
(21) 同書、第一四巻第二四章、三三八頁。
(22) 同書、第一四巻第二三章、三四六頁。
(23) 同書、第一四巻第二四章、三五〇頁。
(24) 同書、第一四巻第二四章、三五一頁。
(25) 同書、第一四巻第二三章、三四八頁。
(26) 同書、第一四巻第二六章、三五七～三五八頁。
(27) アウグスティヌス「創世記注解（1）」『アウグスティヌス著作集16』二九五頁。
(28) ペイゲルス『アダムとエバと蛇』二二八頁。
(29) 同書、二三一頁。
(30) 同書、二七八～二七九頁。
(31) アウグスティヌス『神の国（五）』第二二巻第二二章、四四六頁。
(32) アウグスティヌス「創世記注解（2）」八四～八五頁。
(33) ペイゲルス『アダムとエバと蛇』二七五頁。

（34）同書、二九〇頁。
（35）ミシェル・フーコー「性現象と孤独」『性・真理　フーコー・コレクション５』（ちくま学芸文庫、二〇〇六年）一二六頁。この中でフーコーは、アウグスティヌスのこうした欲情の描写は、異教徒の医学書やキケロの著作を受け継いでいることを明らかにしている。同書、一二八頁。
（36）同書、一三〇頁。
（37）もし言説化された欲望が、教会が異端の罪としていた同性愛に関することであったら、その抑圧はさらに激しいものであったろう。フーコー『性の歴史Ⅰ　知への意志』（新潮社、一九八六年）特に、二七〜三四頁および七五〜八二頁参照。
（38）バルバロ訳の聖書においては、神が女に罰を与える第三章16の注に、「原罪がなかったならば、女の陣痛もなかったであろうし、性の面でも、暴行を受けたり、もてあそびの道具のようになることもなかったであろう」とある。あたかも、女性が「暴行を受けたり、もてあそびの道具のようになること」が、原罪ゆえに仕方がないとれるような記述である。
（39）彼は原罪を引き起こすきっかけを作った女性そのものに対する攻撃はあまり書いていない。もちろん、原罪の起源に関して、イヴに主な責任があることは認め、蛇がなぜイヴにささやいたかといえば、女はより劣っており、たやすく信じるだろうと思ったからだと説明される。アウグスティヌス『神の国（三）』三一一頁。
（40）ペイゲルス『アダムとエバと蛇』二〇九頁。
（41）同書、二一五頁。
（42）同書、二三二、二九五頁など。
（43）同書、二六二、二六九、二七〇頁など。
（44）同書、二九九頁。
（45）同書、二六三頁。
（46）同書、三一〇頁。ルターの「創世記」解釈について詳しくは、Kathleen M. Crowther, *Adam and Eve in the Protestant Reformation* (Cambridge University Press, 2010) を参照。
（47）食欲と性欲に打ちかつことは、初期教父の時代から中世を通して、一体として扱われた。「五世紀の修道生活のただなかで、主要な罪ないしは死にいたる罪がリスト・アップされてゆくとき、淫蕩と大食とはたいてい対になってあげられてくる」。ル＝ゴフ「快楽の拒否」一五五〜一五六頁。すなわちキリスト教においては、生きるための食欲と、子孫を残すための性欲が、ともに人間の肉体に関わる罪として否定されていくのである。

(48) ル＝ゴフ「快楽の拒否」一五九頁。
(49) 同書、一五四頁。
(50) 同書、一五二頁。
(51) サラ＝F・マシューズ＝グリーコ「身体、外見、そして性」『女の歴史III　十六―十八世紀1』（藤原書店、一九九五年）一〇四頁。
(52) ボッテロ「最初のカップル、アダムとイヴ」一〇〇頁。
(53) ミシェル・ソ「キリスト教的結婚の生成」『愛とセクシュアリテの歴史』一八二頁。
(54) シルヴァーナ・ヴェッキオ「良き妻」『女の歴史II　中世1』一八一頁。
(55) 同書、二〇三頁。さまざまな伝統の中から、教会が結婚を手中に治めていく過程については、ミシェル・ソ「キリスト教的結婚の生成」を参照。特に、それまでの経済的、家計的条件の拘束がゆるむことで、キリスト教的結婚が主流になることができたという指摘は重要だと考えられる。
(56) ル＝ゴフ「快楽の拒否」一五二頁。一六六～一六七頁。
(57) M. W. F. Stone, 'Augustine and medieval philosophy' in *The Cambridge Companion to Augustine*, p. 255.
(58) スーザン・マンは、現代のアメリカでも学生のセクシュアリティ観念が、アダムとイヴが神の恩寵を失ったという聖書の考えに影響されていると述べている。スーザン・マン『性からよむ中国史』（平凡社、二〇一五年）五頁。教会の教説がどのように形を変えて現代にまで至ったかについての歴史的分析は、稿をあらためて行ないたい。それが歴史的にどのように女性に関わる具体的な事項に影響を与えていったかの分析は、G・デュビィおよびM・ペロー監修『女の歴史　全五巻』（藤原書店）参照。特に、女性は肉体とその罪に関わる存在とされ、中世以降悪魔とのつながりも強調されるようになる。ロベール・ミュッシャンブレ『悪魔の歴史』（大修館書店、二〇〇三年）およびジャン＝ミシェル・サルマン「魔女」『女の歴史III　十六―十八世紀2』（藤原書店、一九九五年）参照。
(59) 教会法に関しては、中村敏子「家父長制からみた明治民法体制」『北海学園大学法学研究』第四五巻第一号（二〇〇九年）参照。国家法に関しては、キリスト教圏の国々の法制、特に民法において、女性の権利がどのようなものとされてきたのかの比較研究が必要であろう。たとえば、離婚の権利、妻の財産権、子供の養育権などについてである。
(60) これに関しては、中村敏子「政治思想史からみた「ジェンダー」の意味」参照。

（1）Richard Tuck, 'Introduction' in Hobbes, *Leviathan*（Richard Tuck,（ed.）, Cambridge UP, 1996）pp. xxxix-xl.

（2）Ibid., p. xxxix.

（3）Ibid., p. xxiii.

（4）Quentin Skinner, *Reason and Rhetoric in the Philosophy of Hobbes*（Cambridge UP, 1996）p. 426.

（5）Hobbes, *Leviathan*, Chap. 3, p. 23.

（6）Ibid., Chap. 5, p. 33.

（7）Ibid., p. 34.

（8）Ibid., Chap. 11, p. 75.

（9）Ibid., Chap. 12, p. 77.

（10）この「神」概念は、キリスト教の神概念を前提としていると考えられる。たとえば、トマス・アキナスによる「神」概念についての議論のうち、「不動の動因（The Unmoved Mover）」としての神という概念、また、「第一原因（The First Cause）」としての神という概念をあわせると、ホッブズの定義になるであろう。Johnston, *A Brief History of Theology*, p. 64.

（11）Hobbes, *On the Citizen*（Richard Tuck and Michael Silverthorne（eds.）, Cambridge UP, 1998）p. 139. Richard Tuck, 'Hobbes's moral philosophy' in *The Cambridge Companion to Hobbes*（Tom Sorell（ed.）, Cambridge UP, 1996）p. 196.

（12）Hobbes, *Leviathan*, Chap. 11, p. 75.

（13）Tuck, 'Introduction' in *Leviathan*, p. xliii.

（14）Hobbes, *Leviathan*, Chap. 44, p. 424.

（15）Ibid., Chap. 35, p. 280.

（16）Ibid., Chap. 44, p. 424.

（17）Ibid., Chap. 38, p. 308.

（18）Ibid., Chap. 44, p. 433. マルコムによれば、ラテン語版に翻訳するに際に、ホッブズはこの部分を削除した。なぜなら、ブラムホールによって、永遠の罰を受けた罪人（つみびと）が死後の世界においても性交による喜びを感じるかのようなスキャンダラスな含意を持つと非難されたからである。Noel Malcolm, 'Editorial Introduction' in Thomas Hobbes, *Leviathan, vol. 1*（Noel Malcolm（ed.）, Oxford UP, 2012）p. 180.

（19）Hobbes, *Leviathan*, Chap. 38, p. 316.

（20）アウグスティヌス『神の国』（五）第二二巻第二二章、四四六頁。

（21）同書、四四七頁。

（22）R. W. Dyson, 'Introduction' in Augustine, *The City of God against the Pagans*, p. xxii.

（23）M・C・ダーシー「聖アウグスティヌスの哲学」『アウグスティヌス』（C・ドーソン他編、筑摩叢書、一九六九年）一二五頁。

（24）Janet Coleman, 'Property and poverty' in *The Cambridge History of Medieval Political Thought*（Cambridge University Press, 1988）p. 635 および Annabel S. Brett, *Liberty, right and nature*（Cambridge University Press, 1997）p. 13 参照。

（25）Hobbes, *Leviathan*, Chap. 13, p. 88.

（26）Ibid., p. 89.

（27）Ibid., Chap. 8, p. 54, Hobbes, *On the Citizen*, p. 50.

（28）Tuck, 'Hobbes's moral philosophy' 参照。しかしスキナーによれば、ホッブズの科学的推論を重視する立場からすれば、人文主義者のレトリックの議論も認められないものであった。Skinner, *Reason and Rhetoric in the Philosophy of Hobbes*, Part One.

（29）Hobbes, *Leviathan*, Chap. 13, p. 89.

（30）Hobbes, 'The Elements of Law Natural and Politic' in *Human Nature and De Corpore Politico*（J. C. A. Gaskin（ed.）, Oxford UP, 2008）Chap. 7, p. 44.

（31）Richard Tuck, *Hobbes*（Oxford University Press, 1989）p. 55.

（32）Hobbes, *Leviathan*, Chap. 13, p. 90, Chap. 15, p. 110.

（33）Ibid., Chap. 15, p. 110.

（34）Tuck, *Hobbes*, p. 63.

（35）Hobbes, *Leviathan*, Chap. 17, p. 120. Hobbes, *On the Citizen*, Chap. 5, pp. 72–73.

（36）この定義に関しては、Hobbes, *On the Citizen*, Chap. 5, p. 73 を参考にした。

（37）Hobbes, *Leviathan*, Chap. 16, p. 112.

（38）Ibid., Chap. 16, p. 111.

（39）Ibid., The Introduction, p. 9.

（40）Ibid., Chap. 28, p. 221. ただし、上に引用した神の言葉に関しては、『ジェイムズ王版聖書一六一一年版』における英文と異なっている。そこでは次のように書かれている。'Upon earth there is not his like: who is made without fear. He beholdeth all high things: he is a king over all the children of pride.'（The Official King James Bible Online, http://www.kingjamesbibleonline.org）による。サマヴィルによれば、ホッブズは『リヴァイアサン』において、自分で聖書解釈をするために、しばしばウルガタ版聖書（四〇五年に完訳されたラテン語訳聖書で、カトリック教会で用いられていた）を使っているということである。J. P. Sommerville, *Thomas Hobbes: Political Ideas in Historical Context*, p. 194. Notes 11. マルコムによれば、ホッブズは聖書の引用に関して、正確さにはあまりこだわらなかったという。そして、ホッブズは何かを執筆する時に、自分が滞在していた場所にある版を参照していたのではないかという仮説を提出している。Noel Malcolm, 'Editorial Introduction' in Thomas Hobbes, *Leviathan, vol. 1*, p. 190.

　アモンドによれば、欽定版とウルガタ版の違いは、ウルガタ版があいまいな訳で寓意的な読み方がされやすいのに対し、欽定版は一貫して聖書の内容を歴史的に特定されるような形で訳し、寓意的な読みを難しくしている点にあるという。ここから聖書の内容を歴史的に特定しようという考え方がでてくる。Philip C. Almond, *Adam and Eve in Seventeenth-Century Thought* (Cambridge UP, 1999) p. 65.

(41) 著者が確かめたかぎりでは、以下の箇所である。「ヨブ記」第三章八、第四一章一、「詩篇」第七四章一四、第一〇四章二六、「イザヤ書」第二七章一。しかし、「ヨブ記」第三章八に関しては、現代の日本語版『聖書』には「レビヤタン」の記述があるが、『ジェイムズ王版聖書一六一一年版』にはLeviathanの語が含まれていない。The Official King James Bible Online による。

(42) たとえば福田歓一『政治学史』（東京大学出版会、一九八五年）三一六頁。

(43) アウグスティヌス「創世記注解（2）」七一頁。「ビヒモス（ベヘモト）」も、アウグスティヌスと同時代のヒエロニムスにより悪魔とされていたという。J・B・ラッセル『サタン』（教文館、一九八七年）二〇五頁。

(44) バルバロ訳『聖書』八六一頁。

(45) 古代世界の神話と「レビヤタン」との関連については、N・フォーサイス『古代悪魔学』（法政大学出版局、二〇〇一年）特に「第二章　竜と海」参照。また、悪魔という概念がどのように発展していったかについては、ジョルジュ・ミノワ『悪魔の文化史』（白水社、二〇〇四年）参照。

(46) ラッセル『サタン』七一頁。

(47) 同書、一三一頁。

(48) 同書、二二四頁。

(49) この「七大罪」は、一四世紀の始めには大学の神学研究においてはあまりに非合理だとして放棄されるが、一般庶民に対して一二一五年から毎年の「告白」が義務付けられたため、どのような行為が罪なのかを理解させるための指針として、長いこと実際に使われたという。Bonnie Kent, 'The moral life' in *The Cambridge Companion to Medieval Philosophy*, pp. 244–245.

(50) この七つの罪に関しては、その内容が少しずつ変わるらしく、嫉みの代わりに虚栄が含まれることもある。七大罪に対して「七つの聖なる徳」もある。それらは「思慮分別・節制・正義・不屈の精神・信仰・希望・慈悲」である。Ibid., pp. 246–247.

(51) ラッセル『ルシファー』（教文館、一九八九年）一三九頁。

(52) これに対してホッブズにおける「高慢」という概念は、他の人間より優れていると考える情念またはそうした行為を意味すると定義されている。Hobbes, 'The Elements of Law Natural and Politic', Chap. 9, p. 50, Chap. 17, p. 93, Hobbes, *On the Citizen*, Chap. 3, p. 50, Hobbes, *Leviathan*, Chap. 8, p. 54.

(53) これには同時に世俗国家を非難する意味があったという。Patricia Springborg, 'Hobbes's Biblical Beasts' in *Political Theory* Vol. 23, Number 2, 1995, pp. 359–360.

アモンドによれば、プロテスタントは、このような寓意的な読みをやめることにより、聖書の記述を歴史として読むことを強調したという。ルターは「創世記」解釈においてエデンがどこにあったのかについて注目していたし、カルヴァンはそれがメソポタミアであろうと確信していた。その見解は地図付きで英語に訳されることで、大きな影響を与えたという。Almond, *Adam and Eve in Seventeenth-Century Thought*, pp. 69–81.

(54) ミノワ『悪魔の文化史』八二頁。プロテスタントは、異端と認めた者を火刑に処すことも一七世紀まで行なっていたという。Johnston, *A Brief History of Theology*, p. 80.

(55) ミノワ『悪魔の文化史』八六頁。

(56) 同書、一二五頁。

(57) Skinner, *Reason and Rhetoric in the Philosophy of Hobbes*, p. 80.

(58) トマス・モア『ユートピア　世界の名著22』（中央公論社、一九八〇年）四八六頁。しかし熱心なカトリックであったモアであれば、これは当然のことかもしれない。

(59) *The Oxford English Dictionary* にもホッブズによるそのような用法が提示されている。Springborg, 'Hobbes's Biblical Beasts', p. 353.

(60) Ibid., p. 361.

(61) ラッセル『ルシファー』一三二頁。

(62) アウグスティヌス『神の国（三）』第一四巻第四章、二七〇頁。

（63）同「創世記注解（2）」七三頁。
（64）ラッセル『ルシファー』一四二頁。
（65）笏は司牧職の象徴である。その先端が渦巻き状になっているのは、この世と戦う天の力を表わすという。ミシェル・フイエ『キリスト教シンボル事典』（白水社、二〇〇六年）八五頁参照。
（66）神が稲妻とともに地上に投げると信じられた石矢。破門を意味する。
（67）これは通常悪魔が持つものとして描かれる。ミノワ『悪魔の文化史』五六頁。
（68）以上の口絵の説明は、以下を参照した。Springborg, 'Hobbes's Biblical Beasts', pp.363–364. Horst Bredekamp, 'Thomas Hobbes's Visual Strategies' in *The Cambridge Companion To Hobbes's Leviathan*（Patricia Springborg（ed.）, Cambridge University Press, 2007）pp. 30–32. Noel Malcolm, 'Editorial Introduction' in Thomas Hobbes, *Leviathan, vol. 1*, pp. 128–130.
（69）アウグスティヌス『神の国（五）』第一九巻第一二章、六一頁。
（70）たとえばアウグスティヌスの政治思想について分析した柴田平三郎も、アウグスティヌスとホッブズの思想の関連性を指摘するひとりである。また彼は、同様の見解をとる書として、Herbert A. Deane, *The Political and Social Ideas of St. Augustine*（Columbia UP, 1963）をあげている。柴田平三郎『アウグスティヌスの政治思想』参照。またボニー・ケントも、アウグスティヌスの人間性の悲惨さに関する叙述とホッブズの類似性を指摘している。そして、ホッブズが自然的なものと考えたことを、アウグスティヌスは倫理的に非難されるべきものと考えたのだと論じている。Bonnie Kent, 'Augustine's ethics', p. 218.
（71）Malcolm, 'Editorial Introduction' in Thomas Hobbes, *Leviathan, vol. 1*, p. 194.
（72）Skinner, *The Foundations of Modern Political Thought, Vol. 2*（Cambridge UP, 1978）pp. 159–160. これについては後述。
（73）Malcolm, 'Editorial Introduction' in Thomas Hobbes, *Leviathan, vol. 1*, pp. 114–128.
（74）Skinner, *Reason and Rhetoric in the Philosophy of Hobbes*, pp. 387–389.
（75）マイケル・オークショット『リヴァイアサン序説』（法政大学出版局、二〇〇七年）二〇一～二〇六頁。

第四章　ホッブズの母権論と「ファミリー」

（1）キャロル・ペイトマン「「神は男性を助けるべき者を定めた」」参照。
（2）Hobbes, *Leviathan*, Chap. 17, p. 120.
（3）Hobbes, 'The Elements of Law Natural and Politic', Chap. 22, p. 126 および Hobbes, *On the Citizen*, Chap. 8, p. 102 も同様。

（4）Hobbes, 'The Elements of Law Natural and Politic', Chap. 19, p. 108 and Chap. 22, p. 126 および Hobbes, *On the Citizen*, Chap. 5, p. 74 and Chap. 8, p. 102 および Hobbes, *Leviathan*, Chap. 17, p. 121 and Chap. 20, p. 139.

（5）Hobbes, 'The Elements of Law Natural and Politic', Chap. 22, p. 126.

（6）Hobbes, *On the Citizen*, Chap. 8, p. 102.

（7）たとえばホッブズの論敵であったフィルマーは、この点に関して聖書に基づき鋭い批判をしたひとりである。Robert Filmer, 'Observations Concerning the Originall of Government, upon Mr Hobs '*Leviathan*', Mr Milton against *Salmasius*, H. Grotius '*De Jure Belli*'' in *Patriarcha and Other Writings* (J. P. Sommerville (ed.), Cambridge University Press, 1991) p. 187. またフェミニストたちからも、この点についての批判がある。キャロル・ペイトマン「「神は男性を助けるべき者を定めた」」八七～八八頁参照。

（8）藤縄謙三『ギリシア神話の世界観』（新潮社、一九七一年）二七～二八頁、七八頁など。また、アテナイの初代の王ケクロプスも大地から生え出た人間であり、アテナイ人は「大地から生まれた者（アウトクトネス）」と称していたという。同書、八六頁、一四八頁。ホッブズの影響を受けたといわれるプーフェンドルフは、ホッブズの論じたような自然状態を「虚構による」とし、そこでギリシア神話の、大地から戦士が生まれたというカドモスの話を引いている。彼が「実際に存在する」と考える人間の状態は、聖書に基づく人間の誕生から始まる。プーフェンドルフ『自然法にもとづく人間と市民の義務』（京都大学学術出版会、二〇一六年）一七〇～一七一頁。また、ホッブズが女性による支配の例として、ギリシア神話のアマゾネスを何回か引いていることにも注意。「茸のように」という表現は、たくさん生まれることを意味する慣用句である。そもそも人間の発生についての科学的説明である進化論は、一九世紀の話である。その提唱者のダーウィンが、神を否定したといわれ大きな批判にさらされたことは有名である。

（9）Hobbes, *On the Citizen*, Chap. 9, p. 108.

（10）Hobbes, *Leviathan*, Chap. 20, p. 139.

（11）Ibid., Chap. 20, p. 140.

（12）Hobbes, 'The Elements of Law Natural and Politic', Chap. 7, p. 45. ただしホッブズは、同じく『法の原理』において、神は人間が増加するという意図のもと、ひとりの男とひとりの女を創ったのであり、それは神の定めたような性交のやり方において、という制限を付けたとする。そして国家の主権者は、多数の女との乱交、一妻多夫、ある親等内の婚姻を、「自然の使用法に反する」として禁ずることが自然法に則るのだと論じている。Ibid., p. 173. それに関する注において、ギャスキンは、ホッブズが、同性愛や乱交、一夫多妻、近親相姦をはっきりと自然の理性に反するわけではないが、反社会的であるとして禁ずるのが主権者には必要だと論じたことは、注目に値すると述べている。J. C. A. Gaskin, 'Explanatory Notes' in *Human Nature and De Corpore Politico*, p. 278. ホッブズは、同性愛に関して、『哲学者と法学徒との対話』においても、人間本性に反する行為だからきわめて忌むべき犯罪だとするクックの見解に対し、「ひどい悪意といった要素はない」として、反対しているようである。しかし彼はそう述べるだけで、議論を展開してはいない。ホッブズ『哲学者と法学徒との対話』（岩波文庫、二〇〇二年）一四四頁。イギリスでは、同性愛は一九六〇年代まで法により禁じられていたことを思うと、ホッブズの議論は進みすぎていたといえるのだろう。

（13）Hobbes, 'The Elements of Law Natural and Politic', Chap. 9, p. 55. また、Hobbes, *On the Citizen*, Chap. 1, p. 23 も同様。

（14）Simon Blackburn, *Lust*（Oxford UP, 2004）pp. 59–60, 87–88. ちなみにブラックバーンはケンブリッジ大学のもと哲学教授である。現代においても、こうした哲学者により「欲情」に関する本が出版されるということは、西洋において「欲情」という概念がまだ効力を持っていることの証しとなろう。

（15）Hobbes, 'The Elements of Law Natural and Politic', Chap. 23, p. 130.

（16）Hobbes, *On the Citizen*, Chap. 9, p. 108.『リヴァイアサン』においては、「生殖に関しては、神は男性に助け手を与え、常に対等な親として、二人の人間が存在する」と述べる。Hobbes, *Leviathan*, Chap. 20, p. 139. なぜここで神が登場するかについては次のように推測できる。すなわち『リヴァイアサン』においては、男女関係に関する記述がほとんど存在せず、その中心的な論点は、国家主権に絞られたといえる。それゆえ、男女間に関して論議を呼ぶであろう母権の議論などをはぶき、当時当たり前と考えられていた男女関係に関するキリスト教の解釈にしたがったのではないだろうか。詳しくは後述。

（17）たとえばフィルマーの主張を参照。Filmer, 'Observations Concerning the Originall of Government, upon Mr Hobs '*Leviathan*', Mr Milton against *Salmasius*, H. Grotius '*De Jure Belli*'', p. 192.

（18）Hobbes, 'The Elements of Law Natural and Politic', Chap. 23, p. 130.

（19）Ibid., Chap. 23, p. 130.

（20）Hobbes, *On the Citizen*, Chap. 9, p. 108.

（21）Hobbes, 'The Elements of Law Natural and Politic', Chap. 14, p. 81.

（22）Ibid., Chap. 23, p. 130.

（23）Hobbes, *Leviathan*, Chap. 20, p. 139.

（24）Hobbes, *On the Citizen*, Chap. 9, p. 108, Hobbes, *Leviathan*, Chap. 20, p. 139.

（25）Hobbes, *On the Citizen*, Chap. 9, p. 109.

（26） Hobbes, 'The Elements of Law Natural and Politic', Chap. 23, p. 131. また第一四章にも同様の記述がある。Ibid., Chap. 14, p. 81.

（27） Hobbes, *On the Citizen*, Chap. 9, p. 108.

（28） Kinch Hoekstra, 'The de fact Turn in Hobbes's Political Philosophy' in Tom Sorell and Luc Foisneau（eds.）, *Leviathan After 350 Years*（Oxford UP, 2005）p. 67.

（29） Hobbes, *Leviathan*, Chap. 20, p. 140.

（30） Hobbes, *On the Citizen*, Chap. 9, p. 109 の注参照。

（31） Hobbes, *On the Citizen*, Chap. 9, p. 108.

（32） Hobbes, *Leviathan*, Chap. 20, p. 140.

（33） Hobbes, *On the Citizen*, Chap. 9, p. 109.

（34） Hobbes, 'The Elements of Law Natural and Politic', Chap. 23, p. 131.

（35） Ibid., Chap. 23, p. 132.

（36） 国家が成立した西洋の社会では、これを固定化するのが教会によるサクラメント（秘蹟）であり、国家法である。『市民論』においては、コモンウェルスにおいて国家法に従い共棲するという契約を結ぶと、それを「婚姻」というという説明に変わっている。Hobbes, *On the Citizen*, Chap. 9, p. 110. これについては後述。

（37） Hobbes, *On the Citizen*, Chap. 9, p. 109.

（38） Hobbes, *Leviathan*, Chap. 17, p. 120.

（39） Filmer, 'Observations Concerning the Originall of Government, upon Mr Hobs '*Leviathan*', Mr Milton against *Salmasius*, H. Grotius '*De Jure Belli*'', p. 192. また、この概念に関する現代における批判については、Kinch Hoekstra, 'The de fact Turn in Hobbes's Political Philosophy' 参照。

（40） Hobbes, 'The Elements of Law Natural and Politic', Chap. 23, p. 130.

（41） Hobbes, *On the Citizen*, Chap. 9, p. 110.

（42） Hobbes, *Leviathan*, Chap. 13, p. 88.

（43） Ibid., Chap. 13, p. 89.

（44） Hobbes, *On the Citizen*, Chap. 8, p. 102.

（45） Ibid., Chap. 5, p. 74.

(46) Hobbes, *Leviathan*, Chap. 20, p. 138.

(47) Hobbes, 'The Elements of Law Natural and Politic', Chap. 14, pp. 80–81.

(48) Ibid., Chap. 15, p. 84.

(49) 『市民論』の英訳者による注では、ホッブズの使った「拘束（ligare）」というラテン語は通常肉体を縛る意味として使われ、「義務（obligare）」という語は法的または倫理的に縛られることを意味するとされている。Hobbes, *On the Citizen*, Chap. 8, p. 104.

(50) Hobbes, *Leviathan*, Chap. 20, p. 141.『法の原理』および『市民論』にも同様の記述がある。Hobbes, 'The Elements of Law Natural and Politic', Chap. 22, pp. 126–127, Hobbes, *On the Citizen*, Chap. 8, pp. 103–104.

(51) Hobbes, *On the Citizen*, Chap. 5, p. 74.

(52) Hobbes, 'The Elements of Law Natural and Politic', Chap. 19, p. 107.

(53) Hobbes, *On the Citizen*, Chap. 8, p. 102.

(54) Ibid., Chap. 5, p, 74.

(55) Hobbes, *Leviathan*, Chap. 16, p. 111. また、「不死の神」に対する「可死の神」という概念でもある。Ibid., Chap. 17, p. 120. また「人工的な永遠の生命（Artificiall Eternity of life）」を保障するものでもある。Ibid., Chap. 19, p. 135. 詳しくは神の秩序との関連で後述。

(56) Hobbes, *On the Citizen*, Chap. 5, p. 74.

(57) Hobbes, *Leviathan*, Chap. 17, p. 121.

(58) Hobbes, 'The Elements of Law Natural and Politic', Chap. 20, p. 109.

(59) Hobbes, *Leviathan*, Chap. 17, p. 117.

(60) Ibid., Chap. 16, p. 112.

(61) Hobbes, 'The Elements of Law Natural and Politic', Chap. 23, p. 130.

(62) Ibid., Chap. 22, p. 126.

(63) Hobbes, *On the Citizen*, Chap. 8, p. 102.

(64) 『市民論』の英語版において、訳者は、英語で dominion と訳される dominium というラテン語が、ローマ法の中で「所有している状態」を意味することを、ホッブズは十分認識していたと述べている。Tuck and Silverthorne, 'Key words' in Hobbes, *On the Citizen*, p. xliii.

(65) Hobbes, 'The Elements of Law Natural and Politic', Chap. 22, p. 127.

(66) Ibid., Chap. 22, pp. 127–128. 同様の議論が『市民論』にもある。Hobbes, On the Citizen, Chap. 8, p. 104.

(67) Hobbes, 'The Elements of Law Natural and Politic', Chap. 23, p. 132.

(68) Ibid., Chap. 23, p. 132.

(69) Ibid., Chap. 23, p. 132.

(70) Hobbes, 'The Elements of Law Natural and Politic', Chap. 23, p. 133.

(71) Hobbes, *On the Citizen*, Chap. 9, p. 112.

(72) Hobbes, *Leviathan*, Chap. 20, p. 142.

(73) Hobbes, 'The Elements of Law Natural and Politic', Chap. 23, p. 133 および Hobbes, *On the Citizen*, Chap. 9, p. 112. ここで書かれる **'Patrimonial Kingdom'**（『市民論』におけるラテン語では REGNUM PATRIMONIALE）という言葉は、日本におけるホッブズに関わる論考においては、通常「家産的王国」または「世襲王国」等と訳されているようである。たとえば、伊藤宏之・渡部秀和訳『哲学原論　自然法および国家法の原理』（柏書房、二〇一二年）一三一八頁、田中浩・重森臣広・新井明訳『法の原理』（岩波文庫、二〇一六年）二四九頁および高野清弘訳『法の原理　自然法と政治的な法の原理』（行路社、二〇一六年）二〇五頁では「世襲の王国」、本田裕志訳『市民論』（京都大学学術出版会、二〇〇八年）一九一頁では「世襲王国」、関谷昇『近代社会契約説の原理』（東京大学出版会、二〇〇三年）一一四頁では「家産的君主政」、梅田百合香『ホッブズ　政治と宗教』（名古屋大学出版会、二〇〇五年）一八四頁では「世襲王政」と表現されている。しかし **patrimonial kingdom** とは、「ファミリー」において、父が自分の持つ支配権（**dominion**）を自分の意志に基づき継承させることで拡大し、成立する国家である（継承については後述）。オックスフォード英語辞典によれば、**'patrimonial'** とは、父から相続した財産を意味する **patrimony** に関連する語である。ホッブズは『法の原理』の中で、「**paternal** な支配」のある国家を「**patrimonial** な政治体」と呼ぶ。ここから考えても、権力を持つ「父」という要素が重要なのであり、「父」から権力が継続するという点を押さえるべきなのである。**Hobbes, 'The Elements of Law Natural and Politic', Chap. 19, p. 108.** この点は、フィルマーの議論との比較において重要である。後述。第五章で考察するように、ホッブズの「ファミリー」概念はローマ法に基づくと考えられるので、そこでの支配権すなわち所有権は父個人が持つというように考えるべきであり、「家産」という概念ではない。日本における「家産」とは、本来文字通り「家」に所属する財産を意味し、「家」の当主は個人として所有権を持ってはいなかった。また、父の「意志」により後継を決めるという点から見ても、「世襲」という表現よりも「父からつながっている」という意味を表現するほうがふさわしいと考えられる。

ここで述べたような翻訳上の問題は、次章で論じるように、ホッブズが念頭においているローマの「ファミリア」に類似した

「家」という集団が日本にも存在し、それに当てはめて言語が翻訳されているというところから生じると考えられる。すなわち、日本の「家」においては、当主の権力は非常に弱く、その集団は家産を維持し継承していくところに主要な目的がある。それゆえ「家」が子供により相続され継続すると「家産的」王国または「世襲」王国というイメージになるが、後述するように、ローマでは、父が権力を持つという点が「ファミリア」における重要事である。つまり「家」と「ファミリア」の実態は異なるのである。日本の「家」の特徴については、中村敏子「歴史的文脈における福沢諭吉の家族論の意味」『北海学園大学法学研究』第四三巻第二号（二〇〇七年）および同「家」『政治概念の歴史的展開　第九巻』（晃洋書房、二〇一六年）参照。

この patrimonial という語に関して、田中浩・重森臣広・新井明訳『法の原理』には誤訳がある。翻訳「第一九章」の最後（二〇三頁）は、「ここでわたくしはまず第一に、コモンウェルスについて、次に家父長制的および専制的政治体について述べることにいたしましょう」と訳されている。ここで「家父長制的」と訳されている部分の原語は、patrimonial であって、patriarchal ではない。この部分は、ホッブズが以下の章で論じる大筋を述べているところであって、patrimonial な政治体については「第二部第四章　父権および世襲の王国について（原文では ‘Of the power of Fathers, and of Patrimonial Kingdom’）」へと続き、専制的政治体については「第二部第三章」へと続くという流れとなっている。それゆえこの誤訳は、読者がこの流れを読み取ることを難しくするであろう。同じ誤訳が高野訳『法の原理』にもある。ここでは「第一九章」の最後（一六七頁）で patrimonial が「家父長的」と訳されている。

（74）Hobbes, *On the Citizen*, Chap. 9, p. 112.

（75）Ibid., Chap. 6, p. 85.

（76）Hobbes, *Leviathan*, Chap. 20, p. 142.

（77）Hobbes, ‘The Elements of Law Natural and Politic’, Chap. 23, p. 131, Hobbes, *On the Citizen*, Chap. 9, pp. 108, 110, Hobbes, *Leviathan*, Chap. 20, p. 140.

（78）Hobbes, *On the Citizen*, Chap. 9, p. 110.

（79）Hobbes, *Leviathan*, Chap. 20, pp. 139–140.

（80）この道筋は『哲学者と法学徒との対話』二三四頁においても示唆されている。

（81）サマヴィルも同様に合意に基づく国家を示すのがホッブズの意図だったという見解を取る。J. P. Sommerville, *Thomas Hobbes: Political Ideas in Historical Context*, p. 72.

（82）Hobbes, *On the Citizen*, Chap. 6, p. 87.

（83）上山安敏「解説　バハオーフェン『母権論』」『母権論序説』（創樹社、一九八九年）二四九頁。

（84）翻訳では、大部三冊本である。その内容のほとんどは、神話と古代の歴史の叙述である。バハオーフェン『母権論1・2・3』（みすず書房、一九九一・一九九三・一九九五年）。

（85）バハオーフェン『母権論序説』八四頁。

（86）同書、八一頁。

（87）同書、一一九頁。

（88）同書、一五〇頁。

（89）同書、一四九頁。

（90）上山安敏「解説　バハオーフェン『母権論』」二六一頁。

（91）ペイトマン「『神は男性を助けるべき者を定めた』」九五頁、一〇五頁。

第五章　「ファミリー」とローマ法における「ファミリア」

（1）J. H. M. Salmon, 'Catholic resistance theory, Ultramontanism, and the royalist response, 1580–1620' in *the Cambridge History of Political Thought 1450–1700*（Cambridge UP, 1991）p. 249.

（2）Annabel S. Brett, *Liberty, right and nature*（Cambridge UP, 1997）Chap. 6, pp. 205–235. R. A. Chapman, '*Leviathan* Writ Small: Thomas Hobbes on the Family', in *Thomas Hobbes, Critical Assessment Vol. III*（Routledge, 1993）p. 640.

（3）Jane F. Gardner, *Family and Familia in Roman Law and Life*（Oxford University Press, 1998）p. 1.

（4）マックス・カーザー『ローマ私法概説』（創文社、一九七九年）一一五頁。

（5）佐藤篤士『古代ローマ法の研究』（敬文堂出版部、一九七五年）一〇九頁。

（6）同書、五四頁。

（7）同書、四七頁。

（8）町田実秀『ローマ法史概説Ⅰ』（有信堂、一九六三年）一二頁。

（9）マックス・カーザー『ローマ私法概説』一二二頁。

（10）町田実秀『ローマ法史概説Ⅱ』（有信堂、一九六九年）一一七頁。

（11）Susan Treggiari, *Roman Marriage*（Oxford University Press, 1991）p. 15.

(12) 佐藤篤士『古代ローマ法の研究』八〇頁。
(13) 町田実秀『ローマ法史概説Ⅱ』一一四頁。
(14) Bruce W. Frier and Thomas A. J. McGinn, *A casebook on Roman Family Law*（Oxford University Press, 2004）p. 18.
(15) 佐藤篤士『古代ローマ法の研究』六八頁、八〇頁および町田実秀『ローマ法史概説Ⅰ』一一五頁。
(16) 佐藤篤士『古代ローマ法の研究』五〇頁およびカーザー『ローマ私法概説』一一六頁。マンテによれば、奴隷は十二表法においては物として扱われていなかったが、紀元前二八六年にできた法により物として扱われるようになったという。ウルリッヒ・マンテ『ローマ法の歴史』（ミネルヴァ書房、二〇〇八年）八六頁。
(17) 佐藤篤士『古代ローマ法の研究』六八～七八頁。
(18) カーザー『ローマ私法概説』四八一頁および佐藤篤士『古代ローマ法の研究』六五頁。
(19) カーザー『ローマ私法概説』四八一頁。
(20) 佐藤篤士『古代ローマ法の研究』七〇頁。
(21) 同書、四八頁。
(22) Yan Thomas, 'Fathers as Citizens of Rome, Rome as a City of Fathers' in *A History of the Family vol. 1*（Polity Press, 1996）p. 232.
(23) カーザー『ローマ私法概説』四八二頁。
(24) 佐藤篤士『古代ローマ法の研究』七八頁。
(25) 同書、四八頁。
(26) 同書、四八頁および七九頁。
(27) 町田実秀は、ローマの家父権の強さに関して、「ローマ人は、たとえ法が極端な権利を認めたとしても、他の法規や他の社会規範によって、しかるべく補正され制約されて、何びとも、そのような極端な行為をなさないであろうことを確信していたし、常識家であり実際家であったローマ人は敢てそのような行為を実際にはなさなかったのである」と述べて、ローマ人の実際的性格を指摘している。町田実秀『ローマ法史概説Ⅱ』一二五～一二六頁。
(28) Jo-Ann Shelton, *As the Romans did*（Oxford University Press, 1998）p. 16.
(29) カーザー『ローマ私法概説』四八二頁。
(30) 佐藤篤士『古代ローマ法の研究』四八頁。
(31) 同書、五六頁。

（32）同書、一一七頁。カーザーによれば、ギリシアで行なわれたような、家子を罰として家から放逐することは、ローマ法にはなかった。カーザー『ローマ私法概説』四九四頁。
（33）ローマ法において、子どもが成年に達しても家父権力から解放されない点は、ギリシアやゲルマンの法と異なっている。カーザー『ローマ私法概説』一一七頁。
（34）「ファミリア」における家父権力に服していない女性も「自権者」であったが、彼女は家父権力を持てない。この点はローマ国家の権力構造を考える際に重要である。後述。
（35）マンテ『ローマ法の歴史』二五頁。
（36）町田実秀『ローマ法史概説Ⅱ』一二七～一二八頁。
（37）カーザー『ローマ私法概説』一一八頁。
（38）法学者ウルピアヌスによる法諺。Frier and McGinn, *A casebook on Roman Family Law*, pp. 18–19.
（39）町田実秀『ローマ法史概説Ⅱ』一一四頁および一二三頁。
（40）Frier and McGinn, *A casebook on Roman Family Law*, p. 23.
（41）カーザー『ローマ私法概説』四五〇頁。
（42）同。
（43）同。
（44）カーザー『ローマ私法概説』四六〇頁。
（45）Judith Evans Grubbs, *Women and the Law in the Roman Empire*（Routledge, 2002）p. 82.
（46）Grubbs, *Women and the Law in the Roman Empire*, p. 151.
（47）カーザー『ローマ私法概説』四六七頁。
（48）同書、四五〇頁。
（49）Treggiari, *Roman Marriage*, p. 8.
（50）Grubbs, *Women and the Law in the Roman Empire*, p. 81.
（51）カーザー『ローマ私法概説』四五二頁。
（52）同書、一一六頁。
（53）町田実秀『ローマ法史概説Ⅱ』一一九頁。

(54) 同書、一一四頁。

(55) Frier and McGinn, *A casebook on Roman Family Law*, p. 90.

(56) カーザー『ローマ私法概説』四六九頁。

(57) 同書、四五二頁。

(58) Frier and McGinn, *A casebook on Roman Family Law*, pp. 298, Treggiari, *Roman Marriage*, pp. 28–35.

(59) カーザー『ローマ私法概説』四六八頁。

(60) Frier and McGinn, *A casebook on Roman Family Law*, p. 227.

(61) マンテ『ローマ法の歴史』一二六頁。

(62) Gardner, *Family and Familia in Roman Law and Life*, pp. 259–260.

(63) カーザー『ローマ私法概説』四六五頁。

(64) 具体的な法的手続きについては、カーザー『ローマ私法概説』四六六頁。

(65) Grubbs, *Women and the Law in the Roman Empire*, pp. 187–199.

(66) マンテ『ローマ法の歴史』一二九〜一三二頁。

(67) 吉原達也「バハオーフェン『母権制』における法の諸相」『広島法学』第二九巻二号（二〇〇五年）一四七〜一四八頁。

(68) Mary Harlow and Ray Laurence, *Growing up and growing old in ancient Rome*（Routledge, 2002）pp. 39–40.

(69) 佐藤篤士『古代ローマ法の研究』七九頁。

(70) カーザー『ローマ私法概説』五三〇頁。

(71) 同書、五一〇頁。

(72) Frier and McGinn, *A casebook on Roman Family Law*, p. 448.

(73) Grubbs, *Women and the Law in the Roman Empire*, p. 101.

(74) 稲本洋之助『フランスの家族法』（東京大学出版会、一九八五年）一二三頁。

(75) Treggiari, *Roman Marriage*, p. 475.

(76) 佐藤篤士『古代ローマ法の研究』一一八頁。

(77) Treggiari, *Roman Marriage*, p. 11.

(78) Ibid., p. 9–11.

（79）Harlow and Laurence, *Growing up and growing old in ancient Rome*, pp. 132–139.
（80）Grubbs, *Women and the Law in the Roman Empire*, p. 81.
（81）町田実秀『ローマ法史概説Ⅰ』一二七頁。
（82）Hobbes, 'The Elements of Law Natural and Politic', Chap. 23, pp. 130–133.
（83）この部分は、実はモルズワース編集のホッブズ全集においては、「ファミリーの父か母が、そこでの主権を持つ」というように記述されている。Sir William Molesworth（ed.）, *The English Works of Thomas Hobbes*（John Bohn, 1840）p. 158. この全集についてウォレンダーは、さまざまな欠点があるため研究者の使用には適さないと述べている。そして、この全集に使われたテキストが、間違いや省略を含む版であったり、編集の過程で恣意的な変更が行なわれたことなどの問題点を指摘している。Howard Warrender, 'Editor's Introduction' in Hobbes, *De Cive: The Latin Version*（Oxford University Press, 1983）pp. 33-34. 本書で使用した『法の原理』のテキストに関する解説は、Gaskin, 'A Note on the Text' in Hobbes, *Human Nature and De Corpore Politico*, pp. xlvii-xlviii を参照。
（84）Hobbes, *On the Citizen*, Chap. 9, pp. 108–110.
（85）マンテ『ローマ法の歴史』五頁。
（86）Hobbes, 'The Elements of Law Natural and Politic', Chap. 23, p. 132.
（87）Ibid., Chap. 29, p. 181. 奴隷に対する支配についてもローマが例としてあげられている。Ibid., Chap. 22, pp. 127–128.
（88）Hobbes, *On the Citizen*, Chap. 7, p. 98.
（89）Hobbes, *Leviathan*, Chap. 19, p. 135.
（90）Hobbes, *Leviathan*, Chap. 44, p. 433.
（91）『リヴァイアサン』における「自然的人格（Naturall Person）」と「人工的人格（Artificiall person）」との対比を参照のこと。Ibid., Chap. 16, p. 111.
（92）これは一六二〇年に匿名で出版された 'Horae Subsecivae' という書に含まれていた論文の一つであり、近年ホッブズの作であると考えられるようになったが、これに関しては、執筆者を誰とみなすのかについて対立がある。タックは、レイノルズなどの行なったコンピューターを使った文体分析の結果と論文の内容から、この論文を含む三つの論文をホッブズの作と考えるが、サマヴィルは、ホッブズが家庭教師を務めていたウィリアム・キャベンディッシュとホッブズの共同作業の成果であり、ホッブズが文章を添削したため、文体がホッブズのものと似ているのだと論じている。しかし、たとえサマヴィルの主張が正しかったとしても、ホッブズの主張が反映されていることは間違いないので、本書ではこれを参考として取り上げて論じる。両者の議論とも、次の書に含まれる論文を参照。G. A. J. Rogers and Tom Sorell（eds.）, *Hobbes and History*（Routledge, 2000）. タックの議論は、Richard Tuck, 'Hobbes and Tacitus', pp. 99–102. サマヴィルの議論は、J. P. Sommerville, 'Hobbes, Selden, Erastianism, and the history of the Jews', pp. 187–188, Note124 参照。

（93）Thomas Hobbes, 'A Discourse of Rome' in *Three Discourses*（The University of Chicago Press, 1995）p. 81.

（94）Ibid. p. 83.

第六章　王権の起源と形態

（1）J. P. Sommerville, *Politics & Ideology in England 1603–1640*（Longman, 1986）p. 13.

（2）Ibid., p. 14.

（3）Philip C. Almond, *Adam and Eve in Seventeenth-Century Thought*, pp. 102–109.

（4）この前提はキリスト教およびアリストテレスからきている。Sommerville, *Politics & Ideology in England 1603–1640*, pp. 13–16 参照

（5）この時代に至る思想的文脈については、Quentin Skinner, *The Foundations of Modern Political Thought, Vol. 2* が詳しい。そのほか Sommerville, *Politics & Ideology in England 1603–1640*, Sommerville, *Thomas Hobbes: Political Ideas in Historical Context* および *The Cambridge History of Political Thought 1450–1700* 所収の以下の論文を参照した。Robert M. Kingdon, 'Calvinism and resistance theory, 1550–1580', J. H. M. Salmon, 'Catholic resistance theory, Ultramontanism, and the royalist response, 1580–1620', Howell A. Lloyd, 'Constitutionalism', J. P. Sommerville, 'Absolutism and royalism'.

（6）Sommerville, *Politics & Ideology in England 1603–1640*, p. 32.

（7）Ibid., p. 60.

（8）Johann P. Sommerville, 'Introduction' in Filmer, *Patriarcha and Other Writings*, pp. xv-xvi.

（9）Sommerville, *Politics & Ideology in England 1603–1640*, p. 10.

（10）Ibid., p. 12.

（11）Sommerville, 'Introduction' in Filmer, *Patriarcha and Other Writings*, p. xvii.

（12）Ibid., p. xvi.

（13）Sommerville, *Politics & Ideology in England 1603–1640*, pp. 35, 47, 69.

（14）Sommerville, 'Absolutism and royalism', pp. 352–353.

（15）Sommerville, *Politics & Ideology in England 1603–1640*, p. 238 および David Wootton, *Divine right and Democracy*,（Penguin, 1986）p. 77. これはロックについても当てはまると、サマヴィルは評している。ロックへのキリスト教の影響については後述。

（16）Sommerville, *Politics & Ideology in England 1603–1640*, pp. 27–29.

（17）ブレットによれば、ここで扱う父権と王権に関わる議論において論じられる主要な論点は、すでに現世と来世を統一的に考察する中世の神学者であるドゥンス・スコトゥス、パドゥヴァのマルシリウス、ウィリアム・オッカムなどによって提出されていた。ブレットは、彼らが考察したのは単に教皇と皇帝や王の権力の問題ではなく、全体として「人間にとっての正しい統治」とは何かという問題だったと分析している。Brett, 'Political philosophy'. この論文は、アウグスティヌスの国家についての見解が中世を通じてどのように変化していったのかを、善や自然法という概念について、特にアキナスの見解を中心に分析しており、近代の自然法概念を理解するのに大変参考になる。また、自然法、自然権などの概念と中世思想とのつながりについての詳しい研究として、Richard Tuck, *Natural rights theories*（Cambridge University Press, 1979）を、一六世紀の思想潮流に関しては、Skinner, *The Foundations of Modern Political Thought, Vol. 2* を参照。

（18）Filmer, 'Observations Concerning the Originall of Government, upon Mr Hobs '*Leviathan*', Mr Milton against Salmasius, H. Grotius '*De Jure Belli*'', p. 188.

（19）ペイトマンは、それを、イヴがアダムの一部から創られており、いわばアダムから「生まれた」ものだからであると説明する。すなわちアダムは、イヴの「父」ともいうべき存在なのである。それゆえ彼女を支配せよという神の命令は、「父」としての支配権をアダムに与えたものと解釈できるのだと述べる。しかし、フィルマーの中にそのような具体的記述は存在しない。キャロル・ペイトマン「「神は男性を助けるべき者を定めた」」『思想』九一〇号（二〇〇〇年四月）九二頁。

（20）Filmer, 'The Anarchy of a Limited or Mixed Monarchy' in *Patriarcha and Other Writings*, p. 138.

（21）Ibid. p. 144.

（22）Ibid. p. 145.

（23）Filmer, 'Observations Concerning the Originall of Government, upon Mr Hobs '*Leviathan*', Mr Milton against *Salmasius*, H. Grotius '*De Jure Belli*'', p. 192.

（24）おそらくアキナスを介して伝えられたアリストテレスの考え方だと思われる。第七章参照。

（25）Filmer, 'Patriarcha' in *Patriarcha and Other Writings*, p. 10.

（26）Ibid. pp. 35–37.

（27） Ibid. p. 24.

（28） Ibid. pp. 29–30, Hobbes, *On the Citizen*, p. 120.

（29） Filmer, ‘Patriarcha’, pp. 31–32, Hobbes, *On the Citizen*, p. 122.

（30） Filmer, ‘Observations Concerning the Originall of Government, upon Mr Hobs ‘*Leviathan*’, Mr Milton against *Salmasius*, H. Grotius ‘*De Jure Belli*’’, p. 185.

（31） Ibid., p. 188.

（32） Ibid., p. 186.

（33） Filmer, ‘Patriarcha’, p. 2.

（34） Sir Robert Filmer, “In Praise of the Vertuous Wife” in Margaret J. M. Ezell, *The Patriarch's Wife*（The University of North Carolina Press, 1987）pp. 169–173.

（35） ホッブズとフィルマーの現実性については、Mark Goldie, ‘The reception of Hobbes’ in *The Cambridge History of Political Thought 1450–1700*, p. 603.

（36） Hobbes, ‘The Elements of Law Natural and Politic’, Chap. 23, p. 133. Hobbes, *On the Citizen*, Chap. 9, p. 112.

（37） Johann P. Sommerville, *Thomas Hobbes: Political Ideas in Historical Context*（Macmillan, 1992）p. 72.

（38） Filmer, ‘Observations Concerning the Originall of Government, upon Mr Hobs ‘*Leviathan*’, Mr Milton against *Salmasius*, H. Grotius ‘*De Jure Belli*’’, p. 184.

（39） Hobbes, *Leviathan*, Chap. 20, p. 138.

（40） Sommerville, *Politics & Ideology in England 1603–1640*, p. 68. Sommerville, *Thomas Hobbes: Political Ideas in Historical Context*, p. 64 参照。さらに、コモン・ロー学者の主張するような、征服を否定する議論に対する反論ともなろう。後述。

（41） 自然状態が基本的に「ファミリー」の並存状態になることについては、ショッチェトも論じている。Gordon Shochet, *Patriarchalism and Political Thought*（Basil Blackwell, 1975）pp. 239–240.

（42） Hobbes, *On the Citizen*, Chap. 9, p. 110. *Leviathan*, Chap. 20, p. 140.

（43） 女性の問題を政治思想の中で位置づけるという仕事を一貫して続けてきたペイトマンは、ホッブズの議論を分析する中で、彼の議論がこうした二段階論であることを論じ、国家の設立のための社会契約の前に、女性が男性の支配下に入るための契約が結ばれると論じた。これが「性契約（The Sexual Contract）」の議論である。キャロル・ペイトマン「「神は男性を助けるべき者を定めた」」および Carole Pateman, *The Sexual Contract*（Stanford UP, 1988）参照。これに関しては後述。

（44）Filmer, 'The Anarchy of a limited or mixed Monarchy', p. 142.

（45）Filmer, 'Patriarcha', p. 12.

（46）「設立によるコモンウェルス」が、人々の合意による権力の移譲によるならば、その前提として、人々の権力は事実上の権力ではなく、言説に基づく移譲可能なものに転換していなければならない。その点から考えても、「コモンウェルス」の設立は「ファミリー」の成立後となろう。

（47）Hobbes, *On the Citizen*, Chap. 7, p. 101.

（48）Sommerville, *Politics & Ideology in England 1603-1640*, p. 19.

第七章　コモン・ロー上の夫の権力とその起源

（1）Tim Stretton, 'Coverture and Unity of Person in Blackstone's Commentaries' in Wilfrid Prest（ed.）, *Blackstone and his Commentaries*（Hart Publishing, 2014）p. 114.

（2）Alan Cromartie, 'Introduction' in *Thomas Hobbes: Writing on Common Law and Hereditary right*（Oxford University Press, 2008）pp. xxvi-xxvii.

（3）田中英夫『英米法総論　上』（東京大学出版会、一九八〇年）一五～一七頁、六七～七〇頁。

（4）Tim Stretton and Krista J. Kesselring, 'Introduction: Coverture and Continuity', in Stretton and Kesselring（eds.）, *Married Women and the Law*（McGill-Queen's University Press, 2013）, pp. 7, 8.「カヴァチャー」のさまざまな側面を考察したこの著作は、こうした妻の状態が、子どもの扶養の問題、犯罪における処罰の問題、そして国籍の問題にまで及んだことを示している。

（5）William Blackstone, *Blackstone's Commentaries*（Augustus M. Kelley, 1969）Vol. II, p. 441.

（6）詳しくは、Shelley Lockwood, 'Introduction' in Sir John Fortescue, *On the Laws and Governance of England*（Cambridge University Press, 1997）参照。

（7）ジョン・フォーテスキュー『自然法論』（創文社、二〇一二年）三七頁。

（8）同書、一三一頁。

（9）同書、一五三～一五九頁。

（10）ただし訳者の注によれば、フォーテスキューの指摘するアリストテレスやアキナスの原典からの引用が実際には該当箇所に見つからず、不明とされている部分も多い。

(11) この部分についてアリストテレス「動物発生論」には「雌はいわば片端〔発育不全の〕雄であり」とある。『アリストテレス全集9』（岩波書店、一九六九年）一六四頁。しかし前注でも指摘したように、アリストテレスの中に見出せない部分も多い。

(12) 『自然法論』一八七〜一八八頁。

(13) 同書、一九〇頁。

(14) 同書、二二〇〜二二一頁。

(15) 同書、二二五〜二二七頁。ここでも女が人間を産み出せないことが権力との関係で言及されている点に注意。

(16) 同書、二二九頁。

(17) 同書、二三一〜二三二頁。

(18) 同書、三四二頁。

(19) 同書、二四一頁。

(20) 同書、二五七頁。

(21) 同書、二九三〜二九四頁。

(22) 同書、一一三頁。

(23) フォーテスキューの支配理論を分析したバーンズによれば、この言葉は、ウルガタ訳の聖書の「創世記」の中で使われたものであるという。J. H. Burns, 'Fortescue and the political theory of DOMINIUM' in *the Historical Journal* Vol. 28, 4, p. 789.

(24) 『自然法論』一一四頁。

(25) 同書、二九五〜二九六頁。

(26) 同書、二九六頁。

(27) 同書、二九七頁。

(28) 同書、三〇〇頁。

(29) アリストテレスをフェミニストの視点から論じたオーキンは、アリストテレスの見解を「機能主義」と呼ぶ。Susan Moller-Okin, 'Woman's Place and Nature in a Functionalist World' in *Women in Western Political Thought*, Chap. 4.

(30) 「動物発生論」『アリストテレス全集9』（岩波書店、一九六九年）一四七頁、一六八〜一六九頁。

(31) 同書、二四八頁。

(32) 同書、一六四頁。
(33) アリストテレス『政治学』（京都大学学術出版会、二〇〇一年）六頁。
(34) 同書、一六頁。
(35) 同書、一五頁。
(36) 同書、一六頁。
(37) 同書、第一巻第六章「法による奴隷と自然による奴隷」参照。
(38) アリストテレス『ニコマコス倫理学』（京都大学学術出版会、二〇〇二年）三九二頁。
(39) 同『政治学』一八頁。
(40) 同書、四〇頁。
(41) 同書、四〇頁。
(42) 同書、四三～四四頁。
(43) 同書、四〇～四一頁。
(44) 同『ニコマコス倫理学』三八五頁。
(45) 同『政治学』四〇～四一頁。
(46) 同『ニコマコス倫理学』三八五頁。
(47) 同『政治学』八～九頁。
(48) 同書、四六頁。それゆえ彼は『政治学』第七巻において、結婚と子作りついても論じている。その中では、結婚適齢期や障害のある子を遺棄するかどうか、また子供の数や中絶に関する国家の方針について述べられる。また、夫婦以外の者との不倫関係は厳しく禁じられ、特に子供を作れる年齢における不倫は、市民権剝奪の罰を与えるべきだと主張されている。同書、三九二～三九六頁。
(49) トマス・アクィナス『神学大全』第七冊（創文社、一九六五年）第一部第九二問題、三五～三六頁。
(50) 同書、三八～三九頁。
(51) 同書、第一部第九八問題、一五四～一五五頁。
(52) 同書、一五八頁。このような設問がなされる背景として、注の三六七に、アキナスがこの書を著していた頃には、婚姻を罪悪視するカタリ派や「楽園」における性関係を否定する議論などが存在したことが指摘されている。

（53）同書、一五八頁。

（54）同書、一五九頁。

（55）同書、第一部第九二問題、三五頁、第一部第九八問題、一五八頁。

（56）この議論はフィルマーの女性を「空の容器」とする論法と類似している。

（57）トマス・アクィナス『神学大全』第一二冊（創文社、一九九八年）第二—一部第八一問題第5項。特に二四九頁。

（58）トマス・アクィナス『神学大全』第二二冊（創文社、一九九一年）第二—二部第一六三問題、二三九〜二四三頁。

（59）同書、二四九頁。

（60）同書、第二—二部第一六四問題、二五三〜二五四頁。

（61）同書、二六一〜二六二頁。

（62）同『神学大全』第七冊、第一部第九六問題、一三五頁。

（63）同書、第一部第九二問題、三七頁。

（64）トマス・アクィナス『君主の統治について』（岩波書店、二〇〇九年）一七〜一九頁。

（65）同『神学大全』第七冊、第一部第九六問題、一三六頁。

（66）同書、一三五頁。同書、第一部第九二問題、三七頁。

（67）柴田平三郎「トマス・アクィナスと西洋における〈君主の鑑〉の伝統」トマス・アクィナス『君主の統治について』二一六頁。

（68）創文社版高田三郎訳『神学大全』の日本語訳では、この仮定の状態という意味合いがつかみにくいため、本書では以下のサイトにおける英語訳を参照した。そこでは、「無垢の状態」において成立するはずであった人類社会に関する記述は仮定法になっている。 Alfred J. Freddoso, *New English Translation of St. Thomas Aquinqs's Summa Theologica*, www3.nd.edu/~afreddos/summa-translation/TOC.htm

（69）Mary Beth Combs, '"Concealing Him from Creditors": How Couples Contributed to the Passage of the 1870 Married Women's Property Act', in *Married Women and the Law* p. 220.

（70）Shelly Lockwood, 'Introduction', in Fortescue, *On the Laws and Governance of England*, p. xxxi.

（71）Quentin Skinner, *The Foundations of Modern Political Thought Vol. 2*（Cambridge University Press, 1978）p. 55.

（72）Ibid., p. 56.

（73）Thomas Garden Barnes, *Shaping the Common Law*（Stanford U. P., 2008）p. 47. この政治的含意に関しては後述。

（74）フォーテスキューは『イングランド法の礼賛について』において、ローマ法とコモン・ローの子どもの扱いをかなり詳しく比較検討している。そして、ローマ法の奴隷の子どもに関する「子は子宮に従う」という原則を批判し、子は父に従うべきだと主張する。Fortescue, 'In Praise of the Laws of England' in *On the Laws and Governance of England*, pp. 60–62. ホッブズが母権の議論の中で「子孫は子宮に従う」と述べていたことに注意。本書八四頁参照。

（75）Barbara J. Todd, 'Written in Her Heart: Married Women's Separate Allegiance in English Law', in *Married Women and the Law*, p. 172.

第八章　自由主義国家の構造と政治理論

（1）Quentin Skinner, *The Foundations of Modern Political Thought Vol. 2*, p. 25.

（2）Ibid., pp. 3–6.

（3）Ibid., pp. 12–19.

（4）Ibid., pp. 10–11

（5）Kathleen M. Crowther, *Adam and Eve in the Protestant Reformation*（Cambridge University Press, 2010）p. 2.

（6）Ibid., p. 3.

（7）Ibid., p. 4.

（8）このように、聖書を字義どおり読むことは、それを神話として理解することにはつながらなかった。そうではなく、歴史として理解するようになったのである。そこから、一七世紀には「エデンの楽園」がどこにあったのかとか、ノアの箱舟がどこかに残されているのではないかということについての探索や、アダムをはじめ人間の祖先たちが長生きだったのは、「楽園」において野菜だけを食べていたからではないかというヴェジタリアンの思想などが現れたという。そして、科学の進展により、人間が「原罪」で失った状態が回復できると考えられるようになった。Almond, *Adam and Eve in Seventeenth-Century Thought*. 特に、Chapter 2, 3. この書では、一七世紀にこのような傾向が出てくる中でも、アウグスティヌスの思想が、聖書理解において基本的なものと考えられていたことがよくわかる。

（9）Susan C. Karant-Nunn and Merry E. Wiesner-Hanks（eds.）, *Luther on Women: A Sourcebook*（Cambridge University Press, 2003）p. 23.

（10）Ibid., pp. 96. Crowther, *Adam and Eve in the Protestant Reformation*, pp. 107.

（11）Crowther, *Adam and Eve in the Protestant Reformation*, p. 106.

（12）Karant-Nunn and Wiesner-Hanks（eds.）, *Luther on Women: A Sourcebook*, pp. 90–91.

（13） Ibid., p. 91.
（14） Ibid., p. 108.
（15） Ibid., pp. 28–29.
（16） この議論には、フォーテスキューとの類似がみてとれる。時代的にはフォーテスキューのほうが早いので、教会の議論にこうした肉体的形態と女性の使命を結びつけて論じたものがあったのではないかと推測される。これについては今後の課題となろう。
（17） Crowther, *Adam and Eve in the Protestant Reformation*, p. 5.
（18） Ibid., p. 112.
（19） Karant-Nunn and Wiesner-Hanks（eds.）, *Luther on Women: A Sourcebook*, pp. 90.
（20） Ibid., p. 95.
（21） Patricia Crawford, *Women and Religion in England 1500–1700*（Routledge, 1996）pp. 42–43. さらにクロフォードは、プロテスタントの方が女性のセクシュアリティに対して厳しい締め付けを行ない、女性を家庭に縛り付ける政策をとったとも指摘している。
（22） Jane Dempsey Douglass, *Women, Freedom, and Calvin*（The Westminster Press. 1985）pp. 85–86.
（23） Skinner, *The Foundations of Modern Political Thought Vol.* 2, p. 113
（24） Ibid., p. 114
（25） Ibid., pp. 135–137.
（26） Ibid., p. 138.
（27） トマス主義者は、ルターと同じように政治生活の適切な倫理的基礎としての自然法概念を拒否していたマキャヴェリをも危険視した。マキャヴェリの思想は有害なだけでなく、完全に間違った見解であると考えられた。Ibid., p. 143.
（28） Ibid., pp. 138–140.
（29） Ibid., p. 148.
（30） Ibid., p. 151.
（31） Ibid., p. 155.
（32） Ibid., pp. 155–156.
（33） Ibid., p. 156.
（34） Ibid., p. 158.

(35) Ibid., pp. 159-162.
(36) Ibid., p. 174.
(37) 「堕落以前ト以後ノ人間」『ロック政治論集』（法政大学出版局、二〇〇七年）二八四〜二八五頁。
(38) John Locke, 'Two Treatises of Government' in *Two Treatises of Government and A Letter Concerning Toleration* (Ian Shapiro (ed.), Yale UP, 2003) II, Chapter II, §6, p. 102.
(39) Ibid., II, Chapter V, §26, p. 111.
(40) Ibid., II, Chapter VI, §71, p. 130.
(41) Ibid., I, Chapter IV, §29, p. 22.
(42) Ibid., I, Chapter V, §44, p. 31.
(43) Ibid., I, Chapter V, §47, p. 32.
(44) Ibid., I, Chapter V, §47, p. 33.
(45) Ibid., I, Chapter VI, §52, 53, p. 36.
(46) Ibid., I, Chapter VI, §54, p. 37.
(47) Ibid., I, Chapter VI, §55, p. 37.
(48) Ibid., I, Chapter II, §6, p. 10.
(49) たとえば Ibid., I, Chapter VI, §61, pp. 40-41
(50) Ibid., II, Chapter VI, §56, p. 123.
(51) Ibid., II, Chapter VI, §58-59, p. 124.
(52) 理性に関していえば、チャールズ二世の時代に、科学、哲学そして神学をあわせて、すべて「理性」を基準として判断するという運動が起こったという。そのルーツはピューリタニズムにあり、哲学と宗教との調和を目指すものであった。理性は「神の声」であり、真実は理性により発見され、哲学は必ず信仰に導くと考えられていた。この考えが一八世紀の精神を形作っており、物理学におけるニュートンと形而上学におけるロックは、ふたりとも自然と神の秩序を示したとされる。J. R. H. Moorman, *A History of the Church of England* (Morehous Publishing, 1994) pp. 254-256. ニュートンと神の関係については、フランク・E・マニュエル『ニュートンの宗教』（法政大学出版局、二〇〇七年）参照。
(53) Locke, 'Two Treatises of Government', II, Chapter VI, §66, p. 128. ちなみにカルヴァンは、「人間のいかなる部分も罪から自由では

なく、人間から生じるすべてのものは罪に帰するものとなる」と考えていた。人間は堕落し、まったくその中に善性を持たないが、神の恵みによってのみ、それを克服し得る。そのため、神の言葉に従った生活をするための教育の重要性が非常に強調されたという。教育の重視も、プロテスタントの教義にある伝統である。J・F・ホワイト『プロテスタント教会の礼拝』（日本キリスト教団出版局、二〇〇五年）一一四～一一六頁。

（54）Locke, 'Two Treatises of Government', II, Chapter VI, § 58, p. 124.

（55）Ibid., II, Chapter VI, § 63, p. 126.

（56）Ibid., II, Chapter VI, § 63, p. 126.

（57）Ibid., II, Chapter VI, § 67, p. 128.

（58）Ibid., II, Chapter VI, § 55, p. 123.

（59）Ibid., II, Chapter VI, § 65, p. 127

（60）Ibid., II, Chapter VII, § 81, pp. 134–135.

（61）Ibid., I, Chapter IX, § 86, p. 56.

（62）Ibid., I, Chapter IX, § 87, p. 57.

（63）Ibid., I, Chapter IX, § 88, p. 57.

（64）Ibid., I, Chapter IX, § 89, p. 57.

（65）Ibid., I, Chapter IX, § 93, p. 60.

（66）Ibid., II, Chapter VI, § 71, p. 130.

（67）Ibid., II, Chapter VI, § 74, p. 131.

（68）Ibid., II, Chapter VI, § 66, p. 128.

（69）Ibid., II, Chapter VI, § 67, p. 128.

（70）Ibid., II, Chapter VI, § 73, pp. 130–131.

（71）Ibid., II, Chapter VIII, § 119, p. 153.

（72）Ibid., II, Chapter VII, § 78, p. 133.

（73）Ibid., II, Chapter VII, § 77–78, p. 133.

（74）Ibid., II, Chapter VII, § 82, p. 135.

(75) Ibid., I, Chapter V, §44, p. 31.
(76) Ibid., I, Chapter V, §47, p. 33.
(77) Ibid., I, Chapter V, §47, p. 32.
(78) Ibid., I, Chapter V, §48, p. 33.
(79) Ibid., II, Chapter VII, §82, p. 135.
(80) また、女性が単独で家族の主人になることを認めているようでもある。Ibid., II, Chapter VII, §77, p. 133. この点についての解釈は微妙である。II, Chapter VII, §86 にも、家族を統率している男性の持つ権力が弱いことを論じる中で、彼の権力は生死に関わらないので、家族における mistress が彼と同様持っている権力と同じ程度のものであるという議論がある（Ibid., II, Chapter VII, §86, p. 136）。しかしこの議論は、父の家族における権力の否定という文脈から出てきただけで、mistress という語を master と対をなす語で、「夫人」もしくは「主人の妻」を意味すると解釈することもできる。ロックは、女性が単独で家族を支配することがあると本気で考えていたのかは、彼の議論を見ると疑問である。家族に男女二人が存在する場合は常に男性が統治することになるが、女性が一人で家族を統治する場合を認めていたのであろうか。ここは、父たる男性の権力は、共同している母である妻が家族内で持つ権力とあまり変わらないという意味ととることもできる。女性の立場について考察する場合、この違いは大きい。
(81) Ibid., I, Chapter VI, §52, p. 36.
(82) Ibid., I, Chapter VI, §54, p. 37.
(83) Ibid., II, Chapter VII, §79, p. 133.
(84) Ibid., II, Chapter VI, §56, p. 123.
(85) Ibid., II, Chapter VI, §66, pp. 127–128.
(86) Ibid., I, Chapter V, §47, p. 32.
(87) Ibid., I, Chapter IV, §40, p. 29.
(88) ロック『完訳　統治二論』（加藤節訳、岩波、二〇一〇年）八九頁およびロック『全訳統治論』（伊藤宏之訳、柏書房、一九九七年）四九頁参照。翻訳をめぐる同じ問題が「創世記」第九章第一節をめぐってフィルマーを批判する箇所にも存在する。そこでロックは‘God blessed Noah and his sons,’と書いているにもかかわらず、加藤節訳七六頁では、「神、ノアとその子らを祝して」と訳されている。本書第九章のペイトマンによる自由主義批判の部分で分析するように、フィルマーとロックの対立は、父と息子たちのどちらが権力を持つのかという争いだった。二人の議論については「ノア」と「息子たち」と訳されているのに対し、その論争の根拠となる聖書の本文について sons を「子」と訳すのは、この構図を明らかにしないという点で問題であろう。Lock, 'Two Treatises of Government', I, Chapter IV, §32, p. 24. ロック『完訳　統治二論』七六〜七八頁。

(89) Ibid., II, Chapter V, §27, pp. 111–112.

(90) Ibid., II, Chapter V, §32, p. 113.

(91) これは、アキナスが、理性を持つ人間が単独で生きる時、神のもとに自分自身が王になると述べていたことを想起させる。本書一八三頁。

第九章　夫婦の権力・国家の権力

(1) Theodore F. T. Plucknett, *A Concise History of the Common Law*（The Lawbook Exchange, 1956）pp. 285–287.

(2) William Blackstone, *Blackstone's Commentaries*（Augustus M. Kelley, 1969）Vol. II, p. 441.

(3) Tim Stretton, 'Coverture and Unity of Person in Blackstone's *Commentaries*'.

(4) 本当の作者は、ヒューバト・ウォルタという人物であるという。田中英夫『英米法総論　上』六八頁。

(5) 彼は公正な裁判をすることで有名であったが、女性に関しては「カヴァチャー」に基づくさまざまな判決を出すことで、女性の身分に関する法的判断について後世まで影響を与えることになった。Barbara J. Todd, 'Written in Her Heart: Married Women's Separate Allegiance in English Law', p. 180. 彼はホッブズの権力論を批判したことでも有名である。後述。

(6) Stretton, 'Coverture and Unity of Person in Blackstone's *Commentaries*', p. 119.

(7) Blackstone, *Commentaries*, Vol. II, p. 433.

(8) Stretton, 'Coverture and Unity of Person in Blackstone's *Commentaries*', pp. 120–123.

(9) Ibid., p. 124.

(10) Ibid., p. 125.

(11) Blackstone, *Commentaries*, Vol. 1, p. 54.

(12) Stretton, 'Coverture and Unity of Person in Blackstone's *Commentaries*', p. 120.

(13) David Lieberman, 'The mixed constitution and the common law' in Mark Goldie and Robert Wokler（eds.）, *The Cambridge History of Eighteenth Century Political Thought*（Cambridge UP, 2006）pp. 317–318.

(14) Fortescue, 'In Praise of the Laws of England', p. 27, pp. 48 および『自然法論』五〇頁。

（15）Charles M. Gray, 'Introduction' in Sir Matthew Hale, *The History of the Common Law of England*（University of Chicago Press, 1971）p. xx.

（16）Thomas Garden Barnes, *Shaping the Common Law*, p. 47.

（17）Alan Cromartie, 'General Introduction in Thomas Hobbes, *Writing on Common Law and Hereditary Right*（Oxford UP, 2008）p. xiv.

（18）そうした議論をある種「発明した」とも評されている。Alan Cromartie, *Sir Matthew Hale 1609–1676*（Cambridge UP, 2003）p. 12.

（19）詳しい説明は、ibid., pp. 12–23. また、Cromartie, 'General Introduction in Thomas Hobbes, *Writing on Common Law and Hereditary Right*. クロマティーは、それに加えてホッブズが『哲学者と法学徒の対話』を書いた隠れた意図として、異端として罰せられることを恐怖したのだと示唆している。Ibid., p. XV. ホッブズとコモン・ロー、特にクックとの対比については、高野清弘「ホッブズの法理論」『大東法学』第一五号（一九八八年）参照。

（20）Matthew Hale, 'Reflections by the Lord Chief Justice Hale on Mr. Hobbes his Dialogue of the Law' in Sir William Holdsworth, *A History of English Law*（Methuen and Co., 1966）Vol. v, pp. 507–511.

（21）Blackstone, *Commentaries*, Vol. I, p. 46.

（22）Ibid., pp. 153–155.

（23）Lieberman, 'The mixed constitution and the common law', p. 342.

（24）キャロル・ペイトマン「「神は男性を助けるべき者を定めた」」（『思想』九一〇号、二〇〇〇年）一〇五頁。

（25）中村敏子「メアリ・ウルストンクラフト」『西洋政治思想資料集』（杉田敦・川崎修編著、法政大学出版局、二〇一四年）一四六〜一四九頁参照。

（26）独身女性と妻たちの権利の違いに関しては、Joan Perkin, *Women and Marriage in Nineteenth-Century England*（Routledge, 1989）p. 11. また同書 Chapter 1, 10, 13 に、妻たちの運動の状況が詳しく論じられている。

（27）これに関しては、中村敏子「淑女から人間へ」『北大法学論集』第三八巻第二号（一九八七年）、第四号（一九八八年）参照。

（28）それに対し彼の父であるジェイムズ・ミルは、「カヴァチャー」と同様の論理を政治的権利に関しても展開していた。彼は、一八二四年版のブリタニカ百科辞典（Encyclopaedia Britannica）の補遺に収めた「統治論（Article on Government）」の中で、次のように述べている。「他の個人に確実にその利益が含まれるすべての個人は、政治的権利から除外されることについて問題はない。女性もまたこのようにみなされる。彼女たちの大部分の利益は、父または夫の利益に含まれるのであるから」。Constance Rover, *Women's Suffrage and Party Politics in Britain 1866–1914*（Routledge, 1967）p. 3.

(29) J・S・ミル『自由論』(岩波文庫、一九七五年)二六頁。

(30) J. S. Mill, 'The Subjection of Women' in John Stuart Mill, *The Subjection of Women* & Harriet Taylor Mill, *Enfranchisement of Women* (Virago, 1983) pp. 22–23.

(31) Ibid., p. 8.

(32) これとは別の潮流として、社会主義者、無政府主義者たちの流れがある。これらは別の考察が必要であろう。

(33) 詳しくは、Pateman, *The Disorder of Women*, Chap. 2 および Carole Pateman, *The Sexual Contract* (Polity Press, 1988) Chap. 4 参照。

(34) これを考えることで、一九七〇年代のフェミニズムの運動の中で「sisterhood(姉妹的絆)」が強調された意味が理解できる。

(35) ペイトマンは、「公的領域」の中に経済的活動を行なう「社会」を含めて考察しているが、ここでは扱わない。

(36) Pateman, *The Disorder of Women*, pp. 41–43.

(37) Ibid., p. 35.

(38) ペイトマン、「「神は男性を助けるべきものを定めた」」九〇〜九三頁、さらに詳しい説明は、Pateman, *The Sexual Contract*, Chap. 2.

(39) Pateman, *The Disorder of Women*, pp. 44, 132.

(40) Stretton, 'Coverture and Unity of Person in Blackstone's *Commentaries*', p. 123.

(41) Pateman, *The Sexual Contract*, Chap. 6. ただし、結婚概念が異なる日本人の場合、この主張がそれほど大きな意味を持つかは疑問である。日本の家族概念については、中村敏子「家」『政治概念の歴史的展開』参照。

(42) シェラミス・ファイアストーン『性の弁証法』(評論社、一九七二年)一七頁参照。

(43) しかしこのことは、人間による生命の操作へとつながる可能性をはらんでいる。それに関しては、中村敏子「政治思想史からみた「ジェンダー」の意味」『創文』五三二号(創文社、二〇一〇年)参照。

(44) Pateman, *The Disorder of Women*, p. 126.

(45) ペイトマン「「神は男性を助けるべき者を定めた」」九九頁。

(46) 同論文、九八頁。

(47) 同論文、八九頁。

(48) Pateman, *The Disorder of Women*, p. 46.

(49) ペイトマン「「神は男性を助けるべき者を定めた」」一〇三頁。

（50）Pateman, *The Disorder of Women*, p. 126.

（51）Ibid., p. 53.

（52）Brett, *Liberty, right and nature*, pp. 220–225.

（53）Malcolm, 'Introduction', p. 102.

（54）Nancy J. Hirschmann and Joanne H. Wright（eds.）, *Feminist Interpretations of Thomas Hobbes*（The Pennsylvania State UP, 2012）p. 40.

（55）これに関しては、エヴリーヌ・ベリオ＝サルヴァドール「医学と科学の言説」『女の歴史Ⅲ　一六～一八世紀Ⅰ』（藤原書店、一九九五年）および Londa Schiebinger（ed.）, *Feminism and the Body*（Oxford University Press, 2000）参照。また、二〇世紀における科学の言説と性概念の問題については、江原由美子・山崎敬一編『ジェンダーと社会理論』（有斐閣、二〇〇六年）所収、高橋さきの「身体性とフェミニズム」を参照。

（56）第六章注40で指摘したように、「獲得によるコモンウェルス」における二つの権力の起源は、神の能力に対する人間の「自然的な力」を示すという意味、そして、当時の政治的議論に対抗するという意味、さらにここで指摘したように、人間に必要な権力の二つの内容を示すという意味を持つ重層的な構造を持っていたと考えられる。

（57）ペイトマン「「神は男性を助けるべき者を定めた」」一〇三頁。

（58）詳しくは、中村敏子「淑女から人間へ」（1）二五五頁。ほかにもたとえば、外国人と結婚したイギリス女性の子は英国の土地を相続できないことが一七三〇年に法定化され、一八七〇年の国籍法によって、すべての妻の国家への忠誠の誓いは、完全に夫の国籍に従うことになった。Barbara J. Todd, 'Written in Her Heart: Married Women's Separate Allegiance in English Law' 参照。

（59）「パートナーシップ」という関係については、J・S・ミルも、『女性の隷従』の中で触れている。J. S. Mill, 'The Subjection of Women', pp. 71–73.

あとがき

本書を書き終えて、「やっと終わった」というのが正直な感想である。

ペイトマンのホッブズ論を翻訳して以来、二〇年以上ホッブズの母権論に取り組んできた。しかし彼の理論の構造がつかめても、それをどのようにこれまでの思想史の文脈に位置づけるかが、なかなかつかめなかった。展望が開けたのは、家父長制を分析するのだから一から始めようと、家父長制権力の強さで有名なローマに取り組んだ時からである。ローマ法のファミリアの構造が、ホッブズの論理に当てはまったからである。それまでイギリスと日本の家族について長年比較研究をしながら、ホッブズを考えてきた。その過程で、西洋世界においてキリスト教が社会の根底にあり、女性の問題もそれとは切り離せないという感触を持っていたのだが、ローマを考察することで、ローマとキリスト教を対比するという構図でホッブズを見ることができるのではないかと考えるようになった。

こうした展望を持って見ると、ケンブリッジ大学のスキナーの弟子たちが、近年ホッブズの思想のさまざまな領域について、キリスト教との対比で分析する著作を出版していることがわかった。彼らから学ぶことで、ホッブズの母権論についても同様の分析ができるだろうと考えた。その結果が本書である。

ローマとキリスト教の対比でホッブズを論じるという考察の中で、これまでまったく別の研究として行なってきた日本の「家」についての研究が役立つことになった。日本の「家」との対比により、ローマのファミリアを理解することが容易だったからである。さらに出版を考える過程で、ホッブズ以後の女性の問題についても展開することになり、大学院の修士時代に取り組んだ一九世紀のイギリス女性の政治運動についても取り込むことができた。こうして本書は、まさに私の研究に関する集大成となったのである。

実は本書は、研究だけでなく私の女性としての人生においても一つのまとめの意味を持っている。本書が解明しようとしたのは、自由と平等を標榜する自由主義国家で、なぜ女性がそれを享受できないのかという問題であった。これは私にとっての研究テーマであると共に、女性としての実存に関わる問題でもある。大学時代までは女性であることによる障害を感じないで成長してきたが、就職の時期になって初めて壁に突き当たることになった。男子学生には机に山積みになるほど会社からの案内が来るというのに、私にはただの一通も来なかったからである。私は差別がないだろうと公務員になったが、そこでも仕事の分担やお茶くみなどの差別が存在した。

私は結婚後イギリスに行き、そこで女性たちがさまざまな運動を行なっていることに触れ、自分も女性の問題を考えたいと大学院へ進学した。参加民主主義の研究者として有名だったキャロル・ペイトマンが、そのころにはフェミニズムの分析に取り組んでいた。私は彼女の研究に触発されて公務員を志したのだが、今度は再び彼女のフェミニズム分析を追いかけることになった。考えてみると、私はずっと彼女の後を追いかけて研究をしてきたのだといえよう。本書が、少しでもその学恩に応えるものであることを願う。私自身は、本書によって、これまで考え続けてきた問題に一応の答えが出せたような気がしている。

本書をこうしてまとめることができたのは、たくさんの人との関わりがあったからである。まず、大学時代の女性の友人たち。六〇〇人以上の法学部の同期学生の中で一八人だけだった私たちは、戦友のようなものである。いつも講義の合間に、女性が差別されていることについての理不尽さに憤慨しながら、何時間でも校舎のアーケードの下で立ち話をした。あの時間が、私が研究を持続していくための原動力となったように思う。また三人の娘たちは、彼女たちの将来がもっと自由になるようにと願う希望となった。

そして、大学院時代に指導してくださった小川晃一先生と松沢弘陽先生。おふたりとも、まったく指導教授のいうことを聞かない私を許容してくださった。北海学園大学の同僚である川谷茂樹さんは、夫以外の人にはまったく理解されない私の論文に的確なコメントをくれ、私の気持ちを救ってくれた。また、二〇年来の友人であるケンブリッジ大学のアラン・マクファーレン教授夫妻。彼らは偉大な研究者であるにもかかわらず、私と夫を友人として扱ってくれた。イギリスと日本で交わされた彼らとの数々の会話によって、私はイギリス社会の構造を深く理解することができるようになったのである。

法政大学出版局の奥田のぞみさんは、なかなか出版社が見つからない私に科研費の補助の申請を助言した上で、女性に関する内容を加えてホッブズの母権論で直球勝負することを勧めてくれた。彼女の助言のおかげで、私は腹をすえてこれまでの研究の成果をすべてつぎ込むことができたのである。本書の産みの親である奥田さんには、本当に感謝している。こうしたさまざまな人との関わりに感謝したい。

また大学時代の恩師であった福田歓一先生と篠原一先生には、特にお世話になった。私が福田先生の講義を受講していたのは、女性として就職に悩んでいる時であった。先生は政治学史の講義の最後に、現実の問題を自分で引き受けいつも考え続けるようにとおっしゃった。私はそれをノートに書き記した後、端に「そうだ！」と小さく書き込んだ。女性としての問題を常に考え続けていこうという志は、この時からのように思われる。いわば政治思想研究の種をまいてくださったのが福田先生であった。福田先生はその後も、良子夫人と共に、子育てをしながら研究を続ける私をいつも励ましてくださった。

篠原一先生は、大学一年の時にレポートのコメントをいただいて以来、ゼミ生として特別にお世話になった。先生がご病気になった時期に私の父も同じ病気になったこともあり、人生のさまざまなことで相談にのっていただいた。参加民主主義の研究者としてのペイトマンを紹介してくださったのも篠原先生であり、私が就職先として公務員を選んだのも篠原先生の影響が大きい。女性の政治参加を後押しし、いつも私の書いたものにコメントをくださっていたので、本書をぜひ読んでいただきたかったのだが、それがかなわなかったのはとても残念である。私の研究を支え育ててくださった両先生に、感謝の気持ちとともに本書を捧げたい。

本書は、平成二八年度日本学術振興会科学研究費補助金（研究成果公開促進費）の援助を受けて刊行された。いわば本流から外れたテーマを扱う研究にとっては大変ありがたい制度であり、これなしには本書は出版できなかったであろう。記して感謝する。

二〇一六年一二月

中村敏子

著者紹介

中村敏子（なかむら　としこ）

1952 年生まれ。1975 年東京大学法学部卒業。1975-1978 年東京都職員。1988 年北海道大学法学研究科博士後期課程単位取得退学。法学博士。北海学園大学法学部教授。専門は政治思想史。
主要業績として『福沢諭吉　文明と社会構想』（創文社，2000 年）；「解説」『福沢諭吉家族論集』（岩波書店、1999 年）；「家」『政治概念の歴史的展開第 9 巻』（晃洋書房、2016 年）；「イングランドの家族史再考」『北大法学論集』第 40 巻第 3 号（2000 年）；「歴史的文脈における福沢諭吉の家族論の意味」『北海学園大学法学研究』第 43 巻第 2 号（2012 年）；「家父長制から見た明治民法体制」『北海学園大学法学研究』第 45 巻第 1 号（2013 年）など。

トマス・ホッブズの母権論
——国家の権力 家族の権力

2017 年 2 月 5 日　初版第 1 刷発行

著　者　中村敏子
発行所　一般財団法人 法政大学出版局
〒 102-0071 東京都千代田区富士見 2-17-1
電話 03（5214）5540／振替 00160-6-95814
印刷：平文社，製本：誠製本
装幀：奥定泰之

ISBN 978-4-588-62533-6

索　引

あ　行

か　行

さ　行

た　行

な　行

は　行

ま　行

や　行

ら　行

参考文献

1　原典

Augustine, *The City of God against the Pagans*（R. W. Dyson（ed.）, Cambridge UP, 1998）

Blackstone, William, *Blackstone's Commentaries*（George Tucker（ed.）, Augustus M. Kelley, 1969）

Filmer, Robert, *Patriarcha and Other Writings*（J. P. Sommerville（ed.）, Cambridge University Press, 1991）

Fortescue, Sir John, *On the Laws and Governance of England*（Cambridge University Press, 1997）

Hale, Sir Matthew, *The History of the Common Law of England*（The University of Chicago Press, 1971）

Hobbes, Thomas, *Three Discourses*（The University of Chicago Press, 1995）

――――, *Leviathan*（Richard Tuck（ed.）, Cambridge University Press, 1996）

――――, *On the Citizen*（Richard Tuck and Michael Silverthorne（eds.）, Cambridge University Press, 1998）

――――, *Hobbes: Writing on Common Law and Hereditary right*（Alan Cromartie and Quentin Skinner（eds.）, Oxford University Press, 2008）

――――, *Human Nature and De Corpore Politico*（J. C. A. Gaskin（ed.）, Oxford University Press, 2008）

――――, *Leviathan, vol. 1–3*（Noel Malcolm（ed.）, Oxford University Press, 2012）

Locke, John, *Two Treatises of Government and A Letter Concerning Toleration*（Ian Shapiro（ed.）, Yale University Press, 2003）

Mill, J. S., 'The Subjection of Women' in John, Stuart Mill. *The Subjection of Women* & Harriet Taylor Mill, *Enfranchisement of Women*（Virago, 1983）

Molesworth, Sir William（ed.）, *The English Works of Thomas Hobbes*（John Bohn, 1840）

アウグスティヌス『神の国（全 5 冊）』（岩波文庫，1982 ～ 1991 年）

――――『アウグスティヌス著作集 16』（教文館，1994 年）

――――『アウグスティヌス著作集 17』（教文館，1999 年）

トマス・アクィナス『神学大全　第 7 冊』（創文社，1965 年）

――――『神学大全　第 12 冊』（創文社，1998 年）

――――『神学大全　第 22 冊』（創文社，2001 年）

――――『君主の統治について』（岩波書店，2009 年）
アリストテレス『アリストテレス全集第 9 巻　動物運動論・動物進行論・動物発生論』（岩波書店，1969 年）
――――『政治学』（京都大学学術出版会，2001 年）
――――『ニコマコス倫理学』（京都大学学術出版会，2002 年）
バハオーフェン『母権論序説』（創樹社，1989 年）
――――『母権論 1・2・3』（みすず書房，1991・1993・1995 年）
フェデリコ・バルバロ訳『聖書』（講談社，1980 年）
ジョン・フォーテスキュー『自然法論』（創文社，2012 年）
ホッブズ（水田洋訳）『リヴァイアサン全 4 冊』（岩波書店，1954 ～ 1985 年）
――――（田中浩・重森臣広・新井明訳）『哲学者と法学徒との対話』（岩波文庫，2002 年）
――――（本田裕志訳）『市民論』（京都大学学術出版会，2008 年）
――――（伊藤宏之・渡部秀和訳）『哲学原論　自然法および国家法の原理』（柏書房，2012 年）
――――（田中浩・重森臣広・新井明訳）『法の原理』（岩波文庫，2016 年）
――――（高野清弘訳）『法の原理　自然法と政治的な法の原理』（行路社，2016 年）
J. S. ミル『自由論』（岩波文庫，1975 年）
ジョン・ロック『キリスト教の合理性　奇跡論』（岬書房，1970 年）
――――『全訳　統治論』（柏書房，1997 年）
――――『ロック政治論集』（法政大学出版局，2007 年）
――――『完訳　統治二論』（岩波文庫，2010 年）

2　研究書・研究論文

ホッブズ関係

Burns, J. H.（ed.）, *The Cambridge History of Political Thought 1450–1700*（Cambridge University Press, 1991）
Hirschmann, Nancy J., and Joanne H. Wright（eds.）, *Feminist Interpretations of Thomas Hobbes*（The Pennsylvania State University Press, 2012）
Hunter, Michael, and David Westton（eds.）, *Atheism from the Refomation to the Enlightenment*（Oxford University Press, 1992）
King, Preston（ed.）, *Thomas Hobbes: Critical Assessments, I– IV*（Routledge, 1993）
Pettit, Philip, *Made with Words*（Princeton University Press, 2008）
Rogers, G. A. J., and Tom Sorell（eds.）, *Hobbes and History*（Routledge, 2000）
Shochet, Gordon, *Patriarchalism and Political Thought*（Basil Blackwell, 1975）
Skinner, Quentin, *The Foundations of Modern Political Thought*, *Vol. 1, 2*（Cambridge University Press, 1978）
――――, *Reason and Rhetoric in the Philosophy of Hobbes*（Cambridge University Press,

1996)
Sommerville, J. P., *Thomas Hobbes: Political Ideas in Historical Context* (Macmillan, 1992)
Sorell, Tom (ed.), *The Cambridge Companion To Hobbes* (Cambridge University Press, 1996)
Sorell, Tom, and Luc Foisneau (eds.), *Leviathan After 350 Years* (Oxford University Press, 2004)
Springborg, Patricia (ed.), *The Cambridge Companion To Hobbes's Leviathan* (Cambridge University Press, 2007)
――――, 'Hobbes's Biblical Beasts' in *Political Theory* Vol. 23, Number 2, 1995
Tuck, Richard, *Hobbes* (Oxford University Press, 1989)
――――, *Hobbes: A Very Short Introduction* (Oxford University Press, 1989)
――――, *Philosophy and Government* (Cambridge University Press, 1993)
Warrender, Howard, 'Editor's Introduction' in Hobbes, *De Cive: The Latin Version* (Oxford University Press, 1983)

梅田百合香『ホッブズ　政治と宗教』(名古屋大学出版会, 2005 年)
マイケル・オークショット『リヴァイアサン序説』(法政大学出版局, 2007 年)
川添美央子『ホッブズ　人為と自然』(創文社, 2010 年)
関谷昇『近代社会契約説の原理』(東京大学出版会, 2003 年)
高野清弘『トマス・ホッブズの政治思想』(御茶の水書房, 1990 年)
キャロル・ペイトマン「「神は男性を助けるべき者を定めた」」『思想』910 号 (2000 年 4 月)

アウグスティヌスおよびキリスト教関係

Almond, Philip C., *Adam and Eve in Seventeenth-Century Thought* (Cambridge University Press, 1999)
Blackburn, Simon, *Lust* (Oxford University Press, 2004)
Brown, Peter, *The Body and Society* (Columbia University Press, 1988)
Burns, J. H. (ed.), *The Cambridge History of Medieval Political Thought* (Cambridge University Press, 1988)
Chadwick, Henry, *Augustine: A Very Short Introduction* (Oxford University Press, 1986)
Crawford, Patricia, *Women and Religion in England 1500–1700* (Routledge, 1996)
Crowther, Kathleen M., *Adam and Eve in the Protestant Reformation* (Cambridge University Press, 2010)
Douglass, Jane Dempsey, *Women, Freedom, and Calvin* (The Westminster Press,1985)
Johnston, Derek, *A Brief History of Theology* (Continuum, 2008)
Karant-Nunn, Susan C., and Merry E. Wiesner-Hanks (eds.), *Luther on Women: A*

Sourcebook（Cambridge University Press, 2003）
Kenny, Anthony, *Aquinas*（Oxford University Press, 1980）
McGrade, A. S.（ed.）, *The Cambridge Companion to Medieval Philosophy*（Cambridge University Press, 2003）
Moorman, J. R. H., *A History of the Church of England*（Morehous Publishing,1994）
Ruether, Rosemary Radford, *Christianity and Social Systems*（Rowman & Littlefield Publishers, 2009）
Stark, Judith Chelius（ed.）, *Feminist Interpretations of Augustine*（The Pnnsylvania State University Press, 2007）
Stump, Eleonore and Norman Kretzmann（eds.）, *The Cambridge Companion to Augustine*（Cambridge University Press, 2001）

ポール・ヴェーヌ『「私たちの世界」がキリスト教になったとき』（岩波書店，2010年）
柴田平三郎『アウグスティヌスの政治思想』（未來社，1985年）
C. ドーソンほか編『アウグスティヌス』（筑摩叢書，1969年）
ミシェル・フイエ『キリスト教シンボル事典』（白水社，2006年）
フランツ・フェルテン『中世ヨーロッパの教会と俗世』（山川出版社，2010年）
N. フォーサイス『古代悪魔学』（法政大学出版局，2001年）
イレイン・ペイゲルス『アダムとエバと蛇』（ヨルダン社，1993年）
J. F. ホワイト『プロテスタント教会の礼拝』（日本キリスト教団出版局，2005年）
フランク・E. マニュエル『ニュートンの宗教』（法政大学出版局，2007年）
ジョルジュ・ミノワ『悪魔の文化史』（白水社，2004年）
ベール・ミュッシャンブレ『悪魔の歴史』（大修館書店，2003年）
J. B. ラッセル『サタン』（教文館，1987年）
―――― 『ルシファー』（教文館，1989年）

バハオーフェン

上山安敏「神話の古層（上）」『思想』699号（1982年9月）
―――― 「神話の古層（下）」『思想』700号（1982年10月）
吉原達也「バハオーフェン『母権制』とローマ養子法の一側面」『法政研究』第70巻4号（2004年）
―――― 「バハオーフェン『母権制』における法の諸相」『広島法学』第29巻2号（2005年）

ローマ関係

Frier, Bruce W., and Thomas A. J. McGinn, *A casebook on Roman Family Law*（Oxford University Press, 2004）

Gardner, Jane F., *Family and Familia in Roman Law and Life*（Oxford University Press, 1998）

Grubbs, Judith Evans, *Women and the Law in the Roman Empire*（Routledge, 2002）

Harlow, Mary, and Ray Laurence, *Growing up and growing old in ancient Rome*（Routledge, 2002）

Rawson, Beryl（ed.）, *The Family in Ancient Rome*（Cornell University Press, 1986）

Saller, Richard P., *Patriarchy, property and death in the Roman family*（Cambridge University Press, 1994）

Severy, Beth, *Augustus and the Family at the Birth of Roman Empire*（Routledge, 2003）

Shelton, Jo-Ann, *As the Romans Did*（Oxford University Press, 1998）

Thomas, Yan, 'Fathers as Citizens of Rome, Rome as a City of Fathers' in *A History of the Family vol. 1*（Polity Press, 1996）

Treggiari, Susan, *Roman Marriage*（Oxford University Press, 1991）

アルベルト・アンジェラ『古代ローマ人の 24 時間』（河出書房新社，2010 年）

稲本洋之助『フランスの家族法』（東京大学出版会，1985 年）

マックス・カーザー『ローマ私法概説』（創文社，1979 年）

佐藤篤士『古代ローマ法の研究』（敬文堂出版部，1975 年）

ピーター・スタイン『ローマ法とヨーロッパ』（ミネルヴァ書房，2003 年）

ハロルド・J. バーマン『法と革命 I』（中央大学出版部，2011 年）

J. ブライケン『ローマの共和政』（山川出版社，1984 年）

町田実秀『ローマ法史概説 I』（有信堂，1963 年）

ウルリッヒ・マンテ『ローマ法の歴史』（ミネルヴァ書房，2008 年）

政治思想一般

Brett, Annabel S., *Liberty, right and nature*（Cambridge University Press, 1997）

Brett, Annabel, and James Tully（eds.）, *Rethinking the Foundations of Modern Political Thought*（Cambridge University Press, 2006）

Burke, Peter, and Roy Porter, *The social history of language*（Cambridge University Press, 1987）

Ezell, Margaret J. M., *The Patriarch's Wife*（The University of North Carolina Press, 1987）

Okin, Susan Moller, *Women in Western Political Thought*（Princeton University Press, 1979）

――――, *Justice, Gender, and the Family*（Basic Books, 1989）

Pagden, Anthony,（ed.）, *The Languages of Political Theory in Early-Modern Europe*（Cambridge University Press, 1987）

Pateman, Carole, *The Sexual Contract*（Stanford University press, 1988）

――――, *The Disorder of Women*（Stanford University Press, 1989）

Shanley, Mary Lyndon, and Carole Pateman (eds.), *Feminist Interpretations and Political Theory* (Polity Press, 1991)
Sommerville, J. P., *Politics & Ideology in England 1603–1640* (Longman, 1986)
Tierney, Brian, *The Idea of Natural Rights* (William B. Eerdmans Publishing, 2001)
Tuck, Richard, *Natural Rights Theories* (Cambridge University Press, 1979)
Waldron, Jeremy, *God, Locke, and Equality* (Cambridge University Press, 2002)
Waters, Kristin (ed.), *Women and Men Political Theorists* (Blackwell, 2000)

加藤節「ロック政治哲学の神学的基礎」『民主主義思想の源流』(東京大学出版会, 1986 年)
ジョン・ダン『ジョン・ロック　信仰・哲学・政治』(岩波書店, 1987 年)
福田歓一『政治学史』(東京大学出版会, 1985 年)

コモン・ローおよびカヴァチャー関係

Barnes, Thomas Garden, *Shaping the Common Law* (Stanford University Press, 2008)
Burns, J. H., 'Fortescue and the political theory of DOMINIUM' in *the Historical Journal*, Vol. 28.
Cromartie, Alan, *Sir Matthew Hale 1609–1676* (Cambridge University Press, 2003)
Goldie, Mark, and Robert Wokler (eds.), *The Cambridge History of Eighteenth Century Political Thought* (Cambridge University Press, 2006)
Holdsworth, Sir William, A *History of English Law* (Methuen and Co., 1966), Vol. V, VI
Plucknett, Theodore F. T., *A Concise History of the Common Law* (The Lawbook Exchange, 1956)
Prest, Wilfrid (ed.), *Blackstone and his Commentaries* (Hart Publishing, 2014)
Stretton, Tim, and Krista J. Kesselring (eds.), *Married Women and the Law* (McGill-Queen's University Press, 2013)

田中英夫『英米法総論　上』(東京大学出版会, 1980 年)

女性関係およびその他

Bailey, Joanne, *Unquiet Lives* (Cambridge University Press, 2003)
Evans, Judith, *Feminist Theory Today* (Sage Publications, 1995)
Foyster, Elizabeth, *Marital Violence* (Cambridge University Press, 2005)
Landes, Joan B. (ed.), *Feminism, the Public and the Private* (Oxford University Press, 1998)
Macfarlane, Alan, *The Origins of English Individualism* (Basil Blackwell, 1978)
———, *The Culture of Capitalism* (Basil Blackwell, 1987)
McLaughlin, Janice, *Feminist Social and Political Theory* (Palgrave, 2003)

Perkin, Joan, *Women and Marriage in Nineteenth-Century England*（Routledge,1989）
Phillips, Anne（ed.）, *Feminism & Politics*（Oxford University Press, 1998）
Rover, Constance, *Women's Suffrage and Party Politics in Britain 1866–1914*（Routledge, 1967）
————, *Nature's Body*（Pandora, 1993）
Schiebinger, Londa（ed.）, *Feminism and the Body*（Oxford University Press, 2000）
Scott, Joan Wallach（ed.）, *Feminism & History*（Oxford University Press, 1996）
Shoemaker, Robert B., *Gender in English Society 1650–1850*（Longman, 1998）
Wollstonecraft, Mary, *A Vindication of the Rights of Men with A Vindication of the Rights of Woman and Hints*（Cambridge University Press, 1995）

工藤庸子『近代ヨーロッパ宗教文化論』（東京大学出版会，2013 年）
ジョルジュ・デュビーほか『愛とセクシュアリテの歴史』（新曜社，1988 年）
G. デュビィ，M. ペロー監修『女の歴史　全 5 巻』（藤原書店，1994 ～ 2001 年）
中村敏子「淑女から人間へ」『北大法学論集』第 38 巻第 2 号，第 4 号（1987 ～ 1988 年）
————「歴史的文脈における福沢諭吉の家族論の意味」『北海学園大学法学研究』第 43 巻第 2 号（2007 年 9 月）
————「家父長制からみた明治民法体制」同，第 45 巻第 1 号（2009 年 6 月）
————「政治思想史からみた「ジェンダー」の意味」『創文』531 号（創文社，2010 年）
————「メアリ・ウルストンクラフト」『西洋政治思想資料集』（杉田敦・川崎修編著，法政大学出版局，2014 年）
————「家」『政治概念の歴史的展開　第 9 巻』（晃洋書房，2016 年）
シェラミス・ファイアストーン『性の弁証法』（評論社，1972 年）
フーコー『性の歴史 I　知への意志』（新潮社，1986 年）
————『フーコー・コレクション 5』（ちくま学芸文庫，2006 年）
アラン・マクファーレン『再生産の歴史人類学』（勁草書房，1999 年）
スーザン・マン『性からよむ中国史』（平凡社，2015 年）
ライラ・アブー＝ルゴド編『「女性をつくりかえる」という思想』（明石書店，2009 年）
渡辺浩「「教」と陰謀」『韓国・日本・「西洋」』（慶応義塾大学出版会，2005 年）